Human Resource Management

서비스기업 인적자원관리

함봉수 강상묵 공저

백산출판사

머리말

서비스기업이 가장 관심 있고 중요하게 다루는 주제는 단연 '사람', 즉 '인재'가 아닐까 한다. 기업경영은 사람으로부터 시작되기 때문이다. 최근에는 국 · 내외 경영환경이 복잡하게 급변하여 서비스기업 변화에 걸맞은 새로운 경영 패러다임을 요구하고 있다. '21세기는 인재전쟁의 시대다'라는 말도 있다. 이 말들은 결국 뛰어난 역량을 가진 창조적 인재를 확보한 기업만이 기업전쟁에서 이길 수 있다는 의미일 것이다.

사람을 관리하는 인적자원관리 논의는 현재에 이르기까지 계속 이어져서 학문적 · 실무적으로 대단한 발전을 이루어왔다. 그러나 새로운 경영환경에 초점을 맞춘 서비스기업 인적자원관리는 생각만큼 활발히 이루어지지는 못했다고 생각된다.

대학이 서비스기업의 미래를 책임질 뛰어난 인재를 확보하려는 욕구를 만족시켜주기 위해선 교육도 급변하는 경영환경에 발맞춰 변화되어야 할 것이다.

본서는 서비스기업의 미래를 짊어지고 갈 인재인 서비스기업 관련 학문을 전공하는 대학생들을 염두에 두고 쓰여졌다. 집필하면서 교재로서의 딱딱한 문체와 이론위주의 서술은 가능한 벗어나보려고 노력했다. 또한 현장경험과 이론을 접목하여 새로운 형식으로 서술해보려고 최대한 노력했다. 그러나 선배 학자들의 우수 저서들을 참고하다보니 기존 틀을 탈피하기에 아직 역부족을 느낀다. 이 부분은 좀 더 시간을 갖고 준비하여 훗날 개정판에서 완성하려 한다.

본서는 전체 12장으로 구성하였다. 1장부터 3장까지는 서비스기업과 인적자원관리의 개괄적 설명을 하였다. 인적자원을 관리하고 집행하는 전제조건인 직무에 대해서도 설명했다. 4장에서 12장까지는 인적자원 확보에서부터 이직관리에 이르기까지 각각의 장으로 내용을 기술하였다.

본서를 탐독할 학생들과 열정으로 강의하실 교수님들이 쉽게 이해하실 수 있도록 1장에서 12장에 이르기까지 표나 그림을 최대한 활용하여 설명하려 노력했다. 저자의 부족함으로 충분한 이해를 이끌어내는 데에는 다소 부족하였으리라 생각된다. 하지만 앞에서 언급한 바와 같이 계속적인 연구를 통해 부족한 부분들을 보완하려는 노력을 잊지 않을 것이다.

묵묵히 곁에서 응원해 준 사랑하는 가족들에게 고마움을 전하며, 어려운 여건 속에서도 집필에 도움을 준 유요섭, 오선화 선생님께도 고마운 마음을 전한다. 끝으로 시간적 여유 없이 바쁜 상황이었음에도 출판을 추진해주신 백산출판사 진욱상 사장님께도 감사의 뜻을 전한다.

2009년 8월 더운 여름

함봉수 · 강상묵

차 례

서비스기업 인적자원관리

제1장

서비스의 이해

제1절 서비스의 개념

제2절 서비스 패러독스

제1장 서비스의 이해

제1절 서비스의 개념

1. 서비스 경제화

1950년대 후반부터 1970년대에 걸쳐 선진국 경제가 서비스경제로 전환되는 구조조정 혹은 경제의 서비스화를 거치면서 서비스의 중요성에 대한 인식이 변화하기 시작하였다. 경제의 서비스화로 경제 각 부문에서 서비스 부문의 비중이 증대되는 현상을 찾을 수 있다. 서비스 부문이 세계 및 국내총생산(GDP)에서 차지하는 비중의 증대, 부가가치 창출에 대한 기여도 증대, 높은 고용창출효과 및 서비스 부문에 대한 소비지출 비중의 증대를 그 예로 들 수 있다.

서비스는 2003년을 기준으로 전 세계 부가가치의 68%를 차지하고 있다. GDP에서 서비스 부문이 차지하는 비율은 소득수준 향상과 더불어 증대되며, 대체로 각국이 GDP의 60% 이상을 차지하고 있으며, 이 비율은 계속 상승하고 있다. 서비스 부문의 고용인력은 선진국의 경우 70%에 육박하고 있다.

이러한 서비스 경제화는 고객요구의 다양화, 급속한 기술의 진보, 여가시간의 증가, 여성의 취업증가, 제품의 복잡화 증가, 신제품의 수의 증가 등과 같은 원인에 기인한다.

〈표 1-1〉 우리나라 산업별 취업자 수 현황

	2000	2001	2002	2003	2004	2005	2006	연 증가율 (%)
1차산업	2,260 (10.7)	2,166 (10.0)	2,087 (9.4)	1,967 (8.9)	1,841 (8.2)	1,832 (8.0)	1,803 (7.8)	-3.7
제조업	4,293 (20.3)	4,267 (19.8)	4,241 (19.1)	4,205 (19.0)	4,290 (19.0)	4,234 (18.5)	4,167 (18.0	-0.5
전기, 가스 및 수도사업	64 (0.3)	58 (0.3)	52 (0.2)	76 (0.3)	72 (0.3)	71 (0.3)	76 (0.3)	2.9
건설업	1,580 (7.5)	1,585 (7.3)	1,746 (7.9)	1,816 (8.2)	1,820 (8.1)	1,814 (7.9)	1,835 (7.9)	2.5
서비스업	12,958 (61.2)	13,497 (62.6)	14,044 (63.3)	14,075 (63.6)	14,535 (64.4)	14,903 (65.2)	15,272 (66.0)	2.8
전산업	21,156 (100.0)	21,572 (100.0)	22,169 (100.0)	22,139 (100.0)	22,557 (100.0)	22,856 (100.0)	23,151 (100.0)	1.5

자료 : 통계청, KOSIS. ( )안은 전 산업 취업자 수에 대한 비율.

서비스는 재화(goods)와 구분되는 고유한 특성을 지니고 있으며, 서비스의 고유한 특성은 지금까지 재화를 중심으로 논의되던 인적자원관리를 포함한 경영학연구에서 서비스 경제화는 커다란 변화를 요구하였다. 다시 말해서 재화를 생산 · 판매하는 제조기업이 목적을 달성하기 위한 바람직한 경영활동과 서비스를 생산 · 판매하는 서비스기업의 바람직한 경영활동이 다를 수 있기 때문이다.

2. 서비스의 정의

서비스는 일상적으로 사용되는 말이지만 원래의 의미를 벗어나 다른 용도로 많이 사용되고 있다. 그로인해 사람들은 종종 서비스의 정확한 의미에 대해 혼란스러움을 경험하곤 한다. 실생활에서 흔히 사용되는 '서비스'의 용어에는 몇 가지 의미가 있다.

'후식은 서비스입니다'에서는 무료, 즉 공짜를 뜻하며, 각종 자원 봉사에 쓰일 때는 남을 위해 대가 없이 도와주는 것, 즉 봉사를 말한다. 또한 'after service'에서는 사후 관리를 의미하며, '종업원의 서비스가 좋다'에서는 친절과 같은 행위를 의미한다.

역사적으로 경영학 및 마케팅분야에서는 서비스에 관한 연구가 1960년대 초부터 시작되어 제품과 서비스를 비교하는 형태로 전개되었다. 1970년대에 서비스의 특성 및 현상의 기술에 대한 관심이 집중되고 1980년대와 90년대에 와서 이론적 체계와 전략적 이슈를 다루게 된다. 지금까지 학자에 따라서 서비스에 대해 다양한 관점에서 정의하고 있는데, 대표적인 관점으로는 활동론적 관점, 속성론적 관점, 봉사론적 관점, 상호 관계적 관점 등이 있다.

활동론적 관점은 서비스를 하나의 활동으로 보는 개념이다. 미국 마케팅 학회(American Marketing Association)에서는 '서비스란 판매목적으로 제공되거나 또는 상품 판매와 연계해서 제공되는 활동, 편익, 만족'이 라고 정의하고 있으며, 블로이스(K. J. Blois)는 '서비스란 제품의 형태를 물리적으로 바꾸지 않고 판매에 제공되는 활동'이라고 정의한다. 여기에서 활동을 편익과 만족을 가져오는 과정으로 파악하고 있다. 그런데 이 정의는 '물리적 변화를 일으키지 않는다'는 제한에서 문제를 내포한다. 때로는 서비스가 제품의 형태를 바꿀 수 있기 때문이다.

스탠톤(W. J. Stanton)은 '서비스란 소비자나 산업구매자에게 판매될 경우 욕구를 충족시키는 무형의 활동으로 제품이나 다른 서비스의 판매와 연계되지 않고도 개별적으로 확인 가능한 것'이라고 정의한다. 그러나 제품이나 서비스의 판매와 관련되어 존재하는 서비스, 예를 들어, 보험, 금융 등과 같은 서비스는 배제되어 있다.

서비스는 또한 그 속성을 중심으로 정의 할 수도 있다. 즉 제품과의 다른 점을 지적하며 서비스를 파악하려는 것이다. 라스멜(J. M. Rathmell)은 서비스를 '시장에서 판매되는 무형의 상품'으로 정의하고 무형과 유형의 구분을 손으로 만질 수 있느냐의 여부에 따라 하고 있다. 많은 마케팅 연구자들 및 경제학자들이 서비스를 무형재로 규정하는 정의를 사용하고 있다. 그러나 쇼스택(Shostack)은 서비스는 무형재가 아니며 무형재로서 판매되어지지도 않는다고 반론을 제기한다. 무형성은 하나의 상태와 일개 속성으로 서비스 자체의 본질은 아니라는 것이다.

서비스를 인간적 봉사의 측면에서 파악하려는 정의도 있다. 레빗(Levitt)은 서비스를 주종관계에서와 같이 인간이 인간에 대한 봉사라고 보는 것이 기존의 통설이라고 전제하고, 현대적 서비스는 이런 전통적 발상에서 탈피해야 한다고 주장한다. 인간이 제공하는 봉사적 서비스를 기계로 대치하여 서비스 공업화를 통한 효율성 향상을 달성할 수 있다고 한다.

서비스는 무형적 성격을 띄는 일련의 활동으로서 고객과 서비스 종업원의 상호관계로부터 발생하며 고객의 문제를 해결해 주는 것이다. 많은 경우에 서비스는 서비스 제공자와의 상호작용을 포함한다. 그러나 때로는 고객이 서비스기업과 상호작용을 하지 않을 수도 있다. 그러나 일견 상호작용이 없는 상황같이 보이지만 실제로는 상호작용이 존재하는 수도 많다. 예를 들어, 자동차에 문제가 생겨 정비소에서 수리받는 경우에는 고객이 현장에 없어도 된다. 그러나 정비소에 차를 맡기러 가고 찾으러 가는 가운데 상호작용이 존재한다.

3. 서비스의 특성

일반상품의 유형성과 비교하여 가장 빈번하게 지적되는 서비스의 특성은 무형성(intangibility)이다. 무형성 이외에 생산과 소비의 불가분성(inseparability of production and consumption), 이질성(heterogeneity) 및 소멸성(perishability) 혹은 저장불능성(non-storability) 등이 서비스의 주요 특성으로 자주 언급된다. 이를 세부적으로 살펴보면 다음과 같다.

1) 무형성

재화와 달리 서비스는 미각(taste), 지각(feel), 시각(see), 청각(hear), 후각(smell) 등을 통한 사전 감지가 불가능하다. 이러한 서비스의 무형성은 고객으로 하여금 구매결정과 품질의 평가에 어려움을 느끼게 하며, 서비스기업에게는 제조업과는 다른 형태의 경영활동을 요구한다.

예를 들면 여행상품을 고객들에게 판매할 때, 고객에게 관광 브로셔나 카탈로그 또는 현지에서 촬영한 동영상 등을 제공함으로써 가시화시키고, 구체적으로 경험사례 등을 제시하여 서비스의 편익을 강조하고 이미지를 통해 간접적으로 질적 수준에 대한 인상을 심는 등의 다른 유형적 수단을 쓰게 된다. 이와 같이 서비스의 무형성에 기인하는 문제점을 해결하기 위하여 첫째, 차별화 또는 개별화(individualization), 둘째, 실체적 단서(physical clue), 셋째, 구전 커뮤니케이션(mouth to mouth communication), 넷째, 다양한 기업 이미지 관리 등이 요구되며 각각의 해결방안은 인적자원 관리활동과 깊이 관련된다.

예를 들어, 서비스제공자로서의 종업원이 서비스의 차별화를 최종적으로 책임지게 되면, 종업원의 외모와 유니폼 등이 실질적인 단서로서 중요한 역할을 하게 되는 것이다.

2) 소멸성

서비스의 소멸성은 유형의 제품과는 다르게 미래에 발생할 수요에 대비하여 저장할 수 없다는 것을 의미한다. 휴대폰과 같은 전자제품 또는 신발이나 옷과 같은 소비재는 얼마든지 저장이 가능하여 판매되지 않은 재고의 경우 추후 판매가 가능하지만 서비스 상품의 경우에는 이러한 것이 불가능하다. 객실을 2,000개 보유하고 있는 호텔이 있다고 가정해보자. 오늘 1,500개의 객실이 판매되고 500개의 객실이 남아있다면, 내일 2,500개의 객실이 판매 가능한 것인가? 결론은 그렇지 않다. 결국 객실 500개에 대한 매출은 사라지고 마는 것이다.

우리가 흔히 참여하거나 볼 수 있는 스포츠 경기, 콘서트 등도 이에 해당된다.

예를 들어, 유명한 아이돌 그룹의 콘서트는 언제나 매진사례가 발생한다. 그로 인해 웃돈을 얹어주는 일명 암표까지 등장하곤 한다. 즉 수요가 공급을 초과하게 된 것이다. 그러나 반대의 경우에는 콘서트 입장권이 남아있다고 해서 내일 공연에 포함하여 판매할 수는 없는 노릇이다. 따라서 서비스기업은 수요와 공급에 대한 정확한 예측시스템을 필요로 하며, 이에 대한 적극적인 관리가 요구된다.

3) 비분리성(생산 · 전달 · 소비의 동시성)

서비스의 비분리성(inseparability)은 서비스의 생산과정에서 소비가 동시에 이루어지는 것을 의미한다. 제품은 먼저 생산되고 그 다음에 판매될 수 있으나 서비스는 그럴 수 없다. 따라서 서비스는 서비스 생산과정에서 서비스 제공자가 존재해야 하며 아울러 서비스를 제공받는 고객이 있어야 한다. 병원에 가서 진료를 받는 경우 고객은 직접 병원을 방문해서 의사가 제대로 진단하고 처방을 내릴 수 있도록 협조해야 하며, 비행기에 탑승하는 고객은 원활한 기내 서비스를 제공받기 위해서 지정된 좌석에 앉아있어야 한다.

서비스는 제공되는 순간과 동시에 소비되어져야 하기 때문에 서비스의 품질은 서비스 제공자의 능력뿐만 아니라 서비스 제공자와 고객과의 상호작용의 질에 따라 상당히 달라질 수가 있다. 따라서 비분리성의 정도가 높은 서비스를 제공하는 기업일수록 인적 요소에 대한 관리가 기업 성공에 절대적이라 할 수 있다.

따라서 서비스기업은 고객과 상호작용이 원활하게 이루어질 수 있는 직원을 선발하고 교육에 최선의 관심을 가져야 한다. 끊임없는 고객관리 및 서비스 망 구축을 통해 고객과의 상호작용의 질을 높이는 노력을 해야 한다.

4) 이질성

이질성(heterogeneity)은 소비자가 어떤 서비스를 구매 할 때 제공된 서비스의 품질수준이 항상 일정할 수 없음을 나타낸 것이다. 어느 경우에 고객들은 전혀 원하지 않았거나 임의적인 수준의 서비스를 제공받게 된다. 이와 같은 가변성은 비록 기계의 오작동이나 성능불량 등으로 인해서 야기될 수도 있지만 주로 인적요소에 의해서 발생한다. 서비스 종업원들은 성격, 능력, 서비스 제공 기술(skill)이나 훈련의 정도가 다양하기 때문에 동일한 서비스를 제공하기가 쉽지 않다. 심지어 같은 종업원이 서비스를 제공하더라도 시간에 따라 제공되는 서비스가 차이가 나곤 한다. 예를 들어, 같은 레스토랑에서 같은 음식을 주문하더라도 서비스 종업원이 누구냐에 따라서 고객들이 느끼는 서비스 품질은 달라지게 된다.

따라서 서비스기업은 서비스 제공 과정에서 발생하는 서비스의 이질성을 감소시키기 위한 대응책으로 서비스공업화(표준화)를 확립해 나가야 한다. 동시에 종업원 개개인 특성에 맞는 서비스의 개별화 작업도 함께 이루어져야 할 것이다. [그림 1-1] 서비스 특성에 따른 대응전략은 서비스 특성이 갖는 문제점들에 대한 대응방안을 정리한 것이다.

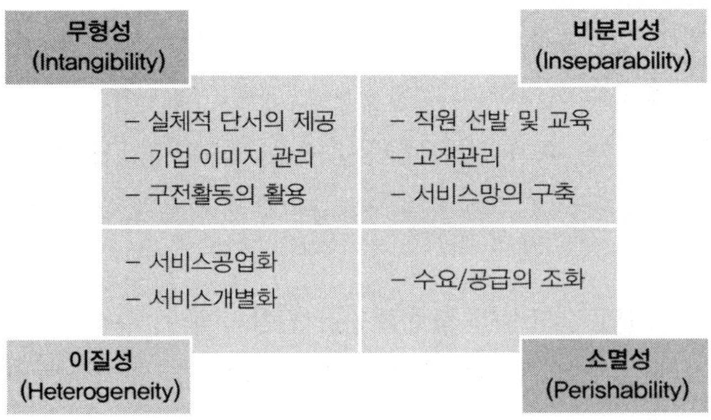

자료 : 이유재(2004). 서비스마케팅, 학현사, p. 20. 수정 · 보완.

[그림 1-1] 서비스 특성에 따른 대응전략

제2절 서비스 패러독스

1. 서비스 패러독스의 개념

서비스가 전체산업에서 차지하는 비중이 증대하고 새로운 서비스가 등장하는 등 서비스 산업의 비약적 발전에도 불구하고 서비스 품질이 악화되는 현상이 나타나는데 이를 서비스 패러독스라고 한다.

2. 서비스 패러독스의 원인

서비스패러독스의 현상을 이해하기 위해 서비스업의 마케팅을 제조업 마케팅 이론에 그대로 적용한 서비스공업화를 살펴보기로 한다. 서비스 공업화는 효율성 제고 및 비용절감 등을 위해서 서비스 활동의 노동집약적 부분을 기계로 대체한 것이다. 자동차 생산공장에서 채용하는 것과 같이 계획화, 조직, 훈련, 통제 및 관리를 서비스 활동의 전개에도 적용하는 것을 의미한다. 서비스공업화는 인간이 아니라 장치나 시스템이 매개가 된다는 것이 하나의 특징이다. 서비스 페러독스의 발생 원인으로는 다음과 같은 점을 지적한다.

첫째, 서비스 공업화에는 표준화, 기계 및 시스템기술을 이용하여 노동력을 절약하고 균일한 서비스를 대량으로 생산한다. 따라서 종업원의 자유재량이나 서비스의 인간적 요소가 결여되어 풍요속에 서비스의 빈곤을 낳게 한다.

둘째, 서비스의 동질화를 서비스공업화의 한계로 든다. 인간적 서비스를 공업화하여 생산성의 증대와 품질의 일관성은 가져 왔으나, 차별화를 추구하여야 하는 서비스에서도 획일적인 서비스를 제공하고 상황에 따라 유연하게 대응하지 못하고 경직되는 위험을 안고 있다. 즉 서비스의 균일성을 추구하다보니 서비스의 핵심인 개별성을 상실하게 된다.

셋째, 서비스의 인간성 상실을 들 수 있다. 서비스기업의 공업화를 추구하는 과정에서 효율성만을 강조하다 보면 인간을 기계의 부속품처럼 취급하게 됨으로써 제조업의 발전과정에서 나타났던 인간성 무시현상이 발생하게 된다. 서비스생산은 상호작용적으로 종업원과 고객이 함께 참여하는 특성이 있으므로 종업원이 인간성을 상실하게 되면 제조업의 경우보다 더 심각한 문제를 야기시킨다.

넷째, 기술의 복잡화로 소비자나 종업원이 기술의 진보를 따라가지 못한다. 따라서 과거에는 인근에서 쉽게 고칠 수 있던 것도 이제는 고객이 멀리까지 가야 되고 또 기다려야 되는 것이다.

다섯째, 종업원 확보의 악순환도 또한 서비스패러독스의 원인이 된다. 점차 인력확보가 힘들어 짐에 따라 고객과 접하는 일선의 종업원을 충분한 교육훈련 없이 채용하게 된다. 또 고도의 기술 없이도 가능하게 업무를 설계해서 종업원이 이직한 경우에도 손쉽게 채용하고 교육훈련 프로그램도 최소한도로 줄이려고 한다. 이렇게 되면 종업원의 수는 줄일 수 있지만 종업원의 사기를 저하시키고 문제가 발생했을 때에 대처할 수 있는 능력을 갖추지 못하게 만든다. 종업원 확보의 문제는 [그림 1-2]와 같이 악순환이 된다. 따라서 종업원이 제공하는 서비스품질은 저하되고 이에 따라 이익은 낮아질 수밖에 없게 된다.

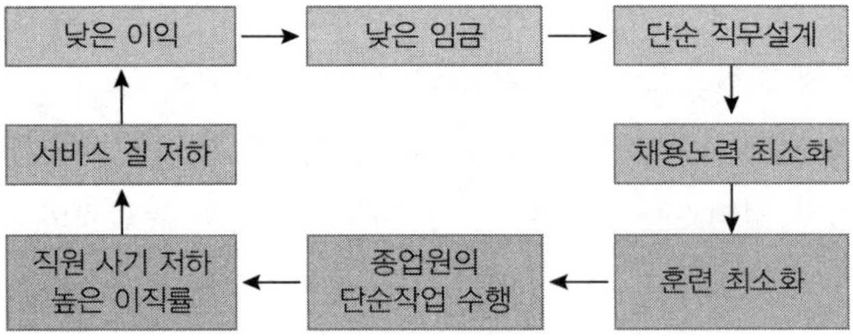

자료 : 이수광 · 이재섭(2003), 서비스산업의 인적자원관리, 대왕사, p. 94.

[그림 1-2] 종업원 확보의 악순환

3. 서비스 이익사슬

서비스 패러독스를 극복하고 높은 수준의 성과를 창출하기 위한 기반은 인적자원관리에서 찾을 수 있다. 이를 모형화한 이론이 서비스 이익사슬(service profit chain)이다.

[그림 1-3]과 같이 서비스기업이 바람직한 인적자원 관리를 하여 내부 서비스 품질을 높이고, 종업원을 만족시켜서 외부 서비스 가치, 고객만족, 고객 충성도 등을 창출하여 궁극적으로 높은 수준의 경영성과로 이어지게 된다.

따라서 서비스기업은 내부 서비스품질을 높이는데 노력을 기울여야 하며, 이를 토대로 높은 수준의 성과를 창출하여야 한다. 이는 직무관리와 사람관리를 포함하는 인적자원 관리활동을 기반으로 한다.

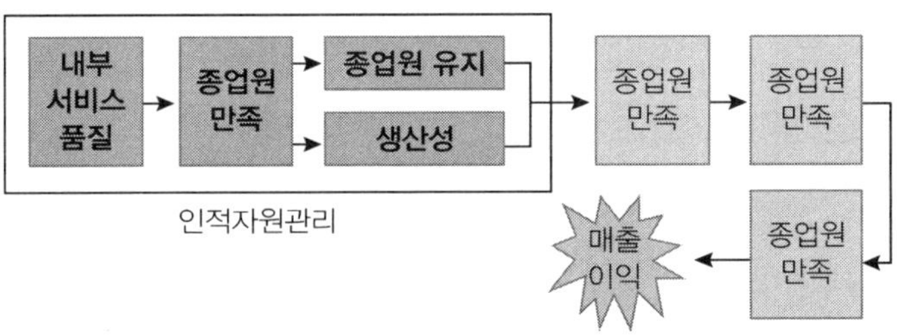

자료 : 이수광 · 이재섭(2003), 서비스산업의 인적자원관리, 대왕사, p. 96.

[그림 1-3] 서비스 이익 사슬

서비스기업 인적자원관리

제2장

인적자원관리

제2장 인적자원관리

제1절 인적자원관리의 개요

1. 인적자원관리의 개념

서비스기업의 경영활동은 '종업원(사람)'이 수행하는 일을 얼마나 성공적으로 수행하느냐에 따라 서비스기업의 경영성과가 달라진다. 예를 들어, 호텔에 들어온 고객의 짐을 들어주는 '일', 객실을 배정하는 '일', 객실을 청소하는 '일' 등이 모여서 경영활동을 이루며 이 '일'을 수행하는 사람인 벨 어탠던트, 프론트 데스크 담당자, 룸 어탠던트 등이 각각의 '일'을 얼마나 잘 수행하느냐에 따라 경영성과가 달라지는 것이다.

인적자원관리란 자연인으로서의 사람이 아니라 '일을 수행하는 사람' 즉 기업의 조직 구성원을 관리 대상으로 삼아 일과 사람에 대해 과학적이고 체계적인 연구를 하여 [그림 2-1]과 같이 일과 사람을 유기적으로 결합 · 조화를 이루게 하는 경영활동이다. 구체적으로 인적자원관리란 직장 환경 속에서 구성원들이 각기 지닌 능력과 잠재력을 최대한 활용케 하여 기업의 목적을 달성하도록 최대한 기여하게 하는 것이다. 동시에 서비스기업의 조직 구성원들이 직무에 만족하도록 하고 개인적으로도 만족을 얻을 수 있도록 지도하고 지원하는 기능이라고 할 수 있다.

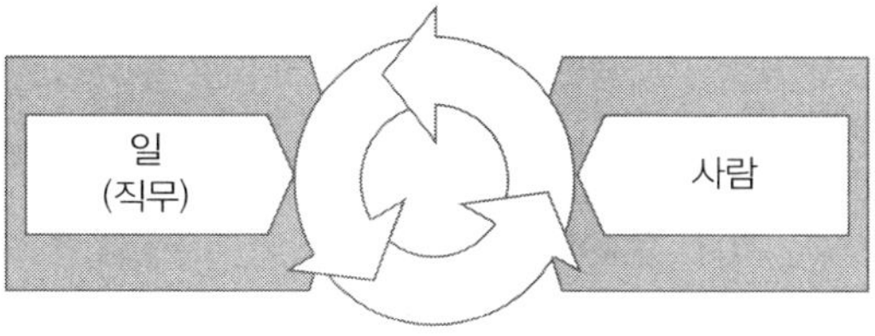

자료 : 저자작성

[그림 2-1] 인적자원관리의 대상

이와 같이 인적자원은 기업이 포괄하는 모든 인력(manpower)을 말한다. 이들 인력을 충원(staffing)해서 확보하고 유지 · 관리하며 또 그들을 효율적으로 활용하기 위해서 채택되는 일체의 관리활동이다. 즉 경영이 보유하고 있는 노동력을 대상으로 한 일체의 계획(plan), 집행(do) 및 통제(see)의 과정을 인적자원관리라고 정의할 수 있다.

2. 인적자원의 특징

원활한 기업경영을 위한 여러 종류의 자원(resources)을 경영자원(management resources)이라고 하며, 이 중의 인적자원(human resource)은 다른 자원과 구분되는 4개의 특징을 지니고 있다.

1) 능동성

인적자원 이외의 다른 경영자원은 기업목적 달성에 공헌하는 정도에 있어서 경영자원 자체의 고유한 양(quantity)과 질(quality)에 의해 제한되는 수동성의 특징이 있다. 이에 반해 인적자원은 스스로의 욕구 · 동기 · 태도 등에 의해 기업목적 달성에 공헌하는 정도가 달라진다. 이를 인적자원의 능동성이라고 한다.

바람직한 인적자원관리는 종업원의 욕구 · 동기 · 태도 등을 기업의 목적달성에 긍정적인 방향으로 바꾸기도 하지만, 그렇지 못한 인적자원관리는 기업의 목적달성에 부정적인 영향을 미친다. 다시 말해서 다른 경영자원과 달리 인적자원은 능동성을 지니므로 기업의 인적자원 관리활동을 통해 보다 높은 수준의 성과를 창출하기도 하고, 기준 성과에 미치지 못하는 결과를 초래하기도 한다. [그림 2-2]는 인적자원과 성과의 관계에서 인적자원을 어떻게 관리하느냐에 따라 성과가 달라질 수 있음을 나타내고 있다.

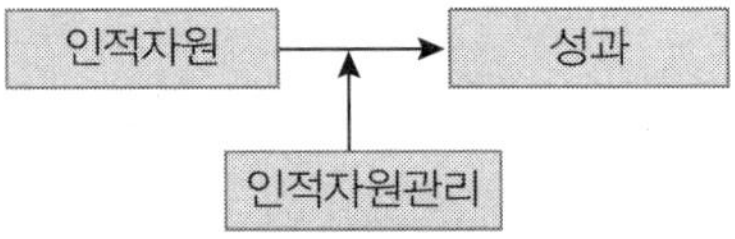

자료 : 이수광 · 이재섭(2003), 서비스산업의 인적자원관리, 대왕사, p. 72.

[그림 2-2] 인적자원과 성과와의 관계

2) 개발 가능성

인적자원은 스스로 성장하고 성숙되며, 다양한 방법을 통해 개발이 가능한 특징을 지니고 있다. 따라서 종업원은 인적자원 관리활동, 특히 동기부여(motivation) 등의 인적자원 개발 · 유지활동을 통해 보다 높은 수준으로 개발하여, 궁극적으로 보다 높은 수준의 성과를 달성할 수 있는 경영자원이다.

3) 전략적 자원

인적자원은 지속적으로 환경과 동태적인 균형(dynamic equilibrium)을 모색하는 경영자원이다. 따라서 환경의 변화를 중요한 특징으로 하는 오늘날의 기업경영에서 인적자원은 기업의 성과와 가장 밀접한 관련을 지닌 경영자원이라고 할 수 있다. 이러한 맥락에서 인적자원을 전략적 자원(strategic resource)이라고 부른다.

따라서 과거 인적자원관리가 일상적(routine)이고 내향적(inward-looking)이며 반응적인(reactive) 특성을 지닌데 반해, 오늘날의 인적자원관리는 전략적 자원으로서 인적자원이 활용되는 장기전략적(longterm strategic)이고 외향적(outward-looking)이며 선제적인(proactive) 특징을 지닌다.

4) 고유목적성

자금, 컴퓨터, 기계장비 등 다른 경영자원들은 스스로의 고유한 목적 없이 기업의 목적에 따라가지만, 인적자원은 기업의 목적과 같을 수도, 다를 수도 있는 개인적인 목적을 지니고 있다.

사람은 기업 목적에 부합되는 수단이나 방법으로만 활용될 수는 없으며, 종업원은 기업생활 · 직무 등을 통해 스스로의 목적을 추구하는 존재라고 할 수 있다. 단순한 예를 들면, 경제적 목적을 지닌 종업원은 임금 등 경제적 보상을 통해 보다 높은 수준의 성과를 실현하기도 하고, 사회적 목적을 지닌 인적자원은 동기부여적인 직무설계 등 인적자원 관리활동을 통해서 보다 높은 수준의 성과를 창출할 수도 있을 것이다. 따라서 인적자원은 고유한 목적을 이해하고 이를 적절히 관리하여야 한다.

3. 인적자원관리의 중요성

첫째, 인적자원(human resources), 물적자원(physical resources), 재무자원(financial resources), 정보자원(information resources) 등은 서비스기업의 경영활동의 근간을 이루는 구성요소이다. 그러나 모든 자원을 활용한 생산관리, 재무관리 및 마케팅관리 등을 포함한 모든 경영관리 활동들은 사람들에 의해 수행되어지기 때문에 사람의 효율적 관리 없이는 어떠한 관리도 결코 원활하게 이루어질 수가 없다.

둘째, 인적자원은 다른 자원에 비해 능동적이고 반응적이며, 개발성과 전략성을 갖기 때문에 다른 어느 자원보다도 많은 부가가치를 창출해 낼 수 있다. 기업경영에서 이러한 인적자원의 특수성을 잘 활용하면 조직력이 강화되고 경쟁우위를 확보할 수 있다. 오늘날 사업사회에서 자원(자본)은 기술로 대치되는 양상을 띠는데, 이 기술도 하드웨어(hardware) 중심의 실물 자본이 아닌 지식(know-how)을 매체로 하는 소프트웨어(software) 중심의 기술로 변화해 가고 있다. 이러한 기술을 체계화시키는 주체는 인간이다. 따라서 산업사회는 인적자원의 중요성이 부각되고 있어 인적자원의 효율적 관리가 가장 큰 발전기반이 되고 있다.

셋째, 인적자원관리는 서비스기업의 종업원으로 하여금 각자의 능력을 발휘하는 과정에서 기업전체의 역할을 적절히 통합하는 기능을 갖고 있다. 때문에 인적자원관리는 현장 근로자에서부터 최고경영자에게 이르기까지 조직의 전 계층에 효과적으로 활용되어야 한다.

4. 인적자원관리의 목적

서비스기업의 경영 시스템으로서 인적자원관리는 본질적으로 기업의 목적과 동일한 목적을 지닌다. 왜냐하면 성공적인 서비스기업 경영을 위해 분화된 하위의 시스템이 인적자원관리이기 때문에 인적자원관리가 기업경영의 목적을 달성하는 방향으로 실행되어야 한다. 따라서 인적자원관리의 목적은 크게 경제적 측면과 사회적 측면으로 [그림 2-3]과 같이 구분된다.

경제 · 기술적 생산시스템으로서의 기업의 본질에서 유래된 인적자원관리의 경제적 측면은 기업의 경영활동에 필요한 직무의 요구에 맞추어 최소의 노동을 투입하고 투입된 노동력을 효율적 · 효과적으로 활용하여 최대의 성과를 얻고자 하는 경제적 효율성(economic efficiency)에 초점이 맞춰진다.

사회적 측면은 건전한 사회구성원으로서 다른 사회구성원과의 바람직한 관계의 유지 및 발전을 지향하며, 심리적 협동시스템의 관점에서 종업원의 욕구충족을 통한 종업원 만족 극대화를 추구한다. 따라서 종업원을 기계와 같은 생산 수단으로 인식하는 대신에 스스로 충족되거나 회피하고 싶은 욕구를 지닌 존재로 인식하고 이들의 욕구를 충족시키는 종업원 만족(employee satisfaction)을 궁극적 목적으로 한다.

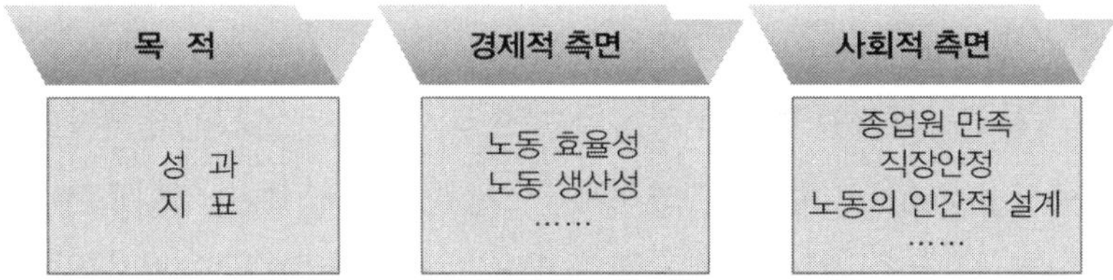

자료 : 저자작성

[그림 2-3] 인적자원관리의 목적

제2절 인적자원관리의 연구관점

1. 제도적 관점

인적자원관리에 관한 연구는 여러 가지 관점이 제시되고 있지만 일반적으로 환경적 관점, 기능적 관점, 제도적 관점 3가지로 분류해 볼 수 있다.

1) 환경적 관점

기업의 경영활동이 그런 것처럼 인적자원관리도 개방 시스템(open system)으로서 환경의 영향을 받는다. 오늘날 인적자원관리의 대표적인 환경적 변화를 정리하면 다음과 같다.

(1) 인구통계적 환경 및 노동시장

노동시장의 세계화로 특정사회나 국가의 범주를 넘어서기도 하지만 일반적으로 기업이 속한 사회 혹은 국가의 인구통계적 환경(demographical environment)과 기업의 인적자원관리는 분리할 수 없는 관련성을 지닌다. 오늘날 인구통계적 변화 혹은 노동시장 변화로는 서비스부문에 노동력 이동, 노동력의 고령화, 교육수준의 향상, 여성인력의 사회진출 확대 등을 들 수 있다.

노동력이 서비스부문으로의 이동을 특징으로 하는 오늘날의 세계적인 서비스 경제화(service economy)현상은 인적자원 보상 등에 중요한 영향을 미친다. 서비스경제화로 서비스산업에서의 노동수요는 증가하는 반면, 인적자원의 공급은 상대적으로 제한적이기 때문이다.

인구의 고령화는 인적자원관리 뿐만 아니라 사회보장제도(social welfare system) 등 다른 분야에 영향을 미친다. 정년제의 폐지로 고령자 취업확대와 정년제 폐지를 위한 중요한 토대가 되는 보상체계의 개선 등을 중심으로 인적자원관리 전반에 걸쳐 영향을 미친다.

교육수준의 향상은 자격과잉(overqualified) 문제를 야기시킨다. 이와 관련하여 기업은 부여될 직무보다 높은 수준의 능력을 지닌 인적자원을 채용할 것인지, 자격과잉의 종업원은 다른 종업원에 비해 높은 이직률을 나타내지는 않은지, 이들의 높은 이직률이 다른 종업원에게 영향을 미치는지를 검토하게 하는 등 인적자원관리 전반에 걸쳐 영향을 미치게 한다.

(2) 사회문화적 환경

유교문화권에 속한 우리나라의 경우는 능력위주의 보상체계를 도입하는데 기업 내부적으로 종업원들 간의 보이지 않는 반발이 있었다. 능력위주의 보상체계는 논리적이며 기업의 목적달성에 부합한다고 해도 그 활용에는 한계가 드러나는 문제점이 있었다. 사회문화적 발전은 종업원에게 일에 대한 개념을 바꾸어 놓았으며, 직장생활의 질(quality of work life : QWL)에 대한 기대도 상승시켰다. 이에 따라 인적자원관리에서 노동만큼이나 휴식이나 재충전이 중요한 의미를 지니게 되었으며, 경영참여(management participation)를 통한 종업원의 욕구 충족 등에 관심을 보이지 않으면 안되게 되었다.

(3) 기술적 환경

오늘날 정보기술의 발달과 사무자동화 등 기술적 환경(technical environment)이 변화되어 인적자원관리에 많은 변화를 가져오고 있다. 기술인력의 중요성과 이들의 효율적 관리에 관심을 유도하고 있으며, 기술의 변화로 새로운 직무가 발생하기도 하고, 기존의 직무가 사라지기도 하는 등 직무관리에도 중대한 영향을 미치고 있다. 정보통신기술과 교통수단의 발달 등 기술의 발달, 즉 기술적 환경의 변화에 기인한 국가간의 교류확대는 인적자원관리뿐 아니라 인적자원의 글로벌화를 촉진시켰다.

(4) 법률적 환경

경제적 목적을 달성하기 위해서 기업은 근로시간의 연장과 원가경쟁력 제고를 위해 인건비 삭감 등을 하고 싶어하지만, 종업원은 언제나 그 반대의 입장에 있다. 따라서 정부는 이들의 이해관계를 중재하게 되는데, 대부분의 경우는 상대적으로 약자인 노동자를 보호하는 입장에서 법률 등을 제정하여 기업에 강제하는 조치를 취하게 된다. 이를 법률적 환경(legal environment)이라고 한다.

이러한 법률적 환경은 노동조합과 관련된 법률로서 노동조합의 창설과 운영을 보장하고, 최저임금(minimum wage)을 강제하며, 해고에 따른 법적 요구사항을 법률로 제정하는 등 인적자원관리 전반에 중요한 영향을 미친다.

2. 기능적 관점

인적자원관리의 기능적 관점은 인적자원관리의 목적을 달성하기 위해 수행하는 구체적인 인적자원관리 활동의 유사성을 기준으로 직무관리와 사람관리로 구분된다.

1) 직무관리

인적자원관리는 자연인으로서의 인간 문제를 다루는 것이 아니라 '직무를 수행하는 인간'의 문제를 다룬다. 따라서 직무를 떼어 놓고는 인적자원관리를 설명할 수 없다. 인적자원관리의 중요한 토대가 되는 직무관리(job study)는 직무분석 · 직무평가 · 직무설계의 구체적인 활동으로 구성된다.

(1) 직무분석

직무분석(job analysis)은 직무의 내용 및 이를 수행하는데 필요한 직무수행자의 행동 · 특성 등 자격요건을 체계적으로 밝히는 과정으로 직무평가 및 직무설계의 기초자료가 된다.

(2) 직무평가

직무평가(job evaluation)는 직무분석의 결과 밝혀진 직무의 구체적인 내용과 이를 수행하는데 요구되는 직무수행자의 자격요건이 토대가 된다. 자격요건을 갖춘 직무수행자가 기업 내에서 각 직무를 수행했을 때에 그 직무에서의 가치(value)와 성과를 직무성과(job performance)라고 한다. 기업의 목적달성에 공헌하는 정도를 의미한다.

(3) 직무설계

직무설계(job design)는 기업의 목적과 조직구성원의 욕구를 동시에 달성할 수 있게 하는 목적을 지향한다. 동시에 동기부여적 관점에서 직무의 내용과 수행방법을 개선하는 과정이기도 하다.

직무분석은 기존의 직무를 있는 그대로 분석함으로써 모집 · 선발, 교육 · 훈련, 인사고과 등 인적자원 관리활동을 위한 정보 수집을 목적으로 한다는 점에서 직무설계와는 구분한다.

2) 사람관리

(1) 인적자원 확보

기업의 경영활동을 하는 사람, 즉 인적자원을 말하며, 인적자원 확보(human resource acquisition)는 기업 경영활동에 필요한 인적자원을 획득하는 활동이다. 따라서 인적자원 확보는 현재 기업이 보유하고 있는 인적자원의 양과 질은 적당한지, 기업이 필요로 하는 인적자원보다 현재 보유하고 있는 인적자원이 적으면 부족한 인적자원을 어떻게 충당할 것인지, 우수한 인적자원을 충당하기 위한 적절한 방법은 무엇인지 등을 중요한 관심사로 한다.

(2) 인적자원 개발 · 유지

인적자원 확보활동을 통해 확보된 종업원에게 요구되는 능력이나 성과창출 의지 및 태도는 확보 당시의 수준으로 고정되는 것이 아니다. 기업 내 · 외부의 환경변화, 종업원의 자연적 발전, 교육 · 훈련 등으로 변화하게 된다. 따라서 확보된 종업원의 능력과 성과창출 의지 및 태도를 보다 높은 수준으로 개발하고 이를 유지하는 관련 활동을 인적자원 개발 · 유지(human resource development & maintenance)라고 한다. 따라서 인적자원 개발 · 유지는 인적자원의 능력과 성과창출 의지 및 태도에 영향을 미치는 환경적 변화는 없는지, 교육 · 훈련, 노동조합과의 관계, 동기부여(motivation) 등 인적자원개발 · 유지의 구체적인 활동의 개별적인 목적과 이를 달성하는 적절한 방법은 무엇인지, 적절한 인적자원 개발 · 유지비용은 어느 정도인지 등을 중요한 관심사로 한다.

(3) 인적자원 보상

종업원은 기업에 들어와 주어진 직무를 수행하면서 개인의 노동력을 제공한다. 기업은 종업원이 제공한 노동이 기업의 목적달성에 공헌한 정도를 평가하여 경제적 · 비경제적 보상을 제공하는데, 이를 인적자원보상(human resource reward)이라고 한다. 따라서 인적자원 보상은 종업원이 제공한 노동이 기업목적 달성에 어느 정도 기여했는지를 어떻게 측정할 것인지, 경제적 보상과 비경제적 보상의 적절한 균형은 무엇인지, 보상에 대한 종업원과 기업의 갈등은 없는지 등을 다루게 된다.

(4) 인적자원 방출

종업원들은 자발적이든 비자발적이든 기업을 떠나게 되는데, 이를 관리하는 활동이 인적자원 방출이다. 따라서 인적자원 방출은 기업이 필요로 하는 적정한 수준을 넘어설 때에 어떻게 대응할 것인지, 종업원 의사와 다른 기업의 일방적 종업원 방출은 가능한지, 기업에 핵심적인 인적자원의 이직은 어떻게 관리하여야 하는지 등을 중요하게 다룬다.

3. 과정적 관점

기업경영과 마찬가지로 인적자원관리도 일련의 과정을 거쳐 수행되는데, 어떤 과정을 거쳐 수행되는지에 초점을 맞춘 것을 과정적 관점이라고 한다. 과정적 관점은 일반적으로 계획과 실행 및 통제의 과정으로 구분할 수 있으며, 직무분석, 직무평가, 직무설계를 포함하는 직무관리 과정과 인적자원 확보, 인적자원 개발 · 유지, 인적자원 보상 및 인적자원 방출을 포함한 인적자원관리의 각 활동은 계획과 실행 및 통제의 과정을 거쳐 수행된다.

제3절 인적자원관리의 발전과정

인적자원관리의 발전과정을 살펴보는 것은 인적자원관리의 본질인 '인적자원을 어떻게 관리하는 것이 기업의 목적달성에 보다 효과적인지'에 대한 부분과 체계와 기능의 이해가 필수적 요소라 할 수 있다. 인적자원관리의 발전과정은 [그림 2-4]에서 보는 것처럼 시간을 기준으로 기계적 접근 이전의 시기, 기계적 접근방법, 인간관계적 접근방법 및 인적자원 접근방법 등의 시기로 구분할 수 있다.

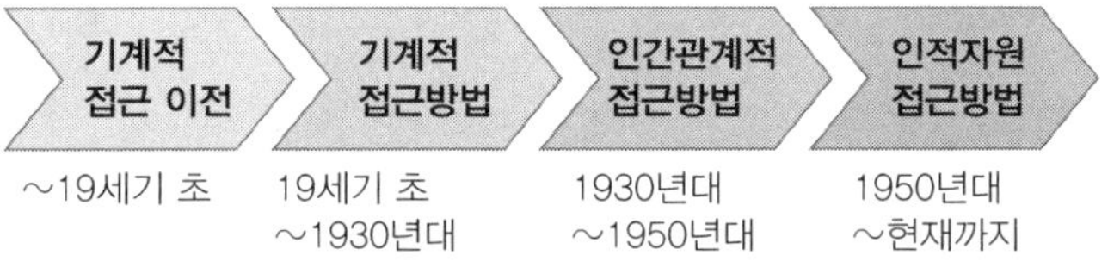

자료 : 이수광 · 이재섭(2003), 서비스산업의 인적자원관리, 대왕사, p. 50.

[그림 2-4] 인적자원관리의 발전과정

1. 기계적 접근 이전의 시기

18세기 산업혁명을 기점으로 증기기관을 이용한 생산과정의 기계화, 대량생산체계, 산업고용 인력의 확대 및 생산능력의 증대 등과 같은 기업경영에 영향을 미치는 중대한 변화가 일어나게 되었다. 이로 인해 인간적 문제가 야기되었으며, 종업원을 보다 효과적 · 효율적으로 관리하기 위한 다양한 노력이 시도되었다.

첫째, 애덤 스미스(A. Smith)는 '국부론(An inquiry into the Nature and Causes of the Wealth of Nations)'을 통해 분업(division of labor)의 원리를 주장하였다. 분업은 맡은 바 작업에 숙달되고, 작업전환 소요시간이 절약되며, 전문화된 노동자들이 작업환경을 능률적으로 변화시키는 장점이 있는 반면, 노동자의 무능력화와 소외 등을 유발하는 단점이 지적되기도 했다.

둘째, 산업혁명은 생산시설의 확대를 통해 많은 일자리를 창출하는 등 긍정적인 효과를 가져왔으나, 이러한 경영환경의 변화에 따라가지 못했던 근로자에 대한 무관심은 열악한 작업조건과 환경을 초래하였다.

당시 근로자들의 주당 근무시간은 70~80시간에 이르렀고, 어린 노동자(child labor)의 고용과 저임금 및 비위생적인 작업환경 등 비인간적이고 착취적인 경영이 확산되어 있었다. 이에 정부가 법률 제정을 통해 직접적으로 근로자의 작업조건에 대한 규제를 하게 되었다.

셋째, 열악한 작업조건과 착취적 경영에 대한 반발로 노동자들이 노동조합(union)을 결성하여 단체교섭운동을 벌이는 등 기업주에게 작업환경과 노동자에 대한 처우의 개선을 요구하게 되었다. 이러한 노동운동이 근로자의 작업조건 · 보상 등 인적자원관리에 커다란 영향을 미쳤음을 두 말할 나위가 없다.

넷째, 영국의 오웬(R. Owen)은 인간의 행동은 그에 대한 대우에 따라 달라지며 작업환경은 근로자의 육체적 상태뿐 아니라 심리 · 사고능력은 물론, 생산성에도 영향을 미친다고 했다. 때문에 인간적인 작업환경을 조성하고, 탁아시설 운영과 같은 복지혜택을 주어야 하며 점진적인 청소년 고용폐지, 작업시간의 축소(10시간/일) 등과 같은 시도를 통해 자신의 방직공장에서 상당한 성과를 거두었다. 그러나 그의 시도는 종교, 기업, 행정가들의 반발로 인해 오래가지 못하고 무산되었다.

2. 기계적 접근방법

기계적 접근방법(technical approach)은 기업을 공식적인 직무로 구성된 구조적 시스템으로 인식하고 종업원을 공식적인 직무를 수행하는 수단으로 간주하였다. 따라서 기업의 목적을 달성하기 위한 이상적인 구조가 있다는 전제에서 작업환경을 표준화하고, 직무설계 · 고용제도 · 보상제도 등을 공식화하여, 이에 맞는 종업원을 구성하는 것이 중요한 인적자원관리와 관련된 기능이라고 보았다.

과학적 관리법(principles of scientific management)은 공장의 효율적인 경영과 생산체제를 갖추기 위하여 여러 사람의 아이디어를 종합한 공장경영의 새로운 방법으로 19세기 말부터 20세기 초 테일러(F. Taylor)에 의해서 정립되었다.

과학적 관리법의 주요 내용은

첫째, 과업관리(task management)이다. 경영자는 근로자의 직무와 직무수행 방법을 근로자 자신에게 맡길 것이 아니라 근로자의 직무를 설계하고 직무수행 방법도 구체적으로 설정하는 기획업무에 치중해야 하고, 근로자는 경영자가 설정한 직무를 그대로 수행하는 것을 그들의 과업이라고 했다. 시간 및 동작연구(time and motion study)를 하여 직무의 내용은 물론 직무수행에 사용되는 도구 등 작업환경도 표준화하여 가장 합리적인 직무수행방법(one best method)을 설계하고, 이를 기준으로 표준생산량(production standard)을 설정하는 등 경영자의 기획기능을 강조하였다. 이와 같이 경영자와 근로자의 직책과 기능을 분명히 구분하여 근로자의 임의적인 판단을 방지하고, 경영자의 적극적인 직무연구와 직무설계를 통하여 공장의 생산관리를 효율화시켜야 한다는 것이 과업관리의 원리이다.

둘째, 과학적 선발 및 훈련(scientific selection & training)이란 과업관리과정을 통해 설계된 직무의 내용과 직무수행자에게 요구되는 자격요건이 파악되면 이에 따라 종업원을 선발·훈련하여야 함을 의미한다. 이는 인간공학(human engineering)의 관점에서 직무가 요구하는 신체적·정신적 자격을 갖춘 사람을 선발하고 표준생산량을 감당할 수 있도록 종업원을 훈련시켜야 한다는 것이다.

셋째, 성과에 의한 보상으로 성과에 비례하여 임금을 지불해야 한다는 것이다. 테일러는 근로자의 성과를 생산량으로 측정했고, 이것을 기준으로 성과급제(piece rate payment)를 주장하였다. 더욱이 테일러는 표준생산량을 달성한 종업원에게는 높은 임률을 적용하여 높은 임금을 지급(high pay for success)하고, 표준생산량을 달성하지 못한 종업원에게는 낮은 임률을 적용하여 낮은 임금을 지급(loss in case of failure)하는 차별성과급(differential piece rate payment)제도에 따라 임금을 지급함으로써 생산성을 증대시킬 수 있다고 주장했다. 이와 같은 성과급제를 통하여 근로자의 경제적인 동기를 유발시켜 공장의 생산성을 극대화시키려는 것이 과학적 관리법의 중요한 목적이다.

넷째, 기능적 직장제도(functional foremanship)로서 생산성의 증대를 위한 공장의 조직(organization)에 관한 문제를 말한다. 공장의 생산성 향상에 가장 중요한 역할을 담당하는 사람이 일선관리자(firstline foreman)인데, 테일러는 이들의 업무가 너무 많으면 관리기능이 저하되고 이에 따라 생산성이 저해된다고 보았다. 따라서 일선관리자들은 부하직원의 생산 감독에 전념하고, 기타 생산계획이나 품질검사, 종업원의 교육 · 훈련 등 관리업무는 따로 채용된 관리자에게 맡겨야 한다는 것이다.

과학적 관리법은 조직 외부로부터 들어오는 영향을 고려하지 않고 조직내부만을 들여다보았다는 면에서 개방이론이라기 보다는 폐쇄이론에 속하며, 조직의 하위층의 개인과 집단을 집중적으로 분석했다는 점에서 미시적 이론에 속한다. 그리고 개인이나 집단을 규제하는 장치에 치중하고 있어 제도적 이론의 성격을 띠고 있다.

3. 인간관계적 접근방법

1) 인간관계적 접근방법의 개요

인적자원관리의 인간관계적 접근은 호손(Hawthorne)실험을 근거로 한다. 하버드대학교의 메이요(E. Mayo) 등은 1920년대 후반부터 1930년대 초반에 걸쳐 West Electric Company의 호손공장에서 작업환경의 물리적 환경(조명, 온도, 소음 등)의 변화와 임률 · 작업시간 등 인적자원관리와 작업능률의 관계를 검증하고자 4차례에 걸친 연구를 실시하였다. 연구결과는 작업환경 · 임률 · 작업시간

등은 작업능률과 뚜렷한 상관관계가 없는 것으로 나타났다. 따라서 후반부의 연구는 종업원의 집단행동에 초점을 맞추어 진행되었으며, 연구한 결과는 집단 구성원의 상호관계 및 상호작용, 비공식조직과 비공식적 조식으로부터 종업원에게 부여된 역할, 본인의 직무에 대한 종업원의 인식, 다른 동료 및 관리자에 대한 종업원의 인식 등이 작업능률에 보다 중요한 영향을 미치는 것으로 밝혀졌다.

2) 인간관계적 접근방법의 새로운 관점과 한계

인간관계적 접근방법은 인적자원관리 연구에 새로운 관점을 제시하였으며, 그 내용은 다음과 같다. 개인의 행동동기 영역은 경제적 동기와 사회적 동기가 겹치는 부분으로서 [그림 2-5]에 표시되어 있다.

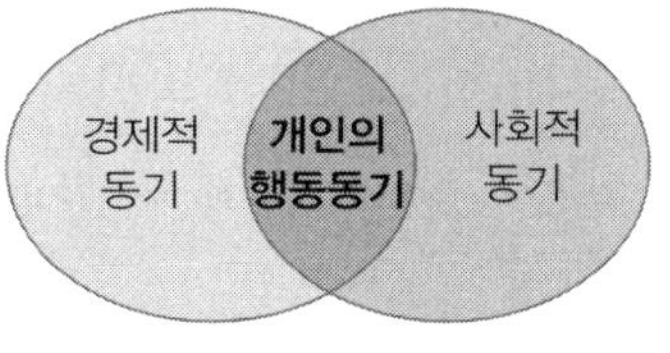

자료 : 이수광 · 이재섭(2003), 서비스산업의 인적자원관리, 대왕사, p. 61. 수정 · 보완.

[그림 2-5] 개인의 행동동기

첫째, 기존 인적자원의 관리관점은 인간을 기계적으로 바라보는 것이었던 것에 반해 호손실험의 연구결과는 인간은 경제적 동기뿐 아니라 비경제적 · 사회적 동기를 지닌 사회적 동물(homo sociologicus)임을 밝혀냈다. 경제적 동기는 물론 성과급제 하에서 최대임금을 추구하는 대신 동료의 보호를 위해 생산량을 조절하거나, 자긍심과 공동체 의식 등을 토대로 생산성을 증대시키고, 비공식조직의 규범(norm)을 통해 스스로의 행동을 통제하면서 귀속감이나 안정감을 증대시키는 등 사회적 동기에 의해 행동한다는 것을 밝힌 것이다.

둘째, 종업원은 직무수행방법과 기업의 경영방침 및 보상 등과 같은 직무가 요구하는 바에 대해 개인이 아닌 집단 구성원으로서 반응한다. 그러므로 기업의 목적을 달성하고 생산성과 능률을 증대시키려면 합리적인 공식조직의 설계만큼 비공식조직에 관심을 가져야 하며, 합리적인 직무설계와 표준생산량의 설정만큼 집단 구성원의 사회적 상호작용 등에 관심을 기울여야 한다. 이러한 조직의 사회적 성격에 관한 관심은 집단 구성원 간의 인간관계, 집단의 사기(morale)와 집단응집력(group cohesiveness)에 관심을 유발하였다.

셋째, 기계적 접근에서 생산성은 합리적인 직무구조나 작업환경의 물리적 환경에 의해 결정된다고 보았다. 따라서 기계적 접근에서는 합리적인 직무구조와 작업환경의 설계를 통해 생산성을 향상시키고자 하였다. 그러나 호손실험의 연구결과 동료작업자와의 인간관계 등 직무의 사회적 요인들이 종업원의 직무만족(job satisfaction)을 결정하는 중요한 요인이며, 직무에 대한 심리적 · 사회적 만족은 생산성에 중요한 영향을 미친다는 사실이 밝혀졌다.

이데 따라 인간관계적 접근은 직무의 기계적 합리성뿐 아니라 사회적 · 심리적 만족을 기반으로 한 종업원만족(employee satisfaction)을 통해 생산성 증대에 이를 수 있다고 주장하였다.

인간관계적 접근은 커뮤니케이션, 상담, 경영참여, 민주적 리더십 등의 영역으로 인적자원관리를 확장하는 토대가 되었으나, 인간관계적 접근은 종업원의 사회적 · 심리적 욕구를 지나치게 강조함으로써 경제적 욕구를 외면하고 있으며 기계적 접근과 마찬가지로 언제 어디서나 바람직한 유일최선의 인적자원 관리방법을 찾으려 하였다는 등의 한계를 지닌다.

4. 인적자원 접근방법

인적자원 접근방법은 기업의 내부와 외부의 환경적 요소를 모두 고려하는 영향론적인 관점을 택하고 있으며, 개인과 집단행동 등 인적자원요소가 가장 중요하다는 전제 하에 개인과 집단행동에 영향을 미치는 상황적 요인들을 종합적으로 연구하는 방법이다. 인적자원 접근방법은 몇 가지 특성을 가지고 있다.

첫째, 기업경영환경의 급속한 변화에 따라 기업은 점차 환경적 불확실성에 노출되게 되었다. 따라서 환경의 변화에 적응하기 위한 전략적 경영(strategic management)의 중요성이 강조되면서 환경의 변화에 능동적으로 대처할 수 있는 유일한 경영자원으로서의 종업원, 즉 인적자원에 대한 인식이 변화하게 되었다. 또한 정보기술(information technology) 등 신기술의 발전은 인적자원이 주어진 직무를 수행하는 존재가 아니라 기업경제력에 중요한 존재이며 수많은 잠재력을 지닌 존재로 기업은 이를 발견 · 개발하여야 한다는 관점의 변화가 나타나기 시작했다. 따라서 개인과 집단행동을 중심으로 인적자원에 대한 심층적인 분석을 토대로 인적자원에 관한 연구범위도 변화하는 환경 속에서 효율적 계획과 활용, 인적자원개발, 조직개발(organizational development)의 분야로 확장되게 되었다.

둘째, 인적자원 접근은 행동과학(behavioral science)의 도입과 같은 시각의 변화를 가져왔다. 과거 종업원은 '생산의 한 요소'로 인식되었으나, 개인 및 집단의 행동을 보다 학제적(interdisciplinary)이고 과학적 방법인 행동과학의 도입으로 종업원은 단순한 생산의 도구에서 벗어나, 생각하고 동기부여되는 등 복잡하고 다양한 특징을 지니는 존재로 인식되면서 인적자원관리 분야의 연구에 보다 종합적인 관점이 도입된 것이다.

셋째, 기계적 접근방법이 직무수행을 통한 능률향상을 위하여 작업조건과 표준생산량 등 기계적이고 구조적인 방법으로 작업방법과 환경을 개선하려고 하였고, 인간관계적 접근이 종업원의 만족 · 사기 등 인간적인 방법에 집중한 반면, 행동과학에 기초한 인적자원적 접근은 능률향상과 관련된 모든 환경적 요소를 전체적인 관점에서 분석하고 개선하려는 관점을 택하였다. 종업원은 단지 주어진 직무를 수행하는 존재가 아니라, 경영전략, 조직구조와 연계하여 환경에 유기적으로 적응하는 기업경쟁력의 핵심적인 자원이 되는 것이다.

제4절 현대 인적자원관리의 변화

과거 기업을 둘러싸고 기업경영에 영향을 미치던 환경과 오늘날 인적자원관리는 과거와는 다른 새로운 가치를 추구하고 변화하게 되는데, 그 내용은 다음과 같다.

1. 고객의 다원화

과거 인적자원관리는 자본효율성(capital efficiency)의 관점에서, 최소의 자본으로 최대의 성과를 창출하기 위한 관점에서 인적자원 관리활동이 수행되었다. 그러나 기업의 사회시민화(social citizen)에 따른 기업의 사회적 책임의 증대는 개별기업의 인적자원관리와 관련된 이해관계자 집단(interest group)을 다원화시키게 되었다. 따라서 오늘날의 인적자원관리는 각각 다른 기대를 지닌 여러 이해관계자 집단의 욕구를 충족시키는 다원화된 고객지향성을 추구하게 되었다. 따라서 오늘날 인적자원관리는 이러한 다원화된 고객집단의 욕구와 기대 및 갈등을 조정 · 조화시켜야 한다.

2. 전략적 성과주의

과거 인적자원관리는 각 개별적인 기능에서의 완성도를 추구하는 업무적 성과(operational performance)를 중시하였다. 그러나 오늘날 인적자원관리는 기업의 목적달성에 모든 기업구성원의 행동과 역할이 효과적으로 통합됨으로써 창출되는 기업의 전반적인 성과를 의미하는 전략적 성과(strategic performance)를 지향한다. 각 기능의 개별적인 성과가 아니라 이들이 통합적으로 창출하는 기업 전체로서의(as a whole) 성과를 강조하는 것이 오늘날 인적자원관리이다.

전략적 성과를 창출하는 구체적인 방법은 크게 추종전략과 선도전략으로 나누어 볼 수 있다. 추종전략이란 기업의 목적달성을 위한 하위시스템(subsystem)으로 인적자원관리를 인식하고 기업의 경영전략에 맞추어 인적자원관리를 수행하는 것을 의미한다. 이러한 추종전략은 기업의 경쟁력의 근원을 기업과 환경의 적합성(fitness)을 추구하는 시장기반관점(market based view)에 맞추고 있다.

한편 선도전략은 기업의 경쟁력의 근원을 기업내부에서 찾는 인적자원 기반관점(human resource based view)이라고 한다. 따라서 선도전략은 기업의 핵심경쟁력(core competence)은 인적자원관리에 기반한다는 관점에서 인적자원관리의 고유한 목적을 개발하고 이를 달성하기 위해 인적자원의 잠재력 개발과 내부종업원의 노하우 축적 등 인적자원 관리활동을 수행하는 전략이다.

3. 질적 서비스 지향

서비스기업들은 서비스의 질에 깊은 관심을 가지게 되었다. [그림 2-6] 서비스 삼각형에서와 같이 서비스는 외부고객을 대상으로 하는 외부마케팅만이 아닌 내부마케팅과 접촉마케팅으로 세분하여 질적인 서비스를 지향하고 있다. 질적 서비스를 지향하기 위해 종업원을 '또 다른 고객'으로 간주하고 기업내부의 종업원을 대상으로 서비스를 제고하는 내부 서비스 중심(internal service center)으로 인식하는 것이다.

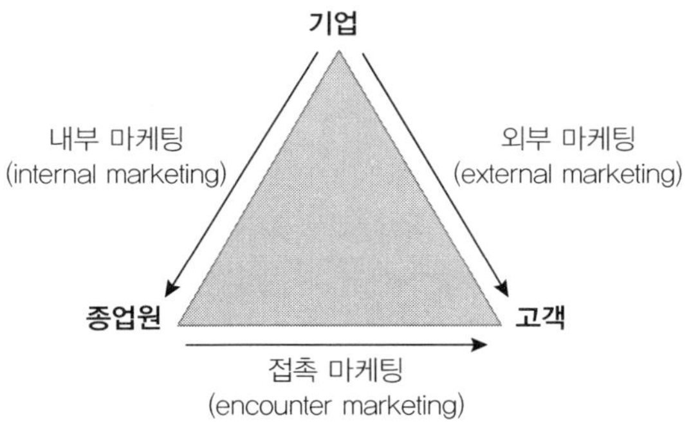

자료 : 이수광 · 이재섭(2003). 서비스산업의 인적자원관리, 대왕사, p. 79.

[그림 2-6] 서비스 삼각형

전통적으로 인적자원 관리부문은 기업의 관리 시스템의 하나로서 통제 · 지시 등을 중요한 기능으로 하였다. 그러나 오늘날 특히 서비스산업을 중심으로 종업원만족(employee satisfaction)이 기업의 성과창출에 중요한 영향을 미치는 것이 밝혀지면서 종업원을 만족시키는 서비스를 제공하는 인적자원관리의 중요성이 부각되었다. 마케팅 관점에서 이를 내부 마케팅이라 부르며, 고객과의 접촉을 특징으로 하는 서비스산업의 경우 고객과의 접촉마케팅(encounter marketing)을 담당하는 종업원의 중요성을 강조한다.

4. 경제적 가치지향

종래에 인적자원 관리부문은 예산범위 내의 비용을 집행함으로써 맡은 바 업무를 수행하는 원가중심(cost center)으로 이해되었으나, 오늘날 인적자원관리부문은 이익중심(profit center) 혹은 사업중심(business center)으로 이해되고 있다. 이는 인적자원 관리부문이 단순한 원가배분기능에서 벗어나 가치(economic value)를 창출할 수 있음을 의미한다.

인적자원 관리활동을 통해 경제적 가치를 창출하기 위해서는 종업원의 욕구를 명확히 파악하고 이를 충족시킴으로써 인적자원 관리활동이 기업의 목표와 일치하도록 하여야 하며, 인적자원 관리부문이 창출한 서비스를 기업 내 · 외부에 판매할 수 있는 시스템이 형성되어야 한다. 또한 인적자원 모집광고, 선발, 교육 · 훈련 개발비용 등과 같은 관리활동의 직 · 간접적 원가에 대한 평가 시스템이 확보되어야 하며, 경제적으로 환산되지 않는 종업원의 직무만족 등과 같은 인적자원 관리활동의 가치에 대한 고려가 병행되어야 한다. 따라서 인적자원 관리부문이 경제적 가치를 창출하기 위해서는 질적인 가치에 대한 고려가 선행되어야 한다.

제3장

직무연구

제3장 직무연구

제1절 직무관리

1. 직무관리의 의의

조직은 사람과 직무의 결합체이다. 모든 조직에는 목표를 달성하기 위해 수행되어야 할 일이 있고 이 일을 수행할 사람이 있다. 일은 노동력이 가해져야 할 노동력의 객체이고 사람은 노동력을 제공해야 할 노동력의 주체이다.

서비스기업의 경영활동은 종업원이 수행하는 '일'들의 집합체이며, 종업원이 각각의 일들을 얼마나 성공적으로 수행하는가에 따라 서비스기업의 성과는 달라지게 된다. 예를 들어, 비행기를 타기 위해 대기 중인 고객에게 좌석을 배정하는 일, 탑승 후 기내에서 식음료를 서비스하는 일 등이 모여 경영활동을 이루며, 이 일을 수행하는 지상직 직원과 승무원이 각각의 '일'을 얼마나 잘 수행하는가에 따라 항공사의 경영성과가 달라지게 되는 것이다.

조직의 경영이란 수행되어져야 할 일들에 대한 사람의 활동이다. 이 일들을 우리는 직무(job), 때로는 과업(task)이라고 부르는 것이다. 결국 인적자원의 관리란 종업원 각자에게 일정한 직무을 부여하고, 각 직무는 조직 전체의 목표달성을 위해 적절히 조정되어야 할 것이다. 직무에 관한 이해를 돕기 위해 [그림 3-1]에 직무관련 용어체계를 표시하였다.

따라서 직무관리란 직무를 체계적으로 정비하고 그에 적합한 인력을 모집 ·

선발하고 각자의 직무에 합당한 대우를 받게 하며, 종업원들이 자신의 직무에 대해 만족하고 보람을 느낄 수 있도록 직무를 설계하는 것을 말한다.

사람과 직무의 연결을 올바르게 하기 위하여 우선은 직무에 대하여 체계적으로 파악, 평가하는 절차가 있어야 할 것이고, 이후에 인간과 직무의 관계를 설정하여야 할 것이다. 이렇게 직무와 사람을 연결 짓기 전에 직무를 파악하는 것이 직무분석이 되겠고, 이들 직무 상호간의 중요성 판단이 직무평가이며 평가된 직무에 따라 수행할 사람을 배정하는 것이 직무설계라고 보면 될 것이다. 그러므로 인적자원관리의 본질은 바로 이 직무의 관리 그 중에서도 직무분석에서부터 출발해야한다는 것은 당연한 일이다. 직무관리는 직무를 통하여 유효한 성과를 산출하려는 제반 인적자원관리 활동의 기초가 되므로 직무관리는 조직경영 환경의 변화에 맞추어 수행되어야 한다.

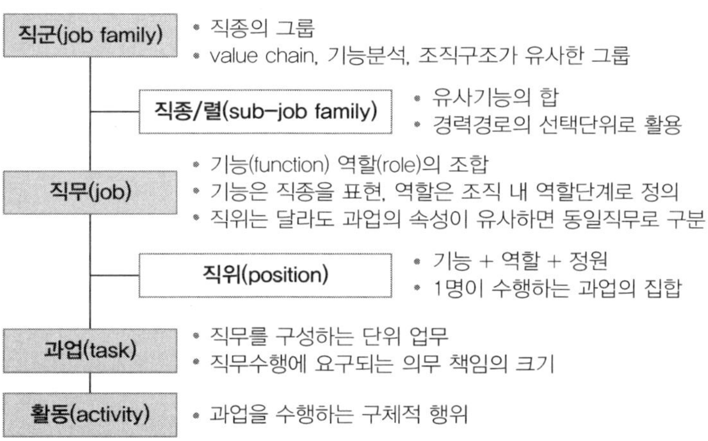

자료 : 박해룡(2008), Strategic Human Resource Management, 한국생산성본부, p. 7.

[그림 3-1] 직무관련 용어체계

2. 직무관리의 범위

서비스기업의 중요한 토대가 되는 직무관리는 [그림 3-2] 와 같이 직무분석,

직무평가 및 직무설계로 구성된다.

첫째, 직무분석(job analysis)은 직무의 내용과 직무를 수행하는데 요구되는 직무수행자의 행동 · 특성 등 직무수행을 위한 종업원의 자격요건을 분석하는 과정으로, 그 결과 직무기술서와 직무명세서가 작성되며, 직무분석은 직무설계의 기초가 된다.

둘째, 직무평가(job evaluation)는 직무분석을 기초로 하여 직무의 상대적 가치를 체계적으로 결정하는 것이다. 이 때 가치란 평균적인 직무수행자가 직무를 수행했을 때 그 직무에서의 성과가 서비스기업의 목적달성에 공헌하는 정도를 의미한다. 이것은 조직의 개인적 요소를 배제하고 직무 자체의 중요도를 평가하는 것으로 직무급의 결정, 임금관리, 승진, 이동, 인사고과 그리고 교육훈련의 기초자료가 된다.

셋째, 직무설계(job design)는 서비스기업의 목적과 직무의 내용, 조직구성원의 욕구를 동시에 효과적으로 달성할 수 있도록 설계하려는 것이다. 직무설계는 직무분석, 직무평가와 성격상 구별되지만 기업조직의 기본단위인 직무를 통하여 인적자원관리활동의 기초가 된다는 점에서 직무관리의 범위에 포함된다.

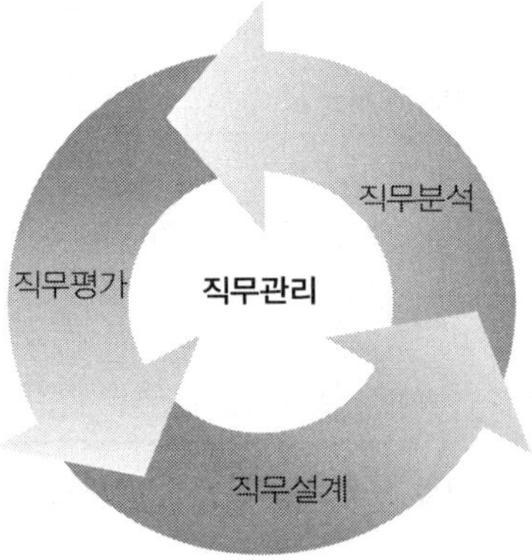

자료 : 이수광 · 이재섭(2003), 서비스산업의 인적자원관리, 대왕사, p. 109. 수정 · 보완.

[그림 3-2] 직무관리의 구성요소

3. 직무관리의 중요성

서비스기업은 직무에 대한 체계적이고 합리적인 관리를 기반으로 하여 직무를 수행하는 사람에 대한 바람직한 관리활동을 할 수 있게 된다. 인적자원관리 활동은 인적자원 확보, 인적자원 개발 · 유지, 인적자원 보상 및 인적자원 방출로 구분할 수 있다.

인적자원 확보는 직무수행에 필요한 인적자원을 계획하고 모집 · 선발하는 과정이다. 인적자원 개발 · 유지는 교육 · 훈련, 전환배치, 승진 등을 통해 확보된 인적자원의 능력과 성과창출의지 등을 최대한으로 개발하고, 이를 지속적으로 유지하는 인적자원관리 활동이다. 직무관리와 사람관리의 관계는 [그림 3-3]에 요약되어 있다.

인적자원 보상은 종업원이 노동력을 제공한 대가로 기업이 종업원에게 경제적 · 비경제적 보상을 제공하는 활동이다. 각 종업원에게 지급되는 보상의 크기를 결정하기 위해서는 종업원의 공헌의 정도는 물론 각 종업원이 수행한 직무의 가치에 대한 평가(직무평가)가 선행되어야 한다.

인적자원 이직은 종업원과 기업의 관계가 종료되어 종업원이 기업을 떠나는 과정이다. 서비스기업은 부정적인 이직을 막고 경영성과를 제고하기 위해서는 합리적이고 체계적인 직무분석과 직무설계가 요구된다.

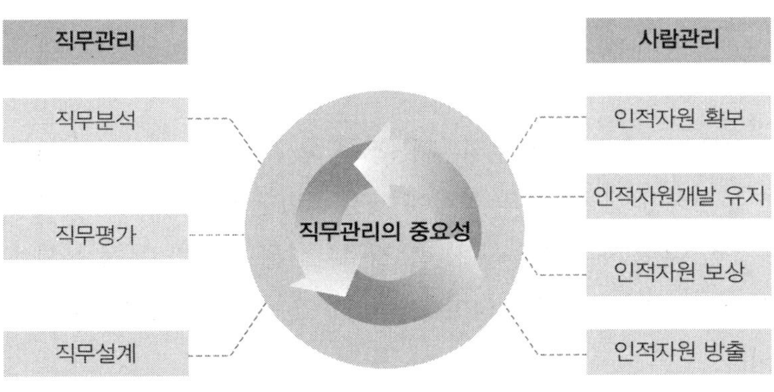

자료 : 이수광 · 이재섭(2003), 서비스산업의 인적자원관리, 대왕사, p. 111. 수정 · 보완.

[그림 3-3] 직무관리와 사람관리의 관계

제2절 직무분석

1. 직무분석의 의의

일반적으로 직무분석이란 특정한 직무의 내용과 직무를 수행하는데 요구되는 직무수행자의 행동, 정신적 · 육체적 능력 등 직무를 수행하기 위한 자격요건을 밝히는 체계적인 과정으로 정의할 수 있다. [그림 3-4] 직무분석의 개념에 표시된 것 같이 직무와 분석이 합해진 것이다.

한 사람 이상에게 부여된 과업
- 하위 과업의 성질이 유사한, 또는 필요한 지식/기술의 종류가 유사한 기능단위
- 조직구조 설계의 기초단위, 인력 충원/배치의 기초단위

직무의 성격을 분석하고 정의
- 직무의 정의/목적(Mission)
- 주요 과업, 수행요건, 지식, 경험, 자격증 등
- 역량(Competency)
- 핵심성과지표(Key Performance Indicator)
- 업무 수행시간 등

자료 : 저자작성

[그림 3-4] 직무분석의 개념

따라서 직무분석은 어떤 직무의 내용 또는 요구조건을 사실적인 자료를 기초로 정리 · 분석하여 개별직무의 성질에 가장 적합한 인력을 조직 내에서 유효하게 확보, 육성, 활용하는 기술이다. 즉 직무분석은 직무가 특정 부서에서 현재 어떠한 상태로, 어떠한 특징과 의미를 지니고 있는가를 명확하게 파악하고 기술하는 것이다.

그러나 지금까지의 직무분석은 직무활동에만 초점을 맞춰왔다. 종업원들이 어떻게 일하는지만 규명함으로써 조직의 성과와 별개로 종업들에게 직무의 정의만 제시한 것이다. 업무의 효율성 측면만 강조하고, 해당 직무가 조직에서 어떠한 성과를 창출해야 하는지는 규명하지 못한 결과라 할 수 있다. 지금은 과거의 직무분석과 달리 조직의 목적에 부합하는 무엇(what)을 규명하는 작업이다. [그림 3-5] 직무분석 틀의 변화에서와 같이 어떻게(how) 일을 해야 하는지가 아니라 왜(why) 그 일을 해야 하는지를 규명하고 종업들에게 설득력 있게 제시하는 것이 요구된다.

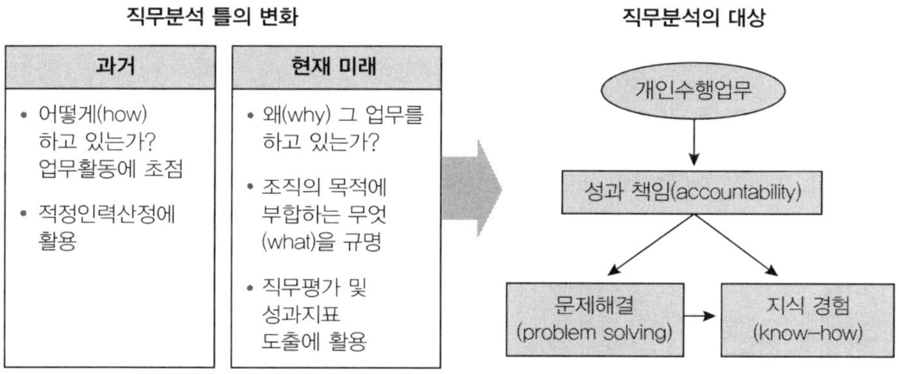

자료 : 김인범 · 신현관(2009), 리더가 꼭 알아야 할 실전인사관리, 중앙경제평론사, p. 225.

[그림 3-5] 직무분석 틀의 변화

2. 직무분석의 목적

기업에 있어서 인적자원관리의 대상인 사람은 추상적인 존재가 아니라 구체적으로 부여된 일정한 일을 수행하는 직무와 연결된 사람이다. 따라서 현대의 인적자원관리는 직무의 담당자로서 사람에 관한 이해와 동시에 사람에게 부여된 직무에 관한 이해가 있어야 한다. 즉 조직 내의 사람은 직무를 떠나 그 존재 의미를 찾을 수 없고 직무와의 조화된 관계를 통해서 구체적인 보람을 찾게 된다.

인적자원관리란 조직이 필요로 하는 인력을 확보, 보상, 평가, 개발, 유지하는 과정이다. 이는 어떤 특정 조직에서 개인과 조직 또는 사람과 일의 관계가 서로 과부족이 없도록 관리하는 것을 의미할 것이다. 따라서 합리적인 인적자원관리를 위해서는 사람과 직무와의 관계를 구체적이고 명확하게 밝히지 않으면 안된다. 즉 직무분석은 인적자원관리의 기초가 되는 방법을 제시해 주는 것으로서, 합리적인 인적자원관리의 출발점이 된다. 이와 같이 인적자원관리의 합리적이고 과학적인 기초로서 직무분석은 구체적으로는 다음과 같은 목적을 가지고 있다.

1) 직무권한의 명확화와 합리적인 조직의 확립

조직의 운영을 계획적이고 능률적으로 수행하기 위해서는 먼저 인적자원에 대한 업무의 배분을 적절히 하고, 그 해당된 업무의 절차와 책임을 명확하게 해두지 않으면 안 된다. 즉 직무분석을 통해 직무권한의 명확화와 합리적인 조직의 확립이 필요하다.

2) 채용, 배치, 이동, 승진 등의 기준

조직의 각 직무에 필요로 하는 자질과 요건을 갖춘 자를 발굴하기 위해서 직무분석이 필요하다. 근로자를 채용할 때에는 막연히 좋은 사람을 채용하는 것이 아니라 어떤 직무, 즉 경리담당자로서 또는 영업담당자로서 적합한 소질을 지니고 있는가를 기준으로 채용하여야 할 것이다. 인적자원의 배치, 이동, 승진의 경우에도 이 점은 마찬가지이다. 즉 종업원이 배치, 이동, 승진 후에 직무를 수행하는 데 적합한 능력이나 경험 등을 갖추고 있는지 판단하려면, 먼저 그 직무가 요구하는 능력이나 수행요건을 명확히 할 필요가 있다.

3) 직무평가와 평가시스템의 기초

직무평가나 인사고과를 합리적으로 실시하려면 직무와 반드시 연관되어 있어야만 한다. 즉 맡은 직무를 어느 정도 수행하였는지, 그 직무에 필요한 지식·경험·기술을 어느 정도 가지고 있는지, 부여된 책임을 어느 정도 수행하였는지를 구체적으로 평가할 필요가 있다. 따라서 이를 위해서는 명확한 평가기준의 확립이 필요한데, 이러한 평가기준은 직무분석에 의하여 그 기초 자료를 구할 수 있는 것이다.

4) 교육 훈련 및 능력개발의 기준

교육·훈련의 목적은 직장에서 각 개인이 현재 담당하고 있는 직무나 장래 담당 예정인 직무를 보다 원활하게 수행할 수 있도록 하는 데 있다. 즉 현재 근로자가 보유하고 있는 직무를 중심으로 교육훈련을 계획하고 실시해야 효과가 있다. 따라서 직무요건에 비추어 현재 직무의 부족한 부분의 보충을 위한 교육훈련 및 능력개발을 위해 직무분석이 필요하다.

5) 조직·직무 재설계

기업은 환경의 변화에 따라 업무의 성격이나 프로세스가 자연스럽게 바뀌게 된다. 규칙적인 직무분석을 통하여 변화하는 환경에 맞추어 통합 또는 분리해야 하는 직무를 선별함으로써 지속적으로 업무의 효율화를 높이는 과정이 필요하다.

6) 안전관리 및 작업조건의 개선

기업이 생산성을 지속적으로 향상시켜 나가기 위해서는 인적자원의 안전과 복리 후생관리를 위해 꾸준한 노력을 지속해야 한다. 직무분석을 통하여 각 직무가 지니는 위험성과 정도, 작업환경의 유해성과 노동의 강도, 직업병의 유무

등을 파악하여 이를 사전에 관리할 뿐 아니라 그에 상응한 수준의 대우를 보장할 수도 있다.

3. 직무분석의 절차

직무분석의 절차는 직무분석의 구체적인 목적 설정, 분석대상 직무의 선정, 자료의 수집, 분석 및 처리 등과 같은 4단계로 구분해 볼 수 있다.

1) 구체적인 목적설정

직무분석에는 다양한 목적이 있을 수 있는데, 이 단계에서는 직무분석을 수행하는 개별적인 목적을 명확히 하는 과정이다. 직무분석의 구체적인 목적에 따라 적절한 방법, 직무분석대상, 직무분석범위, 필요정보의 내용 및 수집방법 등이 달라질 수 있기 때문이다.

2) 분석대상 직무의 선정

직무분석 목적에 적합한 대상자를 선정하는 과정으로, 그 목적에 따라 분석대상자가 달라지게 된다. 예를 들어, 인적자원확보를 위한 직무분석의 경우 충원되어야 할 직무가 분석대상자로 선정되며, 인적자원 보상을 위한 직무분석인 경우에는 기업 내 모든 직무를 대상으로 하는 것이 일반적이다.

3) 자료의 수집

자료수집단계는 다양한 직무분석방법 중 하나 또는 필요에 따라 여러 개의 직무분석방법을 선정하여 직무의 내용 및 직무수행자의 자격요건에 관한 자료를 수집하는 과정이다. 자료의 수집방법에는 관찰법, 면접법, 질문지법, 중요사건기록법 등이 있다.

4) 분석 및 처리

분석 및 처리 단계에서는 수집된 정보 중 직무의 내용에 관하 정보는 직무기술서에 직무수행자의 자격요건에 관한 정보는 [그림 3-6] 직무분석의 절차를 거쳐서 직무명세서에 정리 · 기록된다. 또한 직무분석을 통해 직무의 내용이나 직무수행자의 자격요건에 변화가 발생할 경우 기존의 직무기술서와 직무명세서에 지속적인 수정 · 보완 작업이 이루어져야 한다. 예를 들어, 병원에 새로운 의무기록관리 시스템 도입되어 기존의 직무의 내용과 다른 추가적인 과업이 요구되거나 이를 수행하기 위한 직무수행자의 자격요건에 변화가 생긴다면, 도입 전에 작성되었던 기존의 직무기술서와 직무명세서를 수정해야 한다.

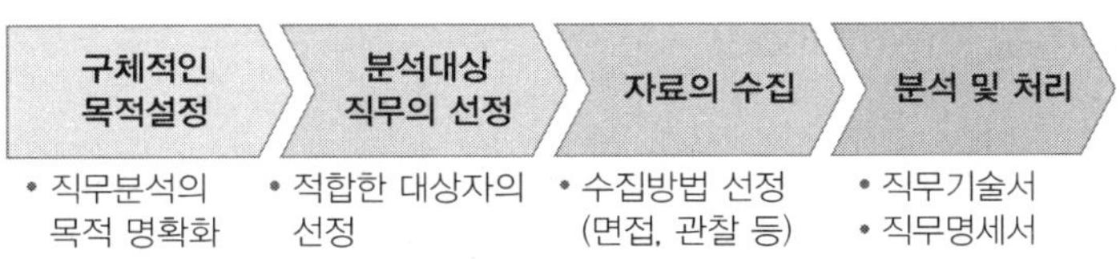

자료 : 저자작성

[그림 3-6] 직무분석의 절차

4. 직무정보의 수집방법

1) 관찰법(observation method)

관찰법은 직무분석을 시작할 때 직무에 대하여 가장 기초적인 지식을 제공하는 방법으로, 직무를 수행하는 종업원들을 현장에서 직접 관찰함으로써 직무활동의 내용을 파악한다. 정확한 관찰을 위해서 종업원과 지나치게 근접되어 있으면 그들의 정상적 직무수행을 방해할 가능성이 있고, 지나치게 멀리 있으면 정확한 관찰에 어려움을 겪게 된다. 따라서 관찰자는 작업자의 수행을 방해하지 않고 종업원들이 평소대로 일하는 것을 관찰해야 한다. 따라서 관찰자의 존재를 노출시키지 않고 종업원들을 관찰하기 위해서 CCTV와 같은 녹화장비들이 사용되기도 한다.

관찰을 통해 직무에서 종업원들이 행하는 행동과 작업환경에 관하여 생생하게 알 수 있지만, 그러한 행동들이 왜 나타나는지에 관하여는 알 수 없으므로 관찰법은 제한점을 지닌다. 따라서 직무행동이 왜 일어나는지에 관해서는 면접법과 같은 다른 방법에 의해 파악해야 한다.

이러한 단점들 때문에 이 방법은 비교적 광범위하게 통제되는 작업이나 본질적으로 육체적인 노동 혹은 하위사무직이나 고급숙련도를 요구하지 않는 공장작업 같은 곳에 사용되어야 한다.

2) 면접법(interview method)

종업원들은 개인적으로 혹은 여러 번의 집단 토론을 통하여 면접을 진행할 수 있다. 훈련된 면접자는 직무에서 수행하는 활동이나 직무를 수행하는데 요구되는 기술들을 이해하기 위하여 종업들에게 직접 질문을 한다. 면접법은 다양한 직무들에 광범위하게 적용될 수 있기 때문에 가장 흔히 사용되는 직무분석 방법 중 하나이다. 직무를 실제로 수행하는 사람과 면접을 하기 위해서는 먼저 면접 장소를 선정해야 하는데 직무를 수행하는 장소가 가장 바람직하겠으나, 직무수행을 방해하지 않는 범위 내에서 이루어져야 할 것이다.

직무분석자는 종업원으로부터 직접 정보를 얻을 수 있는 면접을 사용함으로써 관찰법이 지니고 있는 여러 가지 어려운 일을 극복할 수 있다. 특히 직무수행기간이 긴 경우, 직무담당자는 그의 작업수행을 요약하여 간단하게 설명할 수 있다. 또한, 관찰자가 알 수 없는 정신적인 작업 과정을 설명할 수 있기 때문에 정신적 · 육체적 행위가 모두 기술될 수 있는 것이다. 그러나 면접법도 이러한 장점 이외에 여러 가지 단점을 지니고 있다. 즉 직무를 분석하는 담당자들이 그 대상자들과 특히 친밀한 관계를 유지해야 하며, 또 그들이 직무분석 과정을 호의적이고 유용한 것으로 이해할 수 있게 하여야 한다. 문제는 이러한 것이 그렇게 쉽지 않으며 어떤 경우에는 낮은 학력을 가진 종업원과 접촉하게 될 때 발생하기 쉬운 갈등, 오해, 불만 등의 어려운 문제점을 해결하기 위해서는 동일하거나 유사한 직무에 종사하는 많은 사람들로부터 자료를 얻는 것이 필요하게 된다.

3) 질문지법(questionnaire method)

이 방법은 그 의도나 과정이 진술한 면접법과 같지만, 말로써 얻는 대신 설문지에 답을 쓰거나 과업, 작업조건, 소요재료 등에 관하여 좀 더 상세히 기술하게 함으로써 정보를 얻는 것이 다르다. 이 방법이 지니고 있는 장점은 면접담당자가 필요 없고 시간과 노력이 많이 절약된다는 것이다. 이에 비해 이 방법의 단점으로는 해석상의 차이로 인한 오류가 발생할 우려가 있으며, 그것이 수정된다 하더라도 그러기 위해서는 오랜 시간이 필요하다는 점과 면접법에서 얻을 수 있는 상호간의 친목과 정보의 정확성 · 융통성이 결여된다는 점을 들 수 있다.

4) 중요사건법(critical incidents method)

직무행동 중에서 보다 중요한 혹은 가치 있는 면에 대한 정보를 수집하는 것을 말한다. 이는 주로 감독자에 의해 수행되며, 먼저 중요사건이 포착되어지고 전체로서의 직무에 대한 난이도, 빈도, 중요성 또는 기여도가 평가된다. 중요사건법은 효율적 혹은 비효율적 성과의 체크리스트 개발의 기초가 되기도 한다.

5) 워크샘플링법(work sampling method)

단순한 관찰법을 보다 세련되게 개발한 것이다. 이 방법은 전체 작업과정 동안 무작위적인 간격으로 많은 관찰을 행하여 직무행동에 관한 정보를 얻는 것이다. 횡단적으로 상이한 여러 직무담당자의 직무활동을 동시에 기록함으로써 전체 직무의 모습을 그려내기도 하고, 종단적으로 한 명 혹은 몇 명의 동일한 직무의 담당자를 관찰할 수도 있다. 이는 전문적인 작업연구자들이 주로 많이 활용하나 면접과 토의에 의해 보완되어야 하며, 직무성과가 외형적일 때 잘 적용될 수 있는 방법이다.

6) 혼합법

위에서 설명한 여러 방법들이 각각 장점과 단점을 지니고 있기 때문에, 이러한 각각의 방법들이 지니고 있는 장점을 살리고 단점을 배제할 목적으로 두 가지 이상의 기법들을 혼합적으로 사용한다.

이상에서 소개된 6가지 직무분석방법이 있으나 대표적인 직무분석 방법은 [그림 3-7]에 표시된 3가지이다.

방법	내용	특징
면접법 (interview)	• 특정직무에 대해 많은 지식과 경험을 가지고 있는 사람과의 면담을 통해 직무분석하는 방법	• 직무수행자와 대화를 통해 완전한 정보를 얻을 수 있음 • 시간과 경비가 많이 소요됨
관찰법 (observation)	• 직무분석가가 직무수행자의 직무활동을 상세히 기록, 관찰하는 방법	• 직무활동을 시간적, 공간적으로 파악 • 지적, 정신적 직무는 파악 어려움 • 시간과 비용이 많이 소요됨
설문지법 (questionnaires)	• 직무수행자에게 직무내용을 설문지에 서술하게 하는 방법	• 단기간에 다수 대상자에게 실시가능 • 현실적으로 가장 많이 사용됨 • 사무분야 직무내용 확인가능 • 시간과 비용이 적게 소요됨

자료 : 박해룡(2008), Strategic Human Resource Management, 한국생산성본부, p. 12.

[그림 3-7] 대표적인 직무분석 방법

5. 직무분석의 성공적인 수행요건

LG경영연구원의 허진(2003)연구원은 직무분석이 실패하는 이유를 다음과 같이 언급하였다. 첫째, 직무의 내용과 특성은 변화하는데 직무분석이 이를 따라

가지 못했기 때문이다. 고객과 경쟁사, 정보 기술, 생산 기술 등이 급속히 발전해감에 따라 직무의 등장이나 소멸, 직무내용과 필요 기술의 변화가 수시로 발생한다. 그럼에도 불구하고 직무 분석정보는 제대로 업데이트되지 못했기 때문에 갈수록 외면당할 수밖에 없다.

둘째, 처음부터 직무분석의 목적이 특정 범위에 한정되어 있었기 때문이다. 예를 들면, 과거 공기업의 경우 부서간의 업무책임을 명확히 하는데 주로 활용하였을 뿐 업무를 파악하고 개선하거나 새로운 인사시스템을 구축하는데 활용하지는 않았다.

셋째, 직무분석의 결과를 인력 구조조정 등에 주로 활용함으로써 구성원들이 직무분석 자체를 부정적으로 받아들였기 때문이다. 과거 우리 기업들은 위기 상황에서 구조 조정이 필요할 때 주로 직무분석을 하였다. 따라서 구성원들은 직무분석에 대해 좋지 못한 인식을 갖고 있는 경우가 많다. 이러한 상황에서 직무분석이 제대로 정착될 리는 만무하다.

넷째, 직무분석결과를 활용하는 프로세스를 정립하지 못했기 때문이다. 예를 들면, 직무분석을 통해 직무기술서를 개발하였음에도 불구하고 실제 일은 직무기술서의 내용과는 달리 그때그때 상부로부터 주어진 다른 일을 하게 되는 경우가 있다. 그리고 직무기술서에는 직무 수행자 기초 요건이나 갖추어야 할 역량 등이 있음에도 불구하고 인력채용 시에는 본사에서 학력이나 성적 등과 같은 일반적인 기준으로 대규모로 채용하여 무작위로 직무에 배치하는 것도 대표적인 예가 된다.

다섯째, 조직 단위에서 직무분석을 하였기 때문이다. 조직 단위로 직무를 분석한 경우 유사한 일을 수행하는 여러 조직을 각기 다른 직무로 분류하게 된다. 따라서 업무 조정이 있거나 조직 개편이 있을 경우 기존의 직무분석 정보는 더 이상 쓸모가 없게 된다.

따라서 허진(2003)은 이러한 문제점을 극복하고 직무분석을 성공적으로 수행하기 위한 요건으로 다음과 같은 8가지를 제시하였다.

1) 활용 범위를 명확히 규정하라

효과적인 직무분석을 위해서는, 우선 분석결과를 어디에 활용할 것인지를 명확히 해야 한다. 직무분석은 다양한 목적에 활용될 수 있다. 과거 기업들은 주로 업무 프로세스 혁신을 통한 조직 재설계 및 적정 인력규모 산정 등을 위해 직무를 분석한 경우가 많았다. 그러나 현재 또는 미래에는 성과 지표 도출과 역량 추출, 직무 가치 평가 등을 통해 직무 중심 인사시스템 구축에 직무분석이 널리 활용되고 있다. 특히, 채용, 배치/전환, 평가, 보상, 육성 가운데 모두가 아닌 일부 인사 제도를 구축하기 위해 직무분석을 수행하는 경우도 점점 늘어나고 있다.

2) 직무분석의 활용을 제도화하라

직무분석의 목적을 명확히 한다고 해서 실제로 활용된다는 보장은 없다. 직무분석의 활용성을 높이기 위해서는 직무분석이 실제 활용되어지는 과정을 프로세스화하여 제도로 구축하는 것이 필요하다. 예를 들면, 직무 공백(job opening)이 발생하였을 때, 직무분석 결과로 산출된 직무 기술서와 직무 역량 요건, 직무 평가 결과 등을 반드시 채용공고에 포함시키도록 하고, 직무 역량 요건에 따라 후보자들을 평가하여 선발하도록 제도를 구축할 수 있다.

3) 조직 단위보다는 일 중심으로 분석하라

우리 기업에서는 유사한 일을 다른 조직에서도 수행하는 경우가 많이 있다. 예를 들면, 비교적 규모가 큰 대기업에서는 본사에 인사 부서가 있으며, R&D나 영업 조직에도 인사 업무를 수행하는 인력이 배치되어 있는 경우가 있다. 이러한 경우에는 이들을 하나의 직무로 간주하여 직무분석을 수행하는 것이 더 바람직하다. 왜냐하면 이러한 직무분석으로 인해 구성원들의 교육 훈련이나 경력개발 등 육성의 효율성이 높아지며, 인력 운용의 유연성도 제고될 수 있기 때문이다. 그리고 앞에서 실패 이유로 제기되었던 바와 같이 조직 개편이나 업무 조정 등에 있어도 추가적인 직무분석이 필요없게 된다.

4) 직무를 폭 넓게 정의하여 분석하라

전통적인 직무분석이 시간 연구나 동작 연구에서 유래된 것처럼 서구식 직무의 범위(job breadth)는 매우 좁은 편이다. 이러한 서구 전통적인 직무의 개념과 비교해 볼 때 2가지 이상의 직무를 우리 기업 구성원들은 동시에 수행하는 경우가 많다. 예를 들면, 인사 부서의 직원들이 채용이나 평가, 보상, 교육 훈련 등 특정 직무에 전문적으로 배치되어 일을 하기 보다는 한 사람이 채용과 평가, 보상을 동시에 맡아 수행하는 경우가 많다는 것이다. 이처럼 구성원들에게 다양한 업무를 동시에 수행하게 함으로써 관련 전문 기능을 두루 습득하도록 하는 것은 우리 기업의 장점이다. 따라서 이러한 장점을 살려서 폭 넓은 직무분석을 수행하는 것이 바람직하다. 최근에는 서구 선진기업들도 직무 범위를 점점 넓혀가는 추세이다.

5) 핵심 직무(key job)를 중심으로 분석하라

기업은 모든 직무를 똑같이 관리하기보다는 전략적 가치가 높은 핵심 직무를 집중 관리하는 것이 바람직하다. 조직 내에서 발생하는 모든 직무 중에서 핵심 직무는 그 수가 많지 않다. 선진기업의 경우에는 핵심 직무가 전체 직무 수 가운데 약 20% 정도를 차지한다고 한다. 이러한 핵심 직무를 집중적으로 분석하고 관리하는데 직무분석에 자원을 쏟는 것이 전략적인 면에서도 더 효과적일 것이다. 예를 들면, 핵심 직무에는 가능한 모든 활용 범위를 다 고려하여 직무분석을 상세히 실시하고, 나머지 직무에는 활용하고자 하는 목적에만 분석을 실시할 수도 있다.

6) 지속적인 업데이트(update) 프로세스를 구축하라

직무 중심의 인사가 완전히 정착되지 못한 상황에서는 현장 관리자들은 직무분석을 그다지 중요한 일로 여기지 않는 것이 보통이다. 왜냐하면 직무정보가 조금 잘못되어 있다 하더라도 현장에 당장 문제가 생기지는 않기 때문이다. 따라서 직무상에 변화가 발생하였을 때 직무분석을 통해 직무정보를 업데이트할 수 있는 프로세스를 구축하고 정례화하는 것이 바람직하다. 예를 들면, 어떠한 경우에 업데이트를 하며, 누가, 언제, 어떤 방법으로 업데이트를 수행할 것인지 등을 미리 규정해 둘 수 있을 것이다.

그리고 직무분석을 현장 관리자들이 직접 수행할 수 있도록 직무분석 기법을 알기 쉽게 매뉴얼화하여 현장에 제공하고 교육시키는 것도 지속적인 업데이트에 꼭 필요한 사항이다. 처음에는 외부 컨설턴트나 인사 전문가들의 도움을 받아 직무분석을 할 수 있겠지만, 지금처럼 업무 환경이 급속히 변화할 때는 필요에 따라 수시로 직무를 분석해야 하는데 이때마다 외부의 도움을 받을 수는 없기 때문이다.

7) 유능한 직무분석 조력자(facilitator)를 육성하라

직무정보의 지속적인 업데이트를 위해서는 전사 차원에서 직무분석을 장기적으로 이끌어 나갈 직무분석 조력자를 육성하는 것도 필요하다. 직무분석을 제대로 수행하기 위해서는 직무분석 기법을 잘 알고, 경험이 풍부한 전문가가 필요하다. 그런데 향후에는 직무분석을 직접 수행할 수 있는 전문성과 더불어 현장에서 직무분석을 수행할 수 있도록 지원하고 문제를 해결해 주는 조력자의 역량이 더욱더 필요하게 될 것이다. 이는 인사 부서의 역할 변화와도 관계가 있다. 현장 중심의 인사가 점점 더 강화됨에 따라 인사 부서는 현장의 인사 활동을 지원하고 문제를 해결하는 컨설팅(consulting) 역할에 초점을 두고 인사 담당자들의 역량을 개발하는 것과도 같은 맥락이라 할 수 있다.

8) 프로세스 혁신(process innovation)을 염두에 두고 분석하라

최근 e-HR 등을 통해 직무 분석정보가 IT 시스템에 구현되어 제공되는 경우가 많다. 그런데 IT화 한다는 것은 접근성이나 사용의 편리성을 높이는데 도움이 되며, 한편으로는 정보의 규정화 정도도 매우 높아지게 된다. 이 경우 업무의 비효율이 아직 남아있는 상태에서 단지 직무정보를 수집한다는 목적으로 직무분석을 수행하고 이를 바로 온라인 전산화하면 업무 비효율을 고착화시킬 수 있다는 우려가 있다. 따라서 어떠한 목적으로 직무분석을 수행한다 하더라도 기본적으로는 업무 프로세스의 혁신을 함께 병행하는 것이 바람직하다.

6. 직무기술서 및 직무명세서

1) 직무기술서

직무기술서란 직무의 능률적인 수행을 위해 직무의 성격, 요구되는 개인의 자질 등 중요한 사항을 기록한 것이다. 직무분석자들은 실제로 작업중인 사람들로부터 수집한 정보를 기초로 하여 직무기술서를 작성하나, 이것은 반드시 실제로 행해지고 있는 일에 대한 기술일 필요는 없으며 때로는 이상적으로 기대되는 행위의 기술을 뜻하는 것일 수도 있다. 그러므로 목표달성을 위해 가장 효율적으로 쓰일 수 있는 행위를 결정하기 위한 수많은 요소가 고려되고 명시되어 있는 것이 직무기술서이다. 〈표 3-1〉에 직무기술서를 예시하고 있다.

한편 직무기술서는 직무에 관한 정확한 정보를 기술하여야 하므로, 직무기술서의 작성에 유의할 점을 살펴보면 첫째, 직무기술서는 그 직위의 일을 묘사하여 다른 것에 의존하지 않고도 그것으로 명확하도록 해야 한다.

둘째, 직위를 명시함에 있어서, '부문 혹은 관리자에 의해 요망되는'이라는 문장을 사용함으로써 그 일의 범위와 성격을 확실하게 지적하도록 해야 한다.

〈표 3-1〉 직무기술서 예시

<table>
<tr><td rowspan="2">직무구분</td><td colspan="2">직무번호</td><td>직무명</td><td>소속본부</td><td>팀명</td></tr>
<tr><td colspan="2">10131</td><td>인사관리</td><td>경영지원본부</td><td>인사팀</td></tr>
<tr><td>직무요약</td><td colspan="5">전직원의 인사업무를 경영상의 필요와 규정에 따라 공정하고 효율적으로 수행하여 경영목표달성에 기여한다.</td></tr>
<tr><td rowspan="12">과업내용</td><td>구분</td><td>업무명</td><td colspan="3">업무내용</td></tr>
<tr><td>1</td><td>인사기획</td><td colspan="3">인사제도 문제점 파악, 자료분석, 개선방안 수립</td></tr>
<tr><td>2</td><td>인사제도
개선업무</td><td colspan="3">선진 인사제도에 대한 연구 및 당사에 적용가능성 검토</td></tr>
<tr><td>3</td><td>책임지급
인사관리</td><td colspan="3">이동, 승격, 병가, 휴직자 관리, 인사관련 상담</td></tr>
<tr><td>4</td><td>종합근무 평정</td><td colspan="3">연간 1회 근무평정 및 승격명부 작성</td></tr>
<tr><td>5</td><td>자기신고서 관리</td><td colspan="3">자기신고서 작성 및 입력, 정기 이동시 참고자료 작성</td></tr>
<tr><td>6</td><td>업무지원</td><td colspan="3">본부직원의 영업점 지원</td></tr>
<tr><td>7</td><td>인력동원</td><td colspan="3">대외기관 관련 인력지원(재해복구 등)</td></tr>
<tr><td>8</td><td>인사 MS</td><td colspan="3">발령 및 근태에 관한 전산입력 확인</td></tr>
<tr><td>9</td><td>증명서관리</td><td colspan="3">경력증명서 발급, 조직기능도표 관리</td></tr>
<tr><td>10</td><td>휴가</td><td colspan="3">휴가관리, 병가관리, 연월차 관리</td></tr>
<tr><td>11</td><td>보상관리</td><td colspan="3">기본급 및 성과급 관리</td></tr>
<tr><td rowspan="4">권한관계</td><td colspan="2" rowspan="3">의사결정권한</td><td colspan="3">인사제도 개선안 발의</td></tr>
<tr><td colspan="3">채용, 이동, 승진, 승격 등의 운영 시행안 발의</td></tr>
<tr><td colspan="3">직정인력 규모의 경정권</td></tr>
<tr><td colspan="2">예산관련권한</td><td colspan="3">인사업무 관련 예산의 기안 및 시행</td></tr>
<tr><td rowspan="2">감독의 범위</td><td colspan="3">보고자</td><td colspan="2">피감독자</td></tr>
<tr><td colspan="3">경영지원본부장</td><td colspan="2">인사팀장 및 팀원</td></tr>
<tr><td>작업환경</td><td colspan="5">대부분이 실내에서 이루어짐</td></tr>
</table>

자료 : 노동부(2007), 직무분석 및 직무평가 가이드북, p. 19.

셋째, 예컨대 일의 종류, 복잡성의 정도, 요구되는 기능의 정도, 문제가 표준화되는 정도, 일의 각 단계에 있어서 작업자의 책임정도, 보고의무의 정도와 종류,

'분석한다', '조리한다'와 같은 행동을 나타내는 단어를 사용해야 한다. 일반적으로 낮은 지위에 대해서는 보다 세세한 과업설명이 필요하고 상위직에 대해서는 보다 넓은 측면에서 설명되도록 해야 한다.

넷째, 직위담당자에 의해 감독책임이 어떻게 수행되는가를 명확히 보여 주어야 한다. 예컨대 전문가들은 다른 사람에게 과업을 할당할 때 보통 스스로 감독하거나 기술적인 지도를 한다. 반면 관리자 혹은 감독자들은 일반적으로 다른 사람에게 실제적인 작업을 위양한다.

다섯째, 단순하고 정확한 표현이 직무기술의 목적을 가장 잘 달성하게 한다.

여섯째, 직무기술이 기본적 요건을 충족하고 있는지 다시 검토하여 새로운 종업원이 그것을 읽고 그 직무를 이해할 수 있는가를 고려해야 한다.

2) 직무명세서

직무명세서(job specification)는 직무기술서에 의한 직무와 그에 필요한 자격요건을 개인에 중점을 두어 일정한 양식에 정리하는 것이다. 따라서 이것은 직무기술서에서 유추될 수 있으며, 직접 직무분석 결과에 근거하여 직무담당자, 직무분석 담당자, 관리자의 개인적 판단에 의해 작성될 수 있다. 〈표 3-2〉에 직무명세서를 예시하고 있다.

직무명세서는 다음과 같은 절차에 따라 작성될 수 있다.

첫째, 직무를 분석하여 성과의 기준을 결정한다.

둘째, 성공적인 직무성과를 가져올 인적 특성을 선택한다.

셋째, 이러한 특성에 적합한 직무후보자를 테스트한다.

넷째, 이러한 후보자의 직무성과를 측정한다.

다섯째, 인적 특성과 직무성과 사이의 관계를 분석한다.

〈표 3-2〉 직무명세서 예시

<table>
<tr><th rowspan="2">직무구분</th><th>직무번호</th><th>직무명</th><th>소속본부</th><th colspan="3">팀명</th></tr>
<tr><td>10131</td><td>인사관리 Manager</td><td>경영지원본부</td><td colspan="3">인사팀</td></tr>
<tr><th>직무요약</th><td colspan="6">회사의 전반적 인사관리</td></tr>
<tr><th rowspan="14">인적요건</th><th colspan="2">신체적 요건조건</th><th colspan="4">최적연령범위</th></tr>
<tr><td colspan="3" rowspan="2">필요 지식/기술/능력</td><td colspan="3">요구수준</td></tr>
<tr><td>상</td><td>중</td><td>하</td></tr>
<tr><td colspan="3">· 인사관리에 대한 기본지식</td><td></td><td></td><td></td></tr>
<tr><td colspan="3">· 해외 채용상담회 파견을 위한 외국어능력</td><td></td><td></td><td></td></tr>
<tr><td colspan="3">· 조직관리, 관련부문과의 업무협의 및 조정능력</td><td></td><td></td><td></td></tr>
<tr><td colspan="3">· 원활한 대인관계를 위한 의사소통 능력</td><td></td><td></td><td></td></tr>
<tr><td colspan="3">· 한글, 워드, 파워포인트 및 인터넷 등 PC활용 능력</td><td></td><td></td><td></td></tr>
<tr><td colspan="3">· …………………</td><td></td><td></td><td></td></tr>
<tr><th colspan="3">정상적 직무수행을 위한 소요기간</th><th colspan="3">6개월</th></tr>
<tr><td>최소학력</td><td>대졸</td><td>전공</td><td colspan="3">상경, 법정 및 어문계열, 기타 인문계열</td></tr>
<tr><td>필요자격/면허</td><td>없음</td><td>권장 자격/면허</td><td colspan="3">공인 노무사</td></tr>
</table>

자료 : 노동부(2007), 직무분석 및 직무평가 가이드북, p. 20.

제3절 직무평가

1. 직무평가의 의의

직무평가(job evaluation)는 직무분석의 결과로 밝혀진 직무의 구체적인 내용과 이를 수행하는데 요구되는 직무수행자의 자격요건을 토대로 서비스기업 내에서 해당직무의 상대적 가치를 평가하는 것이다. 각 직무가 가지고 있는 숙련도, 책임, 난이도, 복잡성, 필요노력, 위험도 등을 비교 분석하는 공식적이고 체계적인 평가과정이다.

직무평가는 기업 외부와의 비교 보다는 기업 내의 비교를 1차 목적으로 한다. 이는 서로 다른 두 회사에 같은 직무가 존재하더라도 그 회사의 중점 가치나 전략적 방향성에 따라 직무평가의 결과는 다를 수 있기 때문이다.

과거에는 평가대상이 주로 종업원이었으나 직무평가는 직무를 담당하는 근로자의 능력이나 전문성을 평가하는 것이 아니라 객관적인 직무의 내용을 평가하는 것이다. 직무평가의 최종 산출물은 직무등급체계로서 회사는 이를 임금체계 개선 등 인사제도의 여러 방면에 활용할 수 있다.

2. 직무평가의 활용

직무평가의 기본적인 목적은 기본급, 직무급, 직무수당 등의 임금을 합리적으로 결정하고, 직무계계를 확립하는 기초자료를 얻기 위한 것이다. 그러나 직무평가는 임금결정의 참고자료를 얻는 것이지 전적으로 직무평가의 결과에 의해서만 임금을 결정할 수는 없으며 직무평가의 활용은 다음과 같이 이루어진다.

첫째, '직무관리기준의 명확화'이다. 경영전략, 조직 · 개인의 핵심역량 등에 대해 회사의 요구방안에 따라 직무가치를 수립하여 조직구성원이 추구해야 할 가치를 명확히 할 수 있다.

둘째, '평가 및 보상기준의 명확화'이다. 직무가치를 반영하여 임금체계를 구축함으로써 급여의 형평성을 향상시킨다. 또한 직무가치의 높고 낮은 회사의 기준은 곧 보상해야 할 성과의 기준을 제시하는 것이기도 하다.

셋째, '근로자의 경력개발'이다. 직무가치의 산정을 통해서 종업원이 낮은 가치 직무에서 높은 가치 직무로 이동할 수 있도록 경력경로 및 역량개발을 제공할 수 있다.

앞서 말한 것과 같이 직무평가는 직무의 중요성, 곤란성, 위험도 등을 평가하여 그 직무의 상대적 가치를 결정하는 기술적 절차이다. 직무분석의 결과로 작성된 직무기술서 또는 직무명세서를 기초로 하여 행해진다. 따라서 직무 평가는 각 직무 자체의 성질 · 내용과 그 직무수행에 필요한 구성원의 자격 및 취업조건 등을 조사하는 직무분석과는 구분된다. 그러나 어떤 직무와 다른 직무와의 상하관계의 판단을 위해 현재 그 직무를 맡고 있는 구성원의 능력, 학력, 성, 신분, 근속년수 또는 임금 등을 고려해야 하므로 직무분석과 직무평가는 불가분의 관계에 있다.

3. 직무평가의 방법

직무평가는 직무분석 결과를 토대로 이루어지므로 직무분석 작업을 수행한 담당팀 및 내부 전문가들이 직무평가를 담당하는 것이 바람직하다. 직무평가의 방법에는 [그림 3-8] 직무평가 요소의 구성에 표시된 것과 같이 서열법, 비교법, 분류법, 시장임금조사법, 요소비교법, 점수법 등이 있다. 일부 정량적인 직무평가 방법을 사용할 경우에는 사전에 직무평가 요소를 선정해야 한다.

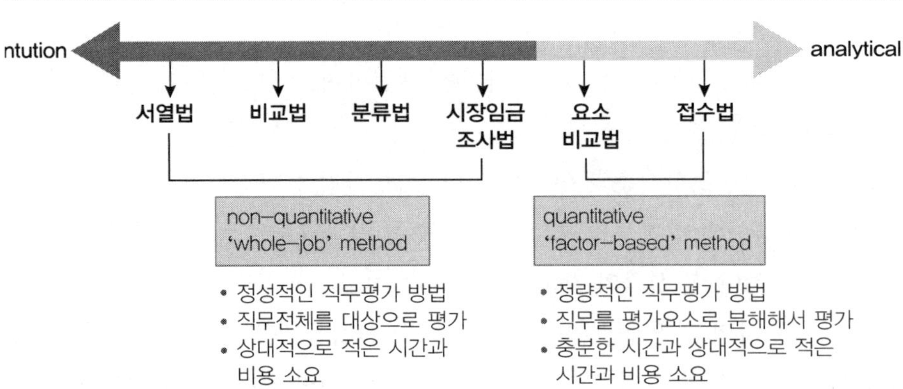

자료 : 박해룡(2008), Strategic Human Resource Management, 한국생산성본부, p. 27.

[그림 3-8] 직무평가 요소의 구성

직무평가 요소란 직무의 서열이나 점수를 부여하는 기준으로서 회사에서 중요하게 여기는 가치가 반영되고 직무 간 가치 차이에 대해 회사가 차별적 보상을 하려는 요소를 선정해야 한다.

직무평가 요소는 일반적으로 input–throughput–output의 3가지 구분에 따라 분류할 수 있으며 세부적으로 숙련도(skill), 노력(effort), 책임(responsibility), 직무환경(working condition) 등의 요소들로 구성된다.

1) 서열법

가장 오래되고 간단한 방법으로 직무의 복잡성 또는 직무의 중요도 등 조직에 대한 일반적 가치기준으로 직무의 서열을 매기는 방법이다. 수행하기 쉽고 비용이 많이 소요되지 않으며, 시간이 많이 걸리지 않아 평가자들의 훈련이 특별히 요구되지는 않으나, 기준이 매우 자의적이며 선입견이 개입될 수 있다. 또한 모든 직무에 서열 매기는 것이 어렵고, 특히 기업의 규모가 크고 직무의 수가 많을 경우에는 모든 직무에 서열 매기기가 어려운 단점이다.

2) 비교법

포괄적인 관점에서 job matrix를 만들어 각 직무를 상호 비교하여서 상대적 가치에 따라 점수를 부여하여 순위를 정하는 방법으로 [그림 3–9]와 같다.

직무(JOB)	A	B	C	D	E	총점
A(CEO)		2	2	2	2	8
B(CFO)	0		2	2	2	6
C(Marketing Mgr)	0	0		1	2	3
D(Sales Rep)	0	0	1		2	3
E(House Keeping)	0	0	0	0		0

평가결과

High
CEO
CFO
Marketing Mgr
Sales Rep
House Keeping
Low

자료 : 노동부(2007). 직무분석 및 직무평가 가이드북, p. 73. 수정 · 보완.

[그림 3–9] 비교법

비교적 평가하기가 쉽고 비용 또한 많이 소요되지 않으며, 평가시간이 많이 걸리지 않고 기능별 직무를 비교할 수 있다. 그러나 서열법과 마찬가지로 선입견이 개입될 수 있으며, 상대적 비교에 기준이 명확하지 않아서 평가 결과의 신뢰성이 낮을 수 있다. 규모가 큰 조직에는 직무의 수가 많아 적용하기 어려운 단점을 가지고 있다.

3) 분류법

분류법은 사전에 미리 결정된 등급에 따라 각 직무를 적절히 판단하여 해당 등급에 맞추어 넣는 평가방법이다. 이 때 분류는 평가하려는 직무를 수와 복잡성에 따라 상 · 중 · 하와 같은 등급으로 간단하게 정할 수도 있고 더 세분하여 정할 수도 있다. 〈표 3–3〉에 분류법에 의한 직무등급이 예시되어 있다.

〈표 3–3〉 분류법에 의한 직무등급 예시

직무등급	등급의 정의	비 고
1급	– 일상의 정형적인 반복된 업무 또는 특별히 훈련이 필요 없는 보조적인 업무	신입사원
2급	– 간단한 작업 – 몇 개의 정해진 규칙에 의한 업무 – 엄격한 감독 하에 항상 일어나는 정규적 업무	사원 1년차
3급	– 상당한 사무직 재능을 요하는 업무 – 규칙적인 업무로서 사용규칙이 많은 것.	사원 2년차
4급	– 한정된 분야에 대하여 깊은 지식을 요하는 업무	대 리
5급	– 관리지식을 요하는 업무 – 일반적 지식이 있고 방침 · 정책을 잘 알고 전례가 없는 사항에도 응하지 않으면 안 되는 업무 – 당사에 있어서 오랜 경험을 요하는 업무	과 장
6급	– 고도의 전문적인 업무 – 비밀을 요하는 업무 – 경영자를 보좌하는 업무	부 장

자료 : 노동부(2007), 직무분석 및 직무평가 가이드북, p. 75. 수정 · 보완.

이 방법은 미리 만들어 놓은 등급표를 가지고 평가한다는 점에서 서열법보다 개선된 방법이라고 할 수 있다. 또한 서열법과 같이 비교적 간단하고 이해하기 쉽다는 장점이 있다. 그러나 단점으로는 사전에 등급을 만드는 일이 쉽지 않고, 특정한 직무가 해당 등급에 적합하지 않음에도 불구하고 강제적으로 끼워 맞추기 식의 결과가 나올 가능성이 있다.

4) 시장임금조사법

시장임금을 선행하여 조사하고, 조사결과로 주요 직무별 임금순위를 매긴 다음, 이 등급에 따라 각 직무를 맞추어 넣는 방법이다. 직무급을 도입하여 주요 직무 간에 임금비교가 용이한 미국 및 유럽에서 주로 사용되는 방법이다. 종업원에게 설명력이 높고 수용도 또한 높은 장점이 있으며, 시장임금이 잘 형성되어 있어 시장임금 조사를 별도로 수행할 필요가 없는 경우에 시간소비를 줄일 수 있고 시장 전체의 흐름을 반영할 수 있다.

〈표 3-4〉 시장임금조사법 예시

직무명	시장임금	순위	등급	해당직무
Head of Sales	85,000	3	2	영업 Manager
Head of R&D	60,000	4	4	R&D Manager
Field Service Manager	35,000	6	5	CS Junior
Junior Marketing specialist	12,000	8	7	마케팅 Assistant
Accountant	17,000	7	7	회계 Assistant
Senior MS Engineer	50,000	5	4	MS Senior
Head of Finance	100,000	1	1	재무 Leader
Legal Officer	90,000	2	2	법무 Manager

자료 : 노동부(2007). 직무분석 및 직무평가 가이드북, p. 75.

그러나 시장임금이 잘 형성되어 있지 않은 경우에는 객관적인 임금정보 획득이 어렵고, 시장임금의 비합리성이 여과 없이 결과에 반영될 수 있다. 또한 직무의 본질적 내용을 간과할 우려가 있고 회사 내의 직무 특수성이 반영되지 않아 내부 형평성에 문제가 제기될 수 있다. 시장임금조사법의 예시는 〈표 3-4〉와 같다.

5) 요소비교법

조직 내 핵심이 되는 몇 개의 직무를 대상으로, 조직 내에서 중요하게 여겨지는 가치들을 근거하여 사전에 평가요소를 선정하고, 각 평가요소마다 직무들의 상대적 가치를 비교하여 서열을 정하는 방법이다.

요소비교법은 비교적 신뢰도가 높으며 구성요소들이 특정회사의 실정을 반영하게 조절할 수 있고, 척도의 사용이 용이하고 커뮤니케이션하기가 편리하다. 그러나 기준직무를 정하는 것이 어렵고 기준직무가 선정되더라도 평가요소별 임금액을 배분하는 것이 쉽지 않고, 새로운 직무가 생기거나 내용이 바뀔 때마다 다른 직무들과 각 요소별 비교를 다시 해야 하는 어려움이 있다. 요소비교법의 예시는 〈표 3-5〉와 같다.

〈표 3-5〉 요소비교법 예시

요소등급	교육	경험	책임	작업환경
4	Actuary		비서	융자영업
3	비서	비서		IT지원운용
2		융자기획		비서
1	융자지원	비상기획	의무관리	

비서		요소등급	가중치	총합
평가요소	교육	3	0.3	0.9
	경험	3	0.4	1.2
	책임	4	0.2	0.8
	작업환경	2	0.1	0.2
			합계	3.1

자료 : 노동부(2007), 직무분석 및 직무평가 가이드북, p. 79.

6) 점수법

점수법은 직무의 가치를 점수로 나타내어 평가하는 방법으로서 먼저 평가요소를 선정하고, 각 평가요소에 적당한 단계를 정하여 각 단계에 점수를 배분한다. 즉 평가 대상이 되는 직무 상호간의 여러 가지 요소를 뽑아내어 각 요소의 직무를 평가하는 방법으로서 직무평가방법 중 가장 많이 사용되는 방법이다. 점수법에 의해 직무평가를 실시하는 일반적인 절차는 다음과 같다.

첫째, 평가요소를 선정한다. 직무에 대한 평가요소는 일반적으로 기능, 책임, 노력, 작업조건 등이 사용되고 있다.

둘째, 평가요소의 가중치와 기준을 설정한다. 평가요소(job factor)가 선정되면 각 평가요소의 가중치(weight)를 선정하여야 한다. 이러한 가중치는 백분비로 표시되는 것이 보통이다. 평가요소와 가중치가 설정되면 다음 각 요소의 우열을 판단하는 기준을 정해야 한다.

셋째, 점수를 계산한다. 각 요소가 선정되고 가중치 및 기준이 설정되어 있으면 어렵지 않게 계산할 수 있다.

넷째, 대표직무의 임금을 조사한다. 직무가 평가되고 점수가 계산되면 이를 화폐적 가치로 환산하는 작업이 이루어진다. 이 작업은 임금조사(wage survey)에 의해 가능할 수 있다.

다섯째, 임금체계를 설계, 조정, 운영한다. 임금조사가 끝나면 곧 그 기업의 실정에 알맞은 임금체계(직무급)를 설계해야 한다. 또한 기본적인 임금체계의 설계가 끝나면 종합적인 관점에서 경영내부와 외부의 변수를 고려하여 임금체계를 조정하여야 한다.

점수법은 평가척도의 산정이 용이하고 다양한 항목에 대한 평가가 가능하다는 점, 평가결과에 대해 높은 신뢰성을 가질 수 있다는 점에서 장점이 있다. 그러나 단점이라면 모든 직무에 정확하게 적용시킬 수 있는 점수배정이 어렵고, 개발하는데 시간과 경비가 많이 소요되는 점을 들 수 있다. 점수법의 예시는 〈표 3-6〉과 같다.

〈표 3-6〉 점수법 예시

평가요소	기술			
세부요소	경험			
세부요소 정의	이 요소는 업무와 관련해서 정상적인 감독 하에 개인이 만족할 만한 업무성과 수준을 도출하기 위해 정상적으로 요구되는 업무와 업무관련교육의 기산을 의미함			
등급	1급(100점)	2급(150점)	3급(200점)	4급(250점)
	3개월 이상	3개월 이상 12개월 이하	12개월 이상 3년 미만	3년 이상

평가요소	가중치	할당점수
기술	25%	250
책임	20%	200
지식	20%	200
작업환경	15%	150
육체적/정신적 노력	20%	200

직무명	현황관리
기술	62.5
책임	40
지식	40
환경	22.5
노력	40
총점	205
등급	J4

자료 : 노동부(2007), 직무분석 및 직무평가 가이드북, p. 82.

4. 직무평가의 성공적 수행요건

1) 직무평가의 신뢰성

직무평가는 평가결과에 대한 신뢰성 확보가 가장 중요하다. 평가결과에 대한 해당 직무자, 관리자, 동료 등 다양한 주체와 커뮤니케이션을 통하여 평가점수를 조정하고 합의를 이끌어 내는 것이 바람직하다. 이때 팀 단위 또는 부문단위로 내부 직무전문가를 선정하여 의견을 수렴하는 것도 중요하며, 회사의 경영방침이나 전략을 반영하기 위해 경영진이나 주주가 참여할 수도 있다.

직무평가는 2~3개의 평가방법을 조합하여 실시하는 것이 효과적이며, 이때 사용하는 평가요소는 조직의 특성, 규모가 잘 반영되어 신뢰도가 높아야 한다.

2) 직무등급의 수

직무등급은 기본적으로 임금(기본급) 차등화의 기초자료가 된다. 따라서 회사의 보상전략에 따라 몇 개의 직무등급을 설정할 지를 결정하게 된다. 다만 직무등급의 수가 너무 많거나 적은 경우에는 직무평가의 결과가 왜곡될 수 있다.

따라서 직무등급의 수가 너무 많은 경우 직무등급 간 수준 한계가 세분화되어 비슷한 평가를 받는 직무가 등급을 달리하는 경우가 발생할 수 있는 점을 유의해야 하며, 직무등급의 수가 적은 경우에는 한 직무등급의 범위가 넓게 분포되어 차이가 있게 평가 받아야 할 직무들이 동일한 등급에 포함되는 경우를 유의해야 한다.

3) 평가빈도 및 직무평가 후 조정

경영환경이 변함에 따라 직무의 성격이 변하거나 새로운 직무가 생겨날 수 있으므로 이를 평가해야 한다. 외부노동시장의 수요/공급의 불균형, 노동시장의 특수상황에 의해 직무평가 결과가 노동시장의 평가와 불일치 할 경우, 조직구성원들의 이해관계 및 불만에 적절한 피드백이 필요하다.

제4절 직무설계

1. 직무설계의 의의

직무설계(job design)란 '어떻게 직무의 내용과 수행방법을 설계하는 것이 보다 서비스기업의 목적달성에 효과적일 것인가'의 문제를 다루고 있다. 다시 말해 직무를 수행하는 종업원에게 직무에 대한 의미와 만족을 주어 조직의 목표를 보다 효율적으로 수행 할 수 있게 직무의 내용과 직무수행방법을 설계하는 활동이다.

직무분석이 기존의 직무를 그대로 분석하여 서비스기업의 인적자원관리 정보 수집을 목적으로 하는 반면, 직무설계는 기계적 · 구조적 관점뿐 만 아니라 동기부여(motivation) 관점에서 직무의 내용과 수행방법을 개선하고 직무효율성(job efficiency)을 높이기 위한 목적으로 실시되므로 직무재설계(job redesign)의 의미를 지닌다.

2. 직무설계의 목적

직무설계는 모든 조직의 종업원들에게 직무에 대한 의미부여와 직무만족을 느낄 수 있게 하여 동기부여(motivation)를 통해 생산성을 향상시키게 하는 목적이 있다. 그러나 경영자는 생산성과 직무만족 영역 중에서 생산성 향상보다는 동기부여를 통한 직무만족에 초점을 맞춰야 한다. 왜냐하면 기업의 목표달성 과정에 실제로 참여하는 종업원의 동기부여 없이는 목표달성이 불가능하기 때문이다. 직무설계를 실시하는 목적에는 다음과 같은 것들이 있다.

1) 구성원 동기(motivation)의 향상

직무설계는 종업원의 동기를 부여하고 향상시키는 목적이 있다. 관리자는 종업원의 직무에 대한 비관여나 직무회피, 무력감 등을 파악했다면 조직 내 직무에 대한 재설계를 통하여 직무를 개선하여 직무불만족을 감소시키고, 아울러 사기를 향상시키는 활동이 필요하다.

2) 생산성 향상

생산성이란 인적자원과 물적자원의 효율적 활용을 측정한 결과이다. 다시 말해서 생산성이란 일에 대한 능률을 뜻하는 것으로서 산출과 투입을 동시에 고려하는 개념이다. 따라서 직무설계는 근로자의 동기 향상과 동시에 그 결과로서 나타나는 인적자원의 효율적 이용을 목적으로 한다고 할 수 있다.

3) 재화와 용역의 양과 질 개선

서비스기업이 생산하는 재화나 무형의 서비스를 우수한 품질로 보다 많이 생산을 하는 것이 직무설계의 중요한 목적이다. 그러나 단지 양적 측면에서 생산량의 증가만을 직무설계의 목적으로 하지는 않고 재화와 서비스의 질 개선을 중요한 목적으로 삼는다.

4) 원가절감

원가절감은 생산성 향상과 재화 및 서비스의 질의 개선을 통한 결과로서 나타난다. 즉 해당직무와 작업과정, 작업환경 등을 분석함으로써 불필요한 설비, 공정 및 직무를 제거하고 개선하여, 직무수행의 효율성과 능률성을 증대시켜 보다 합리적 직무를 수행할 수 있게 된다. 그 결과로 불필요한 비용을 감소시킬 수 있는 것이다.

5) 이직과 훈련비용의 감소

직무만족은 동기부여와 생산성 향상에 직접적인 영향을 미치는 중요한 요인이어서 자발적 이직의 발생을 감소시키는 역할도 할 수 있다. 연구결과에 의하면 직무에 만족한 종업원은 그렇지 못한 종업원에 비해 직무상 필요한 기능을 보다 빠른 속도로 습득하는 결과도 볼 수 있다.

따라서 직무설계를 통한 직무만족의 증대는 이직을 감소시키고 학습속도를 가속화시킴으로써 훈련비용을 줄여 준다.

6) 신기술에의 신속한 적용

대부분의 직무설계는 작업방법의 변화와 관계되어 있다. 따라서 기술변화나 새로운 공정을 도입할 경우에는 새로운 기능을 활용할 수 있는 교육을 통하여 새로운 기술과 공정에 적응할 수 있는 조건을 충족시킬 수 있는 수단을 제공한다.

3. 직무설계의 접근 방법

1) 전통적 접근법

테일러(F. Taylor)는 동작연구, 시간연구를 통하여 직무를 수행함에 있어 각 작업요소를 단순화, 표준화, 전문화시켜 노동의 효율성을 극대화 하고자 하였다. 이는 낮은 비용으로 높은 성과를 달성할 수 있게 되었지만, 공학적 기준으로만 설계되어 종업원의 지루함, 피로, 도전감 상실 등 많은 부작용을 초래하였다.

2) 현대적 접근법

(1) 직무순환(job rotation)

직무순환은 복수의 직무를 복수의 종업원이 순환하며 수행하는 직무설계의 방법으로 일반적으로 수평적 직무확대와 수직적 직무확대의 성격을 동시에 지닌다. 책임과 권한이 유사한 직무로 순환이 이루어지기도 하고, 의사결정상에서의 책임과 권한의 크기가 다른 직무로 순환이 이루어지기도 하기 때문이다.

직무순환은 종업원이 특정 직무를 오랫동안 수행하는데 따른 스트레스를 줄여주며, 직무수행의 단조로움을 줄여줌으로써 직무에서 오는 무력감에 빠지는 것을 방지하는 효과가 있다. 또한 기업의 입장에서는 종업원의 기능적인 영역을 확대시킴으로써 배치의 유연성을 확보할 수 있고, 종업원 입장에서는 다양한 직무수행 능력을 배양함으로써 노동시장에서의 경쟁력을 확보할 수 있다.

그러나 직무순환은 빈번한 종업원의 교체로 작업집단과 팀의 인간관계 및 협동시스템을 훼손할 가능성이 있으며, 종업원의 교체에 따른 직무적응비용과 생산성 하락에 따른 비용의 발생과 같은 부작용을 초래할 수 있다.

(2) 직무확대(job enlargement)

직무와 관련된 의사결정에 있어서 책임이나 권한의 정도가 유사한 상태에서 종업원에게 부여되는 과업의 수만 증가하는 직무설계를 직무확대라고 한다. 직무확대는 다양한 관업의 수행을 통하여 직무의 대한 의미를 부여하고, 작업자로 하여금 피로감 등을 감소시켜 직무만족으로 연결되어 직무성과를 창출하게 한다. 또한 배치에서의 유연성을 확보와 종업원 개개인의 경쟁력을 향상시키는 효과도 있다.

그러나 질적인 향상에 대한 고려 없이 양적으로만 과업의 수가 추가됨으로써 오히려 종업원 직무수행에 불만족을 초래할 수 있다. 직무확대를 적용할 수 있는 직무는 제한적이고 종업원의 성장욕구에 따라 제한적인 효과를 지닌다. 즉 성장욕구가 적은 종업원에게 직무확대를 적용하면 오히려 성과가 줄어드는 부작용이 초래될 수 있다.

(3) 직무충실화(job enrichment)

직무충실화는 작업의 책임성이 증대되고 더 많은 자율성과 통제를 부여한다. 즉 직무충실화는 작업을 수행하는 과정에서 해당 직무수행과 성과에 대한 권한과 책임감을 강하게 요구받지만, 자율성은 보장된다. 결국 종업원에게 작업의 능률을 강조하고 있다.

직무충실화는 의사결정에 있어서 권한확대를 통해 직무수행자의 창의성을 자극하고, 작업에 대한 의미부여(meaningfulness)를 가능하게 하며, 직무의 완전성을 증대시킨다. 또한 작업자의 피로와 싫증을 감소시키며, 높은 수준의 책임과 권한이 주어짐으로 직무수행에 종업원 능력을 신장시키는 긍정적인 효과를 나타낸다.

그러나 의사결정상에서의 권한이나 책임을 증가시키려면 추가적인 교육이나 훈련이 필요하고, 시간과 비용이 발생된다. 성장욕구가 낮은 종업원에게는 오히려 역효과가 날 개연성이 있으며, 충분한 의사결정능력을 갖추지 못한 종업원의 비효율적인 의사결정에 따르는 비용이 발생할 수 있다는 한계점을 지닌다.

제4장

인적자원 확보

제4장 인적자원 확보

제1절 인적자원계획

1. 인적자원계획의 의의

서비스기업은 고유한 특성이나 처한 경영환경에 의해 종업원을 더 채용해야 하거나 기존 종업원이 불필요해지는 경우가 있는데, 이러한 인적자원의 수요와 공급 불균형에 대한 기업의 대처방법은 각기 다르다. 일부 기업은 체계적인 분석을 통하여 미래에 필요한 인적자원의 수를 계획하고 준비하는 반면, 일부 기업은 그때그때의 상황변화에 대처하는 방법을 택하기도 한다.

이와 같이 인적자원계획은 조직이 필요로 하는 인력의 수와 자격요건을 예측하여 인력수요를 충족시켜 줄 수 있도록 여러 대응책을 마련하는 것이다. 경영비전과 경영전략에 결부된 인재에 관한 장기계획으로 미래에 필요한 인적자원을 예측하여, 기업의 목적을 가장 효율적이고 경제적으로 완수하기 위한 양적 · 질적의 적합 인력을 채용하여 최대한으로 활용하고자 하는 경영활동이라고 할 수 있다. 인적자원계획의 수립과정은 [그림 4-1]과 같다.

인적자원계획은 기업의 인적자원 관리측면에서 다양한 목적으로 활용되며 수립과정에서 기업의 조직목표와 전략은 서로 연관성을 지니게 된다. 따라서 인력의 과부족이나 자질부족의 문제를 방지하고, 필요인력의 규모와 자격요건을 예측하여 적절한 확보대책을 마련하며, 인력감축이나 유휴인력의 활용방안을 마련하는 토대를 제공한다.

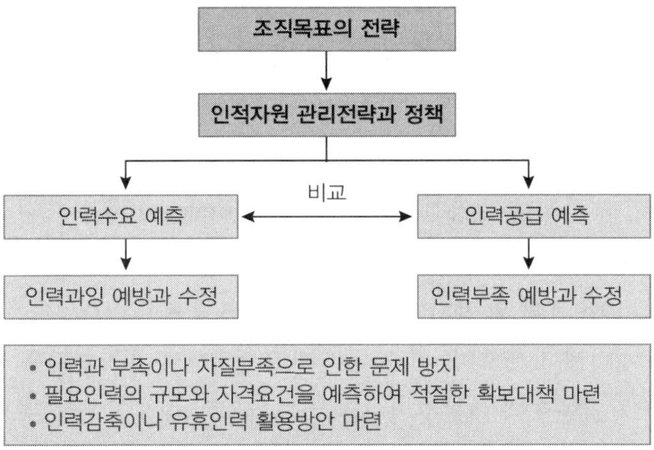

자료 : 저자작성

[그림 4-1] 인적자원계획의 수립과정

오늘날 서비스기업 간에 경쟁이 심화되면서 다운사이징(downsizing)과 인력합리화로 낭비요소를 사전에 제거하고자 하는 필요성이 증대하고 있으며, 누적된 과잉인력으로 인한 고비용 구조를 탈피하고자 끊임없는 노력을 기울이고 있다.

2. 인적자원계획의 과정

인적자원계획은 인적자원을 효율적으로 운영하여 경영목표를 달성하기 위하여 단위조직 또는 업무별로 필요한 적정인원수와 질을 예측하는 활동이다. 인력계획의 가장 보편적인 접근방법으로는 환경예측, 양적인 접근방법, 질적인 접근방법 등이 있다. 일반적으로 인력계획은 어느 한 가지 방법만을 사용했을 때의 위험을 최소화하기 위하여 두 가지 이상의 접근법을 동시에 사용하여야 한다.

1) 외부환경예측

인적자원의 수요 · 공급에 영향을 미치는 첫 번째 요소는 외부환경이다. 외부환경은 일반적으로 경제적 환경, 사회문화적 환경, 인구통계학적 환경, 기술적 환경, 노동시장 환경 등으로 구성된다.

[그림 4-2]와 같이 기업의 외부환경은 인적자원의 수요와 공급에 직접적인 영향을 미치기도 하지만 경영전략(management strategy) 혹은 조직구조(organization structure)를 거쳐 간접적으로 영향을 미치기도 한다.

예를 들어, 1990년대 말 IMF 경제위기에 직면한 서비스기업들은 매출의 현격한 감소를 경험해야 했으며, 이에 대한 대응전략으로 축소전략을 선택하였다. 이러한 전략의 일환으로 대부분의 서비스기업들은 대대적인 구조조정을 통해 조직을 축소시켰으며, 결과적으로 인적자원 수요에 큰 영향을 미쳤다. 동시에 종업원들의 이직의사가 현저히 감소되어 인적자원 공급에 큰 영향을 미쳤다.

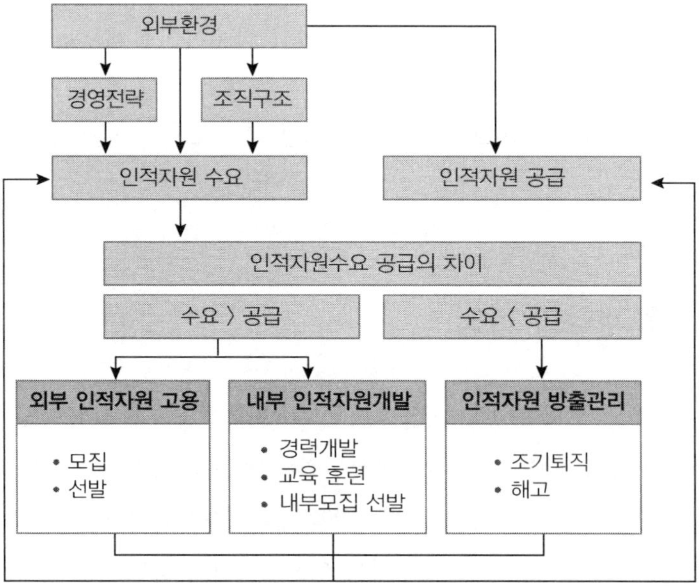

자료 : 이수광 · 이재섭(2003), 서비스산업의 인적자원관리, 대왕사, p. 199.

[그림 4-2] 외부환경예측을 통한 인적자원 계획과정

이상과 같이 인적자원의 수요 · 공급을 예측하고 이에 대응하기 위해서는 우선 항공사, 호텔 등 서비스기업의 인적자원 수요와 공급에 지대한 영향을 미치는 기업의 외부환경 요소들에 대한 지속적이고 체계적인 관심과 분석이 요구된다.

2) 양적수요예측

먼저 양적수요예측은 미래의 특정시점에서 요구되는 인적자원의 양(quantity)에 관한 예측이다. 즉 몇 명의 종업원이 필요한가에 관한 예측인 것이다. 인적자원의 양적 수요는 앞서 언급된 환경, 경영전략, 조직구조 등에 의해 영향을 받지만 기업의 매출목표, 기술수준, 종업원의 동기부여 정도, 직무의 특성, 종업원의 직무수행 능력 및 의지 등과 같은 다양한 요인에 의해 영향을 받기도 한다.

(1) 통계적 기법

통계적 기법(statistical method)은 서비스기업의 과거자료를 통계적으로 분석하여 특정한 미래시점의 인적자원의 양적 수요를 예측하는 방법이다. 과거자료 분석에 이용되는 통계기법에 따라 생산성 비율분석, 추세분석, 회귀분석 등으로 예측기법을 구분할 수 있다.

생산성 비율분석(productivity ratio analysis)은 과거 기업의 생산성이 미래에도 지속될 것이라는 전제에서 과거 생산성과 인적자원 수요에 관한 자료를 분석하여 미래의 수요를 예측하는 방법이다. 비교적 계산이 간편하며, 생산량의 증가에 따라 수요도 증가하는 직무의 경우에는 유용하지만 관리직무와 같은 경우에는 타당성이 떨어진다. 통계적 분석의 문제점이다.

추세분석(trend analysis)은 시간의 흐름과 과거인적자원 수요의 변화를 기준으로 수요를 예측하는 방법이다. 인적자원 수요의 추세분석에서 보듯이 과거의 수요 증가가 미래의 특정한 시점까지 이어질 것이라는 변화추세를 근거로 인적자원수요를 예측하는 것이다. 추세분석은 생산성 비율분석과 유사한 장 · 단점을 지닌다.

회귀분석(regression analysis)은 인적자원수요에 영향을 미치는 중요한 원인이나 사건들을 찾아내고 이들을 통해 인적자원수요를 예측하는 방법이다. 회귀분석에 의한 인력계획 프로세스는 [그림 4–3] 과 같다.

회귀분석은 다른 예측기법과 달리 인적자원의 양적 수요에 영향을 미치는 요인을 찾아내는데 많은 노력과 비용이 요구되는 한계를 지닌다.

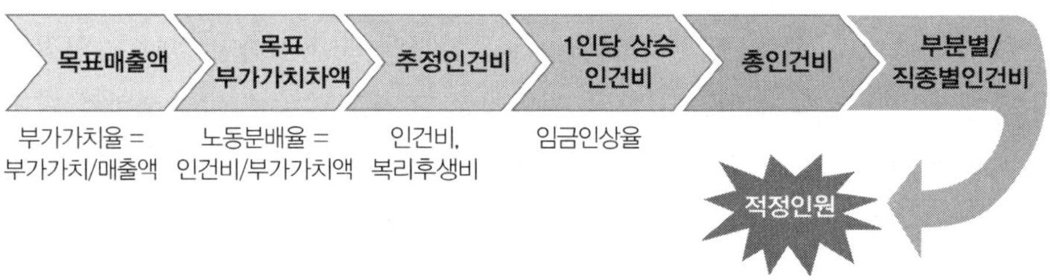

자료 : 조병린(2007), 인사관리 패러다임과 전략적 인력계획, 월간HRD(7), p. 79. 수정 · 보완.

[그림 4–3] 회귀분석에 의한 인력계획 프로세스

(2) 노동 과학적 기법

인적자원의 양적 수요예측을 위한 노동 과학적 기법은 시간 · 동작연구(time and motion study)를 통해 표준작업량 및 표준작업시간을 산정함으로써 과학적으로 필요한 인적자원의 양을 예측하는 방법이다. 즉 필요한 연간 총 작업시간을 과학적으로 산정된 1인당 작업시간으로 나누어 인적자원수요를 예측한다.

따라서 노동 과학적 기법은 시간 · 동작연구를 기초로 표준작업량과 표준작업시간에 대한 과학적인 계산을 근거로 인적자원 수요예측이 이루어지므로 정확한 수요예측이 가능하다. 제조기업의 생산직과 같이 단순반복적인 일의 경우에 적절한 인적자원 수요예측이라 할 수 있다. 그러나 관리직 · 사무직 등 생산량의 계획과 측정이 곤란한 일의 경우에는 적절하지 않고, 생산직의 경우에도 표준작업량과 표준작업시간의 산정에 있어 기업과 종업원의 갈등이 노출될 개연성이 있다.

(3) 델파이법

델파이법(Delphi method)은 인적자원수요 예측에 전문적 식견을 지닌 전문가 집단의 반복적 의견교환을 통해 인적자원수요를 예측하는 방법이다.

통계적 기법과 달리 델파이법은 환경이 급변하여 과거의 자료를 활용하는 데 심각한 제약이 있는 경우에 유용한 예측기법이지만 시행과정에 시간이나 비용이 많이 소요되어 긴박한 수요예측의 경우에는 적절하지 않은 등의 한계를 지닌다.

(4) 허용인건비법

허용인건비법은 '얼마를 필요로 해도 되는지'의 관점에서 이루어지는 인적자원 수요예측기법이다. 즉 기업의 지불가능 인건비를 전제로 현실적으로 보유 가능한 인적자원의 양을 계산하는 방법이다.

따라서 허용인건비법은 지불 가능한 인건비 총액을 기준으로 인적자원 수요를 계산하는 현실적인 방법이며, 최대 보유가능 인적자원의 기준을 제공한다는 측면에서 의미 있는 예측기법이다. 그러나 '보유할 수 있는' 인적자원의 양을 예측함으로써 '보유하여야 하는' 인적자원의 양을 예측하여야 하는 인적자원 예측기법으로서의 타당성(validity)이 저하되는 등의 문제점을 가지고 있다.

2) 질적 수요예측

인적자원의 자격요건에 관한 예측인 질적 수요예측의 구체적 기법으로는 자격요건분석법, 시나리오기법 등이 있다. 자격요건분석법은 기업경영환경이 비교적 안정적인 경우에 많이 사용되며, 시나리오기법은 동태적인 경영환경에 노출된 기업의 인적자원의 질적 수요예측에 유용하다.

(1) 자격요건분석법

자격요건분석법(qualification analysis method)은 미래의 특정한 시점에서 기업의 경영활동을 구성하는 직무내용이 크게 변화하지 않을 것으로 판단되는 경우에 사용된다. 기존의 직무기술서(job description)와 직무명세서(job specification)를 토대로 직무를 과업(task)으로 세분화하고, 각각의 과업을 미래의 특정한 시점에서 중요도를 판단하고, 이를 토대로 미래의 특정한 시점에서 각각의 직무를 수행에 요구되는 직무수행자 자격요건을 분석한다. 이들 자격요건을 부문별 · 직군별로 통합하여 기업 전체적인 인적자원의 질적 수요를 예측한다.

이러한 자격요건분석법은 어느 정도 환경의 변화에 대한 추정이 가능한 단기적 예측에 유용하며, 질적 수요의 예측뿐만 아니라 직무설계(job design) 등에도 유용한 정보를 제공할 수 있다는 장점이 있으나 오늘날과 같이 급변하는 환경하에서는 적용이 제한적일 수밖에 없다.

(2) 시나리오기법

자격요건분석과 달리 시나리오기법(scenario method)은 경영환경의 급속한 변화로 직무의 변화 등에 예측이 어려운 경우에 사용된다. 시나리오기법은 서비스기업의 경영환경의 변화를 추정하는 작업으로 시작된다. 전문가집단의 브레인스토밍(brainstorming)과 미래학자들의 의견 등을 토대로 서비스기업의 경영환경의 변화를 추정하고 환경의 변화가 경영에 미칠 영향력을 규명한다.

경영에 미치는 환경의 바람직한 영향을 극대화하고, 부정적인 영향을 최소화하는 관점에서 서비스기업의 성과수준을 설정한다. 이를 토대로 성과의 달성을 위해 요구되는 직무내용을 도출하고, 다음 단계에서 개략적인 직무기술서(job description)와 직무명세서(job specification)가 정리된다.

각각의 직무의 직무기술서와 직무명세서를 토대로 미래의 특정 시점에서 해당직무를 수행에 요구되는 인적자원의 자격요건을 예측하고, 이를 부문별 · 직군별로 통합하여 기업의 전체적 인적자원의 질적 수요가 예측된다.

시나리오기법은 불확실한 환경의 변화와 추정에 토대를 둠으로써 다분히 개괄적이어서, 상대적으로 정교하지 못한 질적 수요예측기법이라고 할 수 있다. 그러나 다양한 환경의 변화, 환경의 변화가 미치는 영향에 대응하는 복수의 시나리오를 작성하고, 실제로 환경변화에 대응하여 적절한 질적 수요의 예측을 하여 적응능력을 제고시키는 유용한 학습기법이다.

3) 공급예측

인적자원 공급예측은 미래의 특정 시점에서 기업이 보유하게 될 인적자원의 양과 질을 예측하는 것으로 정의할 수 있다. 앞서 언급한 바와 같이 인적자원계획은 인적자원의 수요와 공급을 비교하고 그 차이를 메우는 과정이다. 따라서 인적자원의 공급에 관한 체계적인 예측은 인적자원의 수요예측과 함께 바람직한 인적자원관리의 중요한 토대가 된다고 볼 수 있다.

미래의 특정한 시점에서 보유하게 될 인적자원의 양(quanity)과 질(quality), 즉 인적자원의 공급은 여러 영향 요인의 영향을 받아 변화한다. 내부적으로는 이직, 신규채용 등이 인적자원의 양적 공급에 영향을 미치고 전환배치, 교육 · 훈련 등 기업의 인적자원개발 · 유지활동이 인적자원의 질적 공급에 영향을 미친다. 뿐만 아니라 거시적인 관점에서 호텔기업 외부의 환경요인이 인적자원의 공급에 영향을 미친다. 경제활동인구의 변화, 실업률, 특정 직무 혹은 특정 호텔기업에 대한 호 · 불황 등이 그것이다. 따라서 정확한 공급예측을 하기 위해서는 이상과 같은 요인들을 종합적으로 고려해야 한다.

인적자원의 공급예측은 양적 공급예측과 질적 공급예측으로 나누어 볼 수 있다. 양적 공급예측이란 미래의 특정한 시점에 서비스기업이 보유하게 될 인적자원의 양에 대한 예측으로 예측 수준에 따라 직군별, 직종별, 직급별, 부문별 예측이 있을 수 있다. 일반적으로 하위 수준의 인적자원에 대한 공급예측이 합산되어 직종, 직군 그리고 서비스기업 전체의 인적자원 공급예측이 된다. 인적자원의 양적 공급예측을 위한 구체적인 예측기법으로는 빈도분석, 추세분석,

Markov분석 등이 있다.

인적자원의 질적 공급예측은 본질적으로 매우 어려운 문제이다. 이는 서비스기업이 택하게 될 미래의 경쟁전략, 미래에 도입하게 될 기술의 종류와 다양성, 종업원의 자기개발(self-development) 등에 따라 인적자원의 질적 공급이 달라지기 때문이다. 또한 사람(종업원)과 사람이 지닌 능력이나 태도 등을 구분하여 계량화하는 일이 현실적으로 매우 어렵기 때문이다.

그럼에도 불구하고 질적 공급예측은 미래 서비스기업의 인적자원 수요와 공급의 균형을 확보하기 위해 반드시 실행되어야 한다. 인적자원의 질적 공급예측의 대표적인 기법은 추세분석이다. 이 기법은 과거의 추세, 즉 시간의 흐름에 따라 인적자원의 질적 공급의 변화를 파악하고 이를 토대로 미래의 시점에서 호텔기업이 보유하게 될 인적자원의 질적 공급을 예측하는 방법이다.

제2절 모집

1. 모집의 개요

인적자원계획 과정을 통해 인적자원 수요가 공급보다 많다고 예측되면 초과수요만큼의 인적자원 확보가 요구된다. 그러나 핵심역량을 가진 우수 인적자원은 어디에나 있는 것이 아니다. 따라서 서비스기업은 기업의 목표를 효율적으로 수행할 핵심역량을 가진 인적자원을 어떻게 모집할 수 있을지 고민하게 된다. 기업이 필요로 하는 능력을 가진 인적자원들이 지원하도록 충분한 채용정보를 제공하고 유인하는 활동을 모집이라고 할 수 있다.

아무리 많은 비용과 시간을 투자하고 과학적인 채용기법을 활용하여 인적자원을 선발한다해도 채용대상이 모집단이 나쁘다면 결국 우수한 자원을 확보하기 어렵게 된다. 따라서 정해진 비용과 시간 안에서 우수한 인적자원을 선발하고 채용하기 위해서는 모집단 특성을 충분히 검토하고, 모집광고 매체를 선정할 때에 신중을 기해야 한다. 모집활동은 모집원천(recruitment source)을 기준으로 다음과 같이 외부 모집과 내부 모집으로 구분할 수 있다.

2. 모집의 방법

1) 내부 모집

초과 수요로 인적자원 수요가 발생할 경우에 기존 종업원을 대상으로 지원자를 모으는 모집방법을 내부 모집이라고 한다. 내부 모집에는 사내공모제도, 전환배치(transfer), 승진(promotion) 등이 있다. 사내공모제도(job posting and bidding system)는 사내 게시판 등을 통해 모집공고를 내고 기존 종업원 중에서 지원자를 구하는 방법이다. 사내공모제를 하는 목적은 [그림 4-4]에 표시된 것과 같다.

특히 매력적인 직무 혹은 상위 직급의 충원을 내부 모집하는 경우에는 기존 종업원에게 승진의 기회를 제공함으로써 욕구충족의 기회가 되고 사기를 진작시킬 수 있다. 지원자에 대해 상대적으로 정확한 평가가 가능하고, 외부 노동시장에 긍정적인 기업 이미지를 심어 줌으로써 우수한 인적자원을 유인하는 자극이 되고, 모집비용이 저렴하다는 등의 다양한 장점이 있다. 그러나 지속적으로 인적자원 확보를 필요로 하는 성장기의 기업에는 적용이 제한적일 수밖에 없으며, 외부 인적자원 유입이 차단되므로 기업의 활력에 부정적 영향을 미칠 개연성이 있고, 선발되지 못한 지원자의 인간관계 훼손, 사기 저하 등의 문제점이 있으며, 인간관계 등의 이유로 내부 지원자에 대한 평가가 왜곡될 가능성이 존재한다는 등의 단점이 있다.

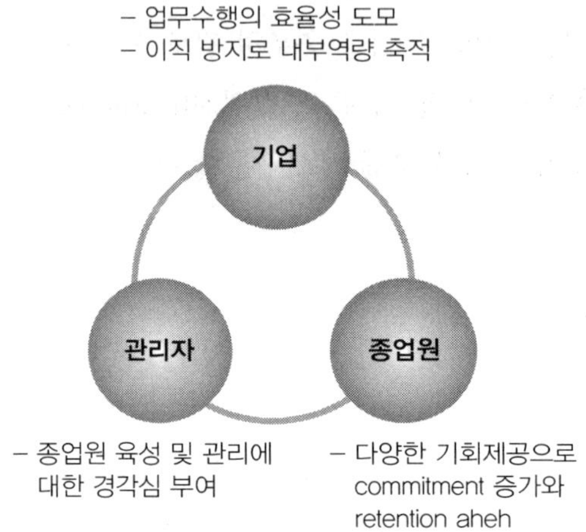

자료 : 김인범 · 신현관(2009), 리더가 꼭 알아야 할 실전 인사관리, 중앙경제평론사, p. 39.

[그림 4-4] 사내공모제의 목적

따라서 사내공모제가 성공하려면 다음과 같은 원칙이 뒷받침되어야 한다.

첫째, 공모대상 직무의 자격요건을 충족하는 모든 종업원에게 지원기회를 공평하게 제공해야 한다. 만약 일부 종업원에게만 한정적으로 기회가 주어진다면 대다수 종업원들은 개인 경력개발차원에서 조직에 불만이 쌓이게 된다.

둘째, 해당 조건에 가장 부합하는 종업원에게 기회를 먼저 제공해야 한다. 시장경쟁원리로 종업원들 간에 경쟁을 유발하여 조직의 역량을 높일 수 있다.

셋째, 관리자 입장에서는 자신의 부서에 소속되어 있는 유능한 종업원이 다른 직무로 이동하는 것에 부정적 입장을 나타낸다. 관리자는 이를 자신의 부서 차원에서 볼 것이 아니라 전체 조직차원에서 바라보고 지원해줘야 한다. 따라서 사내공모를 통하여 후보자가 선정되면 해당 부서로 바로 이동시키는 것이 필요하다.

2) 외부 모집

외부 모집이란 기업 외부에서 지원자를 모으는 방법이다. 공개적으로 지원자를 모으는 모집 광고를 통한 모집, 기업을 대신하여 소개하고 지원자를 모으는 모집활동을 하는 리크루터(recruiter)를 통한 모집, 취업의사가 있는 잠재적 지원자를 일정 기간 근무하게 하는 인턴십(internship) 모집, 기존 종업원의 추천, 대학 등 교육기관의 추천, 자발적인 지원에 의한 모집 등이 있다. 또한 최근에는 대부분 기업들이 채용정보를 자사나 또는 채용알선 전문기업 홈페이지에 기재하고, 인터넷으로 응모하게 하는 방법을 채택하는 추세이다.

이러한 외부 모집은 단기적 평가로 인하여 부적격한 지원자를 채용할 개연성이 있으며, 채용되어 직무와 기업문화 등에 적응하는데 상대적으로 오랜 시간이 소요되고, 내부 종업원의 사기(morale)를 위축시키는 등 문제점을 지니고 있다. 그러나 조직에 새로운 활력소가 되며, 요구되는 자격요건을 지닌 지원자를 채용함으로써 내부 모집에 의한 인적자원 개발비용을 절감할 수 있다는 장점을 지닌다.

또한 인터넷을 통한 모집은 채용비용과 시간을 대폭 줄일 수 있다는 장점은 있으나, 개성이나 창조력 있는 인적자원을 간과할 우려가 있고, 지원자의 정확한 정보를 알아내기도 어렵다는 단점이 있다.

3) 모집의 평가

과거에는 지원자가 수동적일 것이라 가정하고 기업이 각종 모집방법으로 종업원을 모집하는 일방적 과정으로 인식되었으나, 오늘날에는 지원자가 적극적으로 기업을 선택하고 기업이 지원자를 적극적으로 선택하는 지원자와 기업 간의 쌍방적인 과정으로 인식해야 한다. 전통적 모집관행은 미래의 종업원에게 기업에 대해 좋은 인상을 갖도록 과대 선전하는 경향이 있었다. 이로 인해 종업원과 기업의 잘못된 연결로 야기된 높은 비용, 즉 고용비용 및 이직비용을 초래하고 또한 실제적으로 신입사원 중 6개월 이내 이직자가 많이 발생하기도 했다. 우수인력의 확보는 기업의 큰 자산이므로 모집활동으로 인한 성과에 대한 평가는 반드시 있어야 한다.

모집활동의 평가는 첫째, 모집방법에 대한 평가와 둘째, 확보된 지원자의 수와 질, 셋째, 모집활동에 투입된 비용 및 시간이 된다.

우선 모집방법에 대한 평가는 내부모집은 외부모집에 비해 상대적으로 적절하였는지, 외부모집의 결과는 내부모집의 장점을 충분히 상쇄할 만큼 효과적 · 효율적이었는지 등을 평가하는 것이다.

지원자 수와 관련된 평가내용은 단순한 지원자 수, 입사제안자 수, 자격을 갖춘 지원자 수 등으로 구분하여 볼 수 있다.

모집활동에 소요된 비용과 시간 등 모집비용(recruitment cost)의 평가는 적정량의 비용이나 시간에 대한 절대적인 기준을 산정하는 것이 어려우므로 일반적으로 경쟁기업과 해당기업의 연도별 모집비용과 비교하거나 모집 방법별로 모집비용을 계산하여 상대적으로 모집활동을 평가한다. 따라서 모집활동의 평가는 평가 그 자체가 목적이 아니라 잘못된 원인을 찾아 수정하는 활동이 이어져야 모집의 통제활동이 제대로 되는 것이다.

제3절 선발

1. 선발의 의의

모집이 지원자를 구하는 적극적이고 공격적인 활동인 반면 선발(selection)은 지원자 중 성공적으로 직무를 수행할 종업원을 선별하는 방어적인 활동이라고 할 수 있다. 선발활동의 기본목적은 지원자들 중에서 해당 직무를 가장 잘 수행할 수 있는 지원자를 선별하는 하는 것이다.

그러나 최근에는 높은 실업률이 '성공적인 직무수행'에 기준을 설정한 인사담당자로 하여금 선발의 오류를 범하게 만드는 경향이 있다. 즉 고학력자의 하향 취업현상으로 인하여 '능력초과' 현상이 나타나게 되는 것이다. 이 경우에 단기적으로는 선발된 종업원은 주어진 직무를 성공적으로 수행할 수 있겠지만 시간이 경과하면서 직무불만족, 임금수준에 대한 불만족, 사회적 · 경제적 지위에 대한 불만족 등이 나타나고, 장기적으로는 이직으로 이어져서 바람직하지 못한 결과를 초래하게 된다.

성공적인 인적자원 선발을 위해서 기업은 선발방법에 대한 명확한 기준이 세워져야 한다. 그 기준으로 기업의 인재관을 들 수 있는데, 인재관이란 과연 '어떤 지원자가 바람직한 지원자인가'를 판단하는 기업의 정책이라고 할 수 있다. 대표적인 인재관으로는 직무중심의 인재관, 경력중심의 인재관, 기업문화 중심의 인재관 및 경영전략 중심의 인재관 등이 있다.

첫째, 직무중심의 인재관은 배치될 직무의 수행자로서 요구되는 자격요건의 지원자를 바람직한 지원자로 간주하여 선발하는 인재관을 말한다. 둘째, 경력중심의 인재관은 배치될 직무뿐만 아니라 장기적으로 경력경로(career path)가 요구하는 지원자의 능력과 잠재능력을 기준으로 바람직한 지원자를 선발하는 인재관을 말한다. 셋째, 기업문화 중심의 인재관은 기업문화에 잘 맞는 지원자를 바람직한 지원자로 간주하는 인재관을 말한다. 넷째, 경영전략 중심의 인재관은 경영전략을 성공적으로 수행할 자격요건을 지닌 지원자를 바람직한 지원자로 간주, 선발하는 것을 말한다.

각각의 인재관은 나름대로의 장단점을 지닌다. 예를 들어, 경력중심의 인재관은 기본적으로 종신고용제(lifetime employment system)를 토대로 함으로써 종업원의 애사심, 충성심 등을 제고할 수 있는 장점이 있다. 그러나 직무에 대한 의욕이 감소할 개연성이 있을 뿐 아니라 경쟁을 기반으로 한 능률이나 생산성의 향상은 기대하기 어려운 한계를 지닌다. 따라서 논리적으로 어떤 인재관이 보다 바람직한 인재관이라고 할 수 없기 때문에 현실적으로도 여러 인재관이 복합적으로 활용된다.

이상과 같은 인재관이 확립되면 기업은 본격적으로 선발과정에 들어간다. 실제적인 선발과정은 일반적으로 [그림 4-5]와 같이 6단계를 거쳐 이루어진다. 그러나 기업의 상황이나 모집직무의 특성에 따라 몇 단계가 추가되거나 생략되기도 한다.

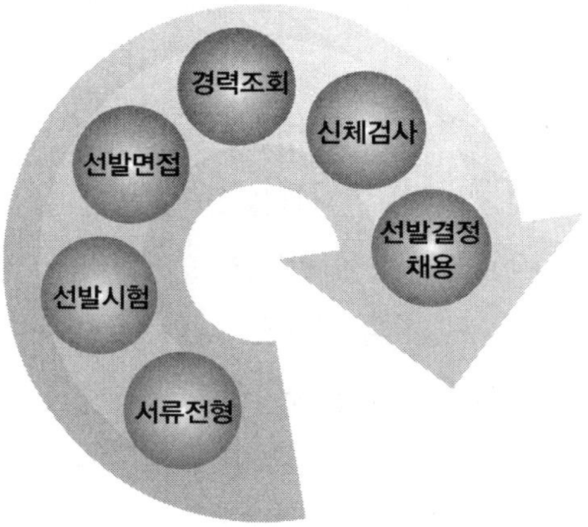

자료 : 저자작성

[그림 4-5] 선발과정

2. 선발의 절차

1) 서류전형

서류전형은 지원자가 제출한 지원서(application blank)를 검토함으로써 지원자의 학력, 경력, 어학능력, 가족사항 등 기본적인 인적사항을 중심으로 지원자의 객관적인 질(quality)을 평가하는 과정이다.

현실적으로는 각 직무별로 요구되는 학력, 경력 등 최소자격조건을 확인하는 과정으로 지원자가 제공한 정보가 사실인가 하는 신뢰성(reliability)과 지원자의 학력, 경력 등 지원서에 나타난 지원자 관련 내용이 직무성과(job performance)를 대변할 수 있는가 하는 타당성(validity)을 검증하는 중요한 절차라 할 수 있다.

또한 최근에서 지원 서류의 중요한 부분을 차지하는 것이 자기소개서라 할 수 있다. 인사담당자들은 자기소개서를 토대로 지원자의 성장과정, 성격의 장 · 단점, 지원동기, 입사 후 포부와 같은 사항을 검토함으로써 지원자가 기업의 문화와 해당직무에 적합한지에 관해 간접적으로 평가해 볼 수 있다.

실제 대기업의 경우 인적자원을 선발하기 위한 서류전형에서 전공과 학점, 외국어성적을 가장 중요시하고, 기업규모가 작을수록 자기소개서와 컴퓨터 활용능력을 더 중요시한다. 외국계 기업의 경우 서류전형 시 전공 다음으로 토익, 토플과 같은 외국어 점수를 중요하게 평가하는 경향이 있다.

2) 선발시험

선발시험(selection test)은 서류전형으로 파악할 수 없는 지원자의 자질이나 직무수행능력을 평가하는 과정이다. 기업은 평가 대상이 되는 자질이나 직무수행능력에 따라 지능과 계량적 능력 및 논리성 등을 평가하는 지적능력검사(mental ability test), 활동성 · 상상력 · 성실성 등을 평가하는 성격검사(personality test), 개인의 취미 · 관심사항 등을 평가하는 취미검사(interest test)를 한다. 맡겨질 직무와 직접적으로 관련된 지식이나 기술 · 능력을 평가함으로써 직무수행에 어느 정도 성과를 달성할 수 있을지를 판단하는 성취도 검사(achievement test) 또한 동작의 민첩성 · 균형능력 등 지원자의 육체적 능력을 판단하는 심리동작검사(psychomotor test) 등 다양한 선발시험을 지원자에게 제시할 수 있다.

어떤 선발시험이 보다 바람직한 지원자를 선발하는데 적절한가 하는 문제는 선발직무의 특성, 요구되는 자격요건, 기업철학 등 여러 요인에 의해 달라진다.

3) 선발면접

선발면접(selection interview) 역시 지원자의 정보를 수집할 목적으로 실시된다. 선발면접은 성격, 외모, 지원동기 등 지원서로서는 잘 드러나지 않는 지원자의 불명확한 특성을 구체화해야 한다. 지원자에게 기업의 정보를 제공하는 양방향 커뮤니케이션(twoway communication)을 통해 우수 지원자를 유인하기도 한다. 면접은 운영하는 기술과 구조 및 참가자수에 다음과 같은 유형으로 나눌 수 있다.

(1) 구조화 정도에 따른 종류

① 구조적 면접

직무명세서를 기초로 하여 미리 준비된 질문항목에 따라 순차적으로 질문하여 피면접자의 의견을 청취하는 방법으로서 지시적 면접, 정형화된 면접 또는 유도적 면접이라고도 부른다.

구조적 면접은 내용이 미리 준비되어 있기 때문에 면접의 객관성과 신뢰성을 높일 수 있고 면접경험이 부족하거나 면접훈련을 받지 않은 면접자도 면접할 수 있는 장점이 있으나, 질문내용을 설정하는 어려움이 있고 시간이 많이 걸리는 단점이 있다.

② 비구조적 면접

면접자가 질문을 하면 지원자가 형식에 구애받지 않고 자유로이 자기의 의사를 표현하게 함으로서 지원자에 대한 광범위한 정보를 얻을 수 있는 방법으로 비지시적인 면접 또는 비유도적 면접이라고 한다. 사람이 자유스럽게 말할 때 더욱 진실성을 나타내므로 충분한 정보를 얻는데 유효하여 많은 기업에서 채택하고 있다. 그러나 면접자의 주관적 성향의 질문에 지원자가 편향적이고 호의적 답변으로 일관하면 면접자는 판단에 혼란을 겪을 수 있다. 따라서 고도로 훈련된 면접자를 필요로 하며 고도의 질문기법과 훈련이 요구된다.

③ 반구조적 면접

질문할 주요내용을 사전에 준비하여 이를 중심으로 질문하면서도 약간의 융통성을 발휘하여 상황에 따라서 주요항목 이외의 질문도 할 수 있는 면접이다. 즉 구조적 면접과 비구조적 면접을 절충한 것이다.

(2) 참가자의 수에 따른 종류

① 개별면접

개별면접은 한 사람의 면접자와 지원자간에 일 대 일로 행해지는 방법으로 가장 많이 시행되는 면접방법 중의 하나이다. 이 방법은 집단면접에 비해 한 개인에 대해서 많은 정보를 파악할 수 있는 장점이 있으나 많은 시간과 비용이 소요되며 다른 지원자와 비교하여 판단할 수 없다는 단점을 지니고 있다.

② 집단면접

복수의 피면접자를 대상으로 집단별로 특정문제에 대해 자유토론을 할 수 있는 기회를 부여하고 토론과정에서 개별적으로 적격여부를 심사, 평가하는 것이다. 집단면접은 복수의 지원자를 동시에 평가할 수 있으므로 시간이 절약되고 비교가 용이하여 우수한 지원자를 쉽게 파악할 수 있는 장점이 있으나, 개별지원자가 가지고 있는 특성을 쉽게 파악할 수 없는 문제점도 있다.

③ 패널(panel)면접

다수의 면접자가 한 사람의 피면접자를 대상으로 집단적인 면접을 하면서 그 사람이 갖고 있는 자질이나 특징을 평가하는 방법으로 전문직이나 경력직 종업원 등을 선발할 때 사용된다. 패널면접은 피면접자를 동시에 여러 면접자가 관찰하고 의견교환을 할 수 있기 때문에 지원자에 대한 보다 광범위한 조사를 할 수 있어 그 평가에 대한 신뢰도가 높다는 장점이 있으나, 피면접자가 심리적으로 위축되어 자연스러운 반응을 하지 못하는 경우에는 평가의 정확성이 떨어지는 단점도 있다. 또한 다수의 면접자가 필요하기 때문에 다른 방법에 비해 비용이 많이 들고 집단면접보다 시간이 많이 소요된다.

(3) 기타 면접방법

① 스트레스 면접

이 방법은 제2차 세계대전 중 미 정보국의 요원을 선발하기 위하여 고안된 것으로, 면접자가 피면접자에게 공격적이고 모욕적인 질문을 하거나 퉁명스럽게 대하거나 약을 올리고 당황하게 하여 피면접자의 감정이 매우 고조되었을 때 어떻게 반응하느냐를 알아보기 위한 것이다. 즉 스트레스면접은 스트레스 상황하에서의 스트레스 처리능력, 감정의 안정성과 좌절에 대한 인내성, 감정의 지배력 등을 관찰, 평가하는 방법이다. 그러나 이 방법은 선발되지 않는 지원자는 회사에 부정적 이미지를 갖게 하여 회사가 지원자를 채용하려해도 응모자가 입사제안을 받아들이지 않는 결과를 초래할 수도 있다. 그러므로 이 면접은 스트레스를 잘 처리할 수 있는 영업직과 같은 경우에만 신중히 고려하여 사용하는 것이 바람직하다.

② 무자료(blind)면접

무자료면접은 면접자가 피면접자의 출생지, 출신학교, 가정환경 등 개인정보에 대한 아무런 기초자료 없이 면접에 임하는 방법으로 백지면접이라고도 불리기도 한다. 이력서, 성적증명서, 자기소개서, 추천서 등을 배제함으로서 면접자가 면접 시 갖기 쉬운 편견과 현혹효과를 배제하고, 지연과 학연에 따른 선입견을 없애고, 자원자를 있는 그대로 공정하게 평가하기 위한 것이다. 이러한 이점때문에 최근 우리나라 기업들은 이 무자료 면접기법을 활용하고 있으며 앞으로 그 수가 늘어날 것으로 전망된다.

(4) 역량중심면접

아무리 우수한 역량을 가진 인재라 하더라도 그 역량 중 조직 발전을 위해 필요한 부분 평가에만 비용을 지불해야 한다. 구체적으로 필요하지 않은 잠재역량까지 비용을 지불하며 모두 확보하는 것은 결국 기업의 수익성을 악화시킬 가능성이 크다고 볼 수 있다. 따라서 조직이 필요로 하는 역량에 적합한 적정 인재를 찾아내는 것은 인사관리의 수익성을 강화시켜 주는 접근방법이라 할 수 있다. 역량중심의 채용 프로세스를 구축하기 위해서는 [그림 4-6] 역량중심 면접의 3단계로 운영하는 것이 바람직하다.

역량중심의 채용에 있어 중점적으로 활용될 수 있는 구조화된 인터뷰 기법은 주로 역량기반 행동적 인터뷰(competency-based behavioral interview)이다. 이는 과거성과나 행동패턴은 미래성과를 예측하는 좋은 기준이 된다는 가정 하에, 과거의 특정상황에서 발휘한 행동을 각 직무에 필요한 역량으로 초점을 맞추어 질문하는 구조화된 면접 형태이다.

개인의 과거 직무경험 중에서 성공이나 실패에 중요한 영향을 미친 과거 사건들의 구체적인 모습을 떠올리게 하여 당시에 발휘한 기술(skills), 행동, 대처 등을 질문 하는 것이다. 이러한 인터뷰로 지원자의 과거 특정 문제 상황에서 발휘한 기술, 지식, 능력을 포함한 역량을 판단해 볼 수 있으며, 그 결과로 지원자의 조직, 직무 및 직급이 필요로 하는 역량과의 적절성을 판단해 볼 수 있다.

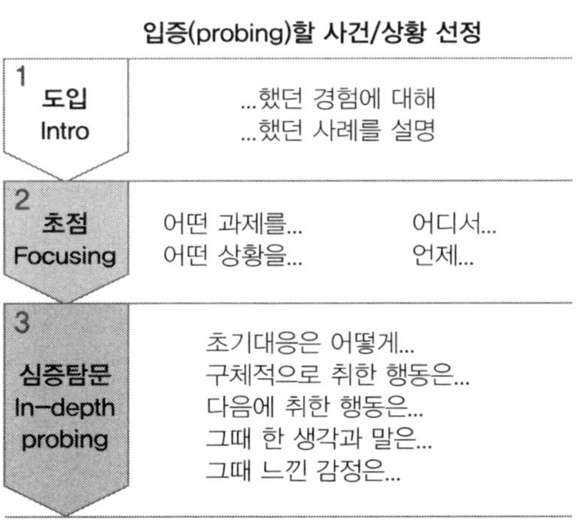

자료 : 송기영(2005), 채용관리의 중요성과 역량중심의 채용 프로세스 구축방안, 경총, http://www.mercer.co.kr 에서 재인용.

[그림 4-6] 역량중심 면접의 3단계

역량기반 행동적 면접의 중요한 요소는 다음 세 가지이다.

첫째, 구조화된 질문이다. 해당 직무에 지원하는 지원자 간의 적합성 및 우수성을 객관적으로 평가하는 질문에 의해 얻어진 내용을 서로 비교하는 것이다. 이를 위해서는 무엇보다 해당 직무에 지원하는 지원자들에게 행하는 질문의 본질이 표준화되어 있어야 한다. 역량기반 행동적 면접 질문을 통해 지원자가 어떠한 상황(situation or task)에서 어떠한 행동(action)을 하였고, 이를 통해서 어떠한 결과(result)를 얻었는지를 파악하는 것이다.

둘째, 면접자의 역할이다. 상황에 대한 질문 후, 면접자가 수집해야 할 정보는 피 면접자가 취한 행동의 결과이다. 따라서 면접자는 지원자가 자연스럽게 상황을 설명하고 결과에 대한 정보를 제공할 수 있게 만들어야 하며, 동시에 타 지원자와의 객관적 비교를 위해서 이를 효과적으로 기록 또는 데이터화 하여야 한다.

셋째, 명확한 평가기준이다. 면접을 통해 기록 또는 데이터화된 피면접자의 행동 및 결과는 동일기준에 의해 평가되어야 한다. 하지만 역량에 대한 상대적 중요도의 결정은 좀 더 객관적이고 정략적인 평가비교방법이 수반되어야만 한다. 특히 면접자가 복수인 경우, 평가기준의 명확화는 매우 중요한 문제이다.

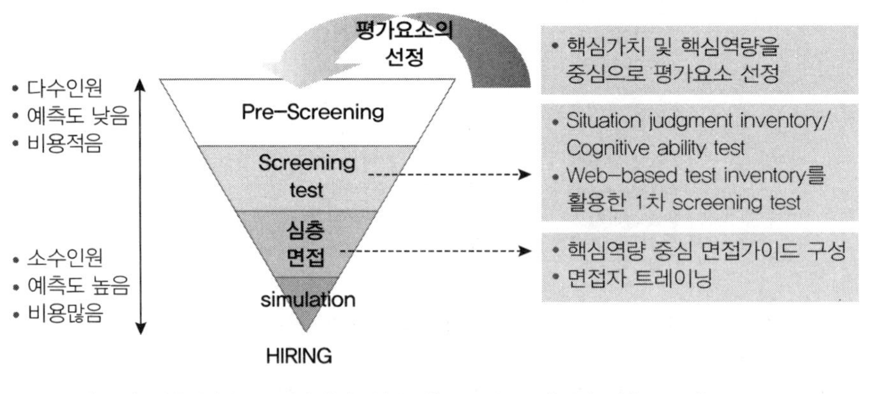

자료 : 송기영(2005), 채용관리의 중요성과 역량중심의 채용 프로세스 구축방안, 경총, http://www.mercer.co.kr 에서 재인용 .

[그림 4-7] 역량중심 채용 프로세스

무엇보다 객관적 비교에 따른 결정만이 채용의 3대 조건인 정확성(accuracy), 형평성(equity), 수용성(acceptance)을 모두 만족시킬 수 있다. 면접자의 수, 예측도, 비용이 고려된 평가요소를 선정하여 적절히 역량중심으로 채용하는 프로세스는 [그림 4-7]에서 소개하고 있다.

4) 신원조회

신원조회(reference check)는 지원서, 면접 등으로 드러난 지원자의 자료를 중심으로 재확인하고 필요에 따라 추가자료를 수집하는 과정이다. 예를 들어, 지원서 상에 대인관계가 원만하다고 기록한 지원자의 경우 전 직장의 동료에게 지원자의 대인관계를 질문하여 지원자의 대인관계 정보를 확인할 수 있다. 또는 관련 공공기관에 전과기록 등을 조회함으로써 추가적인 정보를 수집할 수 있다.

또한 최근 들어 자격사항 및 경력, 학력 등의 위조문제가 이슈가 되고 있어 이에 대한 검증도 진행되는 상황이다.

5) 신체검사

일반적으로 선발의 마지막 과정은 신체검사(physical examination)이다. 신체검사는 직무수행자로서의 육체적 능력 및 건강상태를 판단하는 목적은 물론 건강보험 등 서비스기업의 인적자원관리를 위한 실질적 목적을 위해 실시된다. 신체검사에 있어서 중요한 점은 도어 어텐던트나 조리사와 같이 육체적인 능력이나 건강상태가 직무성과에 중요한 영향을 미치는 직무와 그렇지 않은 직무를 구분하여 신체검사의 목적이나 구체적인 측정항목을 달리해야 한다는 점이다.

3. 선발도구의 평가

선발도구의 대표적인 평가기준은 일반적으로 신뢰성, 타당성, 실용성, 수용성 등과 같은 네 가지로 분류해 볼 수 있다.

첫째, 신뢰성(reliability)은 평가도구가 측정하고자 하는 내용을 명확히 측정하는 정도를 의미한다. 예를 들어, 지원자의 영어실력을 측정하는 경우, TOEIC 성적도 높고, 영어 관련 학점도 높으며, 면접 시 영어발표에서도 상당한 실력을 보인 경우 지원자의 영어실력이 높다는 것은 신뢰할 만한 사실이 되는 것이다.

선발도구의 신뢰성을 측정하는 일반적인 방법으로는 동일 혹은 유사한 시험을 반복적으로 실시하는 시험-재시험 신뢰성(test-retest reliability), 지원자의 동일한 측면을 복수의 질문을 통해 내적 일관성(internal consistency reliability), 이 밖에도 항목분할 신뢰성(split-half reliability), 동등 신뢰성(alternative from reliability) 등이 있다.

둘째, 타당성(validity)은 선발도구가 선발의 목표와 일치하는 정도 혹은 선발목표를 설명하는 정도를 의미한다. 예를 들어, 프론트 클럭(front clerk)을 선발하는 경우에 외국어능력을 선발의 중요한 기준 중의 하나로 삼게 되는데, 이는 외국어능력이 프론트 클럭의 직무성과를 설명하는 중요한 기준이 되기 때문이다. 따라서 프론트 클럭 선발 시에 외국어능력 평가는 타당성을 지니게 된다. 그러나 세탁실에서 종업원 유니폼을 관리하는 직무를 수행하는 종업원을 선발하는 경우에 외국어능력을 평가하는 것은 세탁실 직원의 직무성과에 비추어 볼 때 타당한 평가라고 할 수 없을 것이다.

셋째, 실용성(practicability)은 선발도구의 개발 및 도입 그리고 실행에 소요되는 비용과 적절한 선발로 증가된 직무성과에 대해 부적절한 선발로 인한 이직비용의 발생 등을 비교하여 편익이 비용을 초과하여야 한다는 기준에서 비용과 편익을 비교하는 것을 비용-편익분석(cost-benefit analysis)이라고 부른다.

넷째, 수용성(acceptance)은 피면접자가 평가의 내용과 과정이 적절했다고 믿는 정도를 의미한다. 예를 들어, 분명히 능력이나 자질 면에서 열등한 지원자가 선발되는 경우에는 선발 수용성은 심각하게 저해된다.

이러한 수용성은 장기적으로 서비스기업의 이미지(image)에 영향을 미쳐 기업에 대한 외부 노동시장의 선호를 좌우하며, 낮은 수용성은 탈락한 지원자들에게 반감을 사게 되어, 서비스기업 내부적으로도 불합리한 인적자원 확보로 노조의 반발과 종업원의 사기저하 등의 문제를 낳을 개연성이 있다.

4. 선발결정

선발의 과정을 거쳐서 최종적으로 선발 여부를 정하는 선발결정(selection decision)이 이루어진다. 선발결정은 모든 지원자로 하여금 선발과정을 모두 거치면서 종합적으로 판단하여 선발 여부를 결정하는 종합적 판단법과 각 단계마다 당락을 판단하여 해당단계를 통과한 지원자만을 다음 단계로 진행하는 단계적 제거법이 있다. 종합적 판단법과 단계적 제거법은 유능한 인재의 확보와 선발 비용의 측면에서 구분되는 장 · 단점을 지닌다. 최종적인 선발이 이루어지면 선발된 지원자, 즉 신입사원은 일반적으로 조직사회화(organizational socialization)와 배치(placement)의 과정을 거쳐 구체적인 직무를 할당받게 된다.

제4절 채용 및 선발의 변화

오늘날 서비스기업들은 글로벌 경쟁이 치열한 상황에서 '차별화된 인재'를 선발하기를 원한다. 이를 위해 서비스기업들은 과학적이고 체계적인 선발 절차를 개발하여 운영하고 있으며, 채용 방식에 있어서도 기업마다 개성과 고유성을 보이고 있다. 포스코 경영연구소의 김현주 연구위원은 이러한 인재 채용 및 선발을 다음과 같이 7가지로 분류하여 설명하고 있다.

1. 모집 채널의 다양화, 글로벌화

서비스기업은 채용 규모가 결정되면 모집 활동이 시작된다. 모집 방법은 캠퍼스별 모집, 전문분야별 모집, 인터넷 모집, 채용전문 회사를 통한 모집 등과 같이 갈수록 다양화되고 있다. 우수인력을 확보하기 위해 추천 채용, 해외유학생 채용 등을 일반 공개 채용과 별도로 시행하는 경우도 늘고 있고, 그룹사 채용 방식에서 탈피하여 계열사별, 사업부별 채용 방식도 증가하고 있다. 특히 해외 지역별로 전략적인 개념의 채용 방식도 확산되고 있어 진출지역별로 모집 채널을 현지 특성에 맞게 발굴하려는 노력도 활발하다. 예를 들어, SK그룹과 LG그룹, 삼성그룹 등은 해외 장학 프로그램과 진출 지역별 채용 전략을 연계하고 있다. 이와 같은 경향은 경영전략에 따라 채용 소요를 도출하고 채용의 목적별로 최적의 모집 채널을 확보하기 위한 노력의 일환이다.

2. 고유한 선발 모형과 절차 운영

선발 절차 전반에 걸쳐 표준화된 모형(model)을 수립하는 기업들이 늘고 있다. 지원분야별 지식과 스킬에 대한 모형, 요구되는 직무역량(행동)에 대한 모형, 자사의 문화나 가치관에 대한 모형, 인성과 적성에 대한 모형 등과 같이 다양한 형태의 모형들이 있으며 모형들은 선발 프로세스와 긴밀히 연계되고 있다.

예를 들어, 지식과 스킬 모형의 경우 서류전형 단계와 전문성면접 단계에서, 행동 모형의 경우 직무역량 면접 단계에서, 가치관 모형의 경우 서류전형 중 자기소개 부분과 적합성 면접 단계에서 평가되는 경우가 많다. 대부분의 선발 단계에서 고유의 모형을 개발하여 적용하려는 경향이 생기고 있다. LG전자는 채용절차 전반에 걸쳐 'LG전자 Way'를 연계하고 있고, POSCO의 경우는 미션/비전에 근거한 인재상에 따라 모형을 개발하는 등 많은 기업들이 고유한 채용 및 선발 모형 개발을 위해 노력하고 있다.

각각의 선발 단계들은 나름의 모형과 평가 요소들을 갖고 있기 때문에 Filtering 개념으로 운영되는 경우가 많다. 과거에는 선발 단계별 점수들을 합산한 총점으로 당락을 결정하는 경향이 강했지만, 최근에는 Filtering 방식을 운용하여 단계별로 '과락(pass/fail)' 개념을 적용하는 경향이 강해지고 있다. 종합 점수 상으로는 합격이지만 특정 단계에서 매우 저조한 점수가 나오면 다른 단계들의 결과들에 관계없이 탈락될 수도 있는 것이다. 이는 기업들이 평가 요소들 간의 균형성에 무게를 두고 있음을 의미한다.

3. 인/적성 검사의 활용성 강화

인/적성 검사의 경우 과거에는 상식시험이나 전공시험과 같이 일종의 필기시험 성격으로 활용되기도 하였고, 단순한 참고자료로 쓰이는 경우도 많았다. 그런데 최근의 흐름은, 자사의 업무 특성이나 문화에 맞지 않는 사람을 가려내거나, 직장 생활에 적응하기 어려운 특이자를 구분해 내는 용도로 쓰이는 경우가 많다. 다시 말해, 인 · 적성 검사가 그 본래의 적용 목적에 더욱 충실하게 사용되면서도, 당락에 영향을 줄 수 있는 도구로서 채택되고 있다는 것이다.

인성과 적성 모형의 경우, 아직도 삼성(SSAT), SK(종합적성검사) 등과 같이 자사 고유의 모형을 쓰는 경우가 소수 있기는 하지만, 일반적으로는 널리 쓰이는 표준형 검사지를 그대로 쓰거나 일부 수정하여 쓰는 기업들이 갈수록 늘고 있다. 평가 결과는 전산을 통해 도출된 정보에 전문가의 분석 의견을 결합하는 방식으로 정리된다.

최근에는 자기 회사의 문화와 가치관 등을 주요 내용으로 하여 개발된 일종의 '특화형 검사지'를 기존의 인 · 적성 검사지와 별도로 개발하여 쓰는 회사들도 나타나고 있다. CJ는 BJI(Business Judgment Inventory)라는 고유의 가치 적합성 평가 도구를 쓰고 있고, Hynix는 반도체 산업에 특화된 도구를 채택하고 있다.

4. 서류전형의 체계화

서류전형 단계에서는 학점, 어학점수와 정량적 항목들은 전산을 통해 자동으로 산출하고, 자기소개와 같은 정성적 분야의 경우는 현업 부서가 참여하거나 표준화된 평가 기준을 수립하여 적용하는 방식을 통해 체계화되고 있다. 예를 들어, 인터넷에 유포되고 있는 전형적인 자기소개서들을 분석한 후 개성 없이 천편일률적으로 작성된 경우에는 감점을 준다거나, 지원분야별로 자기소개서 평가 기준을 수립하여 현업 평가위원들에게 제시하는 방식이 많이 쓰인다. 예를 들어, SK텔레콤의 경우 직무경험, 해외연수, 수상경력, 사회봉사 활동 등은 수립된 기준에 따라 지원분야(career field)별 현업위원들이 주도하여 평가한다.

5. 역량(행동, 지식, 스킬) 중심의 면접 확대

몇 년 전까지만 해도 선진국에서나 구경할 수 있었던 다양한 형태의 과학적인 선발기법들이 확산되고 있다. 특히 평가센터(assessment center) 방식을 응용한 '역량 면접'을 채택하는 기업들이 많다. 역량면접은 평가의 객관성과 변별력을 높이기 위해 사전에 수립된 정교한 평가 기준에 따라 실제 관찰된 행동에 의거하여 평가하도록 함으로써 면접자의 주관성과 피면접자의 거짓대답을 최대한 배제할 수 있도록 하는 방법이다.

역량 면접의 경우 기업마다 매우 다양하여 단순히 역량 면접용 질문지만 개발하여 쓰는 경우에서부터 모의수행평가(Simulation) 도구들을 회사 특성에 맞게 개발하여 쓰는 경우에 이르기까지 다양하다. 가장 많이 활용되는 Simulation으로는 집단토론(group discussion)과 분석발표(analysis & presentation), 문서처리(In-basket) 등이 있다. Simulation들은 유형별로 기본 형식과 개발 원리는 비슷해 보이지만 실제 적용되는 내용과 형태는 채용의 목적과 기업에 따라 달라질 수 있다.

예를 들어, 포스코의 집단토론은 6인 1조로 지원자를 편성하여 개개인에게 서로 다른 역할을 부여하여 토론을 시킨다. 국민은행의 분석발표는 문제 해결형 주제를 주고 논술을 작성하게 한 후 발표를 시킨다. 이 밖에도 삼성, CJ, 신세계, 대우, 태평양, 국민은행 등이 이런 도구들을 자사 특성에 맞게 활용하고 있다. 역량 면접은 다른 면접 방식에 비해 도구 개발에 많은 시간과 비용이 투입되고 전체적인 배점 비중도 가장 높은 편인데, 이는 그만큼 높은 변별력을 발휘할 수 있는 평가 도구로 인정되기 때문이다.

역량 면접의 경우 관찰과 대화를 통해 확인될 수 있는 '행동 요소'를 평가하는 데에 적합하기 때문에, 전문지식이나 스킬의 평가에 역점을 둔 별도의 면접 방식도 늘어나고 있는데 이를 통상 '전문성면접'이라고 부른다. 삼성전자의 경우 전공분야별 현장사례들을 난이도에 따라 문제은행식으로 구성한 후 지원자들이 그에 대한 해결책을 작성하여 발표하는 면접이 있다. 포스코의 경우 지원분야별로 전문성을 평가하기 위한 표준 질문들을 개발하여 전문성 면접에 활용하고 있다.

6. 적합성 면접과 임원 평가 비중의 축소

최근 들어 지원자들이 조직의 가치나 문화에 적합한지에 대해서도 면접을 통해 평가하는 기업이 늘고 있는데, 이런 경우를 통상 '적합성 면접'이라고 한다. 가치 또는 문화 적합성은 인 · 적성 검사만으로 평가할 수도 있지만, 인 · 적성 검사를 통해 파악하기 어려운 측면은 면접을 통해 검증하려는 것이다. 한편, 역량 면접이나 전문성 면접이 실무자 또는 중간관리자 중심으로 진행되는 경우가 많은데 적합성 면접은 통상 회사의 전략과 기업문화에 대해 통찰력이 있는 임원급 고위관리자들이 맡는 경우가 많다. 포스코, 삼성전자, SK㈜ 등이 대표적 사례기업들이다.

적합성 면접과 관련하여 신입사원 면접에서 발견할 수 있는 또 다른 경향이 있는데 과거보다 임원들이 면접 절차에서 차지하는 비중이 줄어들고 있다는 것이다. 과거에는 임원들이 앞 단계의 결과들을 참고하여 당락 여부를 최종 결정하는 경우가 많았으나, 최근에는 평가 단계별로 평가 요소들을 분배한 후 임원들은 적합성과 같은 일부 평가 요소들에 집중하는 경우가 많아지고 있다. 이는 면접위원별 특성에 따라 평가 요소를 차별화함으로써 채용의 투명성과 공정성을 높이기 위한 것이다.

7. 면접 전문인력 양성

아무리 평가 절차와 도구들을 잘 개발해 놓아도 개발 취지와 목적에 충실하게 활용할 수 있는 사람이 없으면 아무런 소용이 없다. 외부 전문기관들과 협력하여 모형, 절차와 도구 등은 개발할 수 있었지만 이를 활용할 수 있는 전문인력을 육성해 놓지 않아 활용에 실패하는 경우가 많다. 이런 이유로 많은 기업들이 사내에 면접전문가 Pool을 지원분야별로 구축하고 있고 면접 참여도나 실적을 인사에 연계하기도 한다. 이는 채용이 회사 전략에서 차지하는 비중이 그만큼커지고 있다는 증거이다. 예를 들어, 삼성전자의 경우 신입사원 면접 전문가들을 육성하고 이들의 면접참여 활동을 업적평가에 반영하고 있다. 포스코와 CJ, 국민은행, LG전자 등은 짧게는 하루에서 길게는 3박 4일에 이르는 다양한 교육을 통해 면접전문가들을 양성하여 면접에 주도적으로 참여하도록 하고 있다. [그림 4-8]은 선발 프로세스의 Best Practice의 예시이다.

최근의 채용 및 선발의 변화는 단순히 일시적인 현상이 아니며, 사람을 진정한 경쟁우위의 원천이며 채용은 이를 위한 출발점이고 근간이라는 근본적인 인식의 전환이 뒷받침된 결과로 해석할 수 있다. 따라서 다른 경쟁기업이 어떤 채용 방법을 사용하는지에 관심을 기울이기 보다는, 우리 기업 전략에 맞는 인재를 어떻게 채용하는 것이 적합한 것인지 고민하여 일관되게 적용하는데 더욱 큰 관심과 노력을 기울여야 할 것이다.

평가차원 \ 평가방식	서류 전형	표준형 검사지	특화된 검사지	역량면접 (1)	역량면접 (2)	전문성 면접	적합성 면접
자력 (이력)	●					○	○
인적성		●	◑				○
행동역량	○			●	●	◑	
지식/스킬	○			◑	◑	●	
가치관	○		●				◑

: Test 방식 (표준형 검사지, 특화된 검사지, 역량면접 (1)) : 면접 방식 (전문성 면접, 적합성 면접) : 기타 방식 (서류 전형, 역량면접 (2))

낮은 구조화 ← → 높은 구조화

○ ◑ ●

자료 : 저자작성

[그림 4-8] 선발 프로세스의 Best Practice 예시

제5장

교육 · 훈련

제5장 교육 · 훈련

제1절 교육 · 훈련의 이해

1. 교육 · 훈련의 의의

오늘날 급격한 경영환경의 변화, 즉 기술의 변화, 노동시장의 변화, 종업원의 욕구변화 등 인적자원관리를 둘러싼 환경의 변화는 현재 종업원이 보유하고 있는 기술 · 지식 · 직무수행방법 등에도 끊임없는 변화를 요구하고 있다. 예를 들어, 빠른 기술의 변화는 입사 당시 종업원이 보유하고 있던 직무수행 능력만으로 조직구성원으로서의 성과를 달성할 수 없게 만들고 있다. 또한 IMF가 기업의 종신고용시스템을 붕괴시킴에 따라 종업원들은 지속적으로 스스로를 개발하지 않으면 안되는 상황에 놓이게 되었다.

교육 · 훈련은 종업원의 정신적 · 육체적 능력과 성과창출 의지 및 태도에 직접적인 자극을 가함으로써 정신적 · 육체적 능력과 성과창출 의지 및 태도를 향상시키는 제 활동을 의미한다. 따라서 교육 · 훈련은 전환배치(transfer), 승진(promotion), 강등(demotion) 등 새로운 직무를 부여하고 이를 수행하는 과정을 통해 간접적으로 필요한 능력이나 태도를 습득하는 간접적인 인적자원 개발 · 유지활동인 경력개발(career development)과 구분된다. 교육 · 훈련 · 개발을 비교하여 보면 [그림 5-1]과 같다.

〈표 5-1〉 교육 · 훈련 · 개발의 개념비교

구분	목표	효과
교육	불확실한 미래에 대한 능력배양	보편적인 지식의 학습을 통한 다양한 결과 모색
훈련	현재의 직무와 관련된 능력배양	특정직무에 대한 기능습득으로 특정결과 모색
개발	조직 및 개인의 동시성장	조직은 인적자원을 개발하고 개인은 창의력과 가능성 배양

자료 : 김윤태(2008), 호텔 · 외식산업 인적자원관리, 대왕사, p. 162.

2. 교육 · 훈련의 효과와 목적

교육 · 훈련의 궁극적 목적은 서비스기업의 목적달성을 위해 조직 구성원으로 하여금 필요한 지식과 기술을 습득하게 만드는 것이며, 종업원의 능력개발을 통한 성과의 향상으로 이어지게 하는데 그 목적이 있다. 즉 교육 · 훈련은 단기적 또는 장기적 성과를 향상시키기 위하여 이에 필요한 자질과 능력상의 변화를 목적으로 한다. 교육 · 훈련의 목적은 [그림 5-1]과 같이 요약해 볼 수 있다.

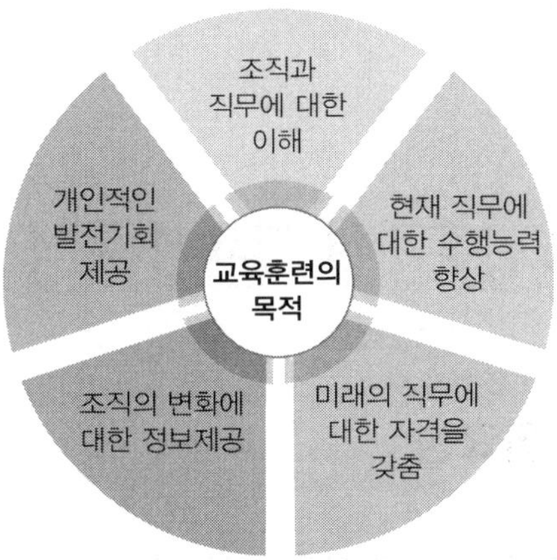

자료 : 저자작성

[그림 5-1] 교육 · 훈련의 목적

따라서 교육 · 훈련은 다음과 같은 두 가지 측면에서 효과를 만들어낼 수 있다.

첫째, 경제적 효율성 측면으로, 능력 있는 인재를 육성함으로써 사내기술을 축적할 수 있으며, 필요인력을 사내충원으로 가능하게 되어 인적자원 확보에 따른 비용과 노력을 줄일 수 있다. 또한 성과창출을 위한 종업원의 능력과 직무수행방법 등을 개발 · 유지함으로써 생산성향상에 기여할 수 있으며, 조직과 종업원 개인의 목표를 일치시키는 역할을 하기도 한다. 그 밖에 배치의 유연성 확보, 경영상 문제의 통찰력 제고, 기업 이미지 개선 등의 효과가 있다.

둘째, 사회적 효율성의 관점에서 능력향상을 통한 승진기회를 제공하고, 다양한 능력과 기술의 습득을 통해 노동시장의 경쟁력을 높여준다. 또한 높은 수준의 기술과 능력을 습득함으로써 종업원의 성장욕구를 충족시켜주며, 커뮤니케이션과 인간관계 증진을 통해 노동 및 직장에서의 소외를 감소시키고 이를 통해 직무만족을 증대시킨다.

이와 같은 교육 · 훈련의 목적을 요약하면 다음과 같다. 첫째, 새로운 종업원에게 조직과 직무에 대한 이해를 돕고, 둘째, 종업원들이 현재의 직무를 잘 수행하도록 도우며, 셋째, 종업원들이 미래의 직무에 대한 자격을 갖도록 돕는다. 넷째, 종업원들에게 조직의 변화에 대한 정보를 제공하고, 다섯째, 개인적인 발전의 기회를 제공한다.

제2절 교육 · 훈련의 필요성 분석

1. 교육 · 훈련의 필요성

서비스기업이 아무리 잘 설계된 교육 · 훈련체계와 훈련방법, 교재 및 시설을 갖추고 있다하더라도 그 활동의 기초가 되고 출발점이 되는 필요성이 파악되어 있지 않으면, 교육 · 훈련은 무의미하거나 불필요한 것이 된다. 교육 · 훈련의 필요성은 그 계획 입안의 전제사항이 되며 교육계획에 선행한다.

과거의 연공서열제 인사관리 하에서는 일반적인 교육이 중심이었으나, 19세기 후반의 급속한 산업발달은 기계의 전문화와 산업공학의 발달을 낳았으며, 이로써 만능공이 아닌 전문 단일공이 필요하게 되어 교육 · 훈련도 전문교육으로 흐르기 시작하였다. 특히 직무중심, 능력중심의 현대적인 인적자원관리를 위해서는 종업원 개개인의 직무 수행능력 향상과 필요한 인재의 육성으로 그 중심이 옮겨져야 한다. 다시 말하면 어디까지나 서비스기업의 목표달성을 위한 교육훈련의 핵심은 직무중심의 훈련이므로 일반적이며 추상적인 사람의 능력이 중심이 되어서는 안 된다.

교육 · 훈련의 필요성은 현재에만 국한되는 것이 아니라, 가까운 미래에 요구되는 수준까지를 고려해야 한다. 서비스기업이 교육 · 훈련의 필요성을 계속 조사하여 교육대상에게 관리하면서 교육을 하면, 기업의 경쟁력이 강화될 뿐만 아니라 성장 서비스기업으로 발전하게 된다.

기업 내에서 생산의 정체가 현저히 저하되거나 시장점유율이 저하될 때, 생산공정에서 노동시간이 의외로 많이 소요될 때, 생산원가가 증가할 때, 종업원의 재해 및 안전사고가 증가할 때, 기계 · 설비 · 기구 등의 손실이 많을 때, 이직률 및 결근율이 증가할 때에는 교육 · 훈련이 필요한 시점임을 알아야 한다. 그러나 이와 같은 사후 대책적이며 소극적인 방법으로 필요성을 조사하기보다는 사전 대책적이며 적극적인 방법에 의한 조치가 오히려 바람직하다.

이와 같이 교육 · 훈련의 필요성을 조사하는 방법에는 일반적으로 생산성, 불량품 발생수, 결근수, 사고기록 등의 기록을 조사하는 자료조사법(records and reports method)이 있고, 관찰법(observation method), 면접법(interview method), 질문지법(questionnaire method) 및 관계자의 집단토의법(group discussion method) 등이 있다.

2. 교육 · 훈련의 필요성 분석

종업원이 일정한 직무를 수행하는 데 갖추어야 할 자격요건과 그 직무를 담당하고 있는 종업원의 기술 및 태도 등을 비교해 보면, 직무상의 요구능력과 종업원이 소유하고 있는 실제능력과는 차이가 있다. 이와 같은 차이점을 발견하고 개선해 나가는 것이 필요성 분석이다. 교육 · 훈련의 필요성은 〈표 5-2〉와 같이 조직 · 직무 · 개인의 세 가지 관점으로 나누면 보다 효과적으로 파악될 수 있다.

〈표 5-2〉 교육 · 훈련의 필요성

조직 수준(where)	직무 수준(what)	개인 수준(who)
· 조직 전체의 관점에서 교육의 필요성을 분석 · 조직 분석을 위해서 -조직목표, 인적자원목록 -회사분위기목록 -직무만족도목록 -능력지표	· 조직구성원들이 직무를 만족스럽게 수행하기 위해 무엇을 가르쳐야 할 것인가를 묻고 답하는 것 · 직무분석을 하기 위해서 -신분이나 과업에 최소한 필요한 것(직무지향) -과업이 만족적으로 수행되기 위해 필요로 하는 행동에 대한 자료(종업원지향)	· 훈련학습이 필요한 사람 분석 · 사람을 분석하기 위해서 -자기 평가 -360도 평가시스템 사용 -훈련을 통한 발달 여부 -Test

자료 : 저자작성

1) 조직수준

매출액, 생산성, 수익성 등 조직 전체와 관련되는 여러 현상에 대해 문제가 생겼거나 미래에 기대되는 조직목표와 이를 뒷받침할 수 있는 인적자원간의 차이가 발견되었을 때 조직수준에서 교육 · 훈련의 필요성 분석이 요구된다. 이런 경우에 교육 · 훈련은 기업의 경영전략과 직접 연결되어져야 한다.

조직수준에서의 교육 · 훈련 필요성은 위에서 언급한 경제적 지표(매출액, 수익성 등)뿐만 아니라 종업원의 의식측면에서도 발견된다. 예를 들어, 현존하는 조직문화를 변화시키거나 새로운 조직문화를 도입하여 조직에 활력을 불어넣을 필요가 있을 때, 혹은 조직이 환경에 적응하기 위해 유연성을 높이려고 할 때 교육 · 훈련은 조직전체수준에서 이루어지게 된다.

2) 직무수준

직무수준에서의 교육 · 훈련 필요성 분석은 종업원이 직무를 성공적으로 수행하는 데 필요한 기술, 지식 및 태도의 성과와 관련된 목표를 결정하는 데 필요하다.

또한 새로운 직무가 생겼을 때 이를 수행할 사람을 기업이 보유하지 못하고 있거나 외부 노동시장에서 확보할 상황이 아닌 경우에는 기업 내부에서 양성하지 않으면 안 된다. 이런 경우에 직무수준에서 교육 · 훈련의 필요성이 나타나게 된다.

3) 개인수준

개인수준에서의 교육 · 훈련 필요성 분석은 종업원 개인별 교육 · 훈련이 현재 필요한가를 파악하는 것이다. 이것은 조직 전체수준에서 거론되었던 생산성 등 경제적 지표와 관련되는 성과측정, 개인별 매출액뿐만 아니라 직무수준에서 밝혀진 교육 · 훈련의 필요성이 개인별로 측정되는 것을 의미한다.

또한 개인수준에서의 필요성 분석은 교육 · 훈련에 대한 종업원 개인이 추구하는 교육 · 훈련 욕구도 파악하며 기업이 추구하는 '경제적 효율성'과 종업원이 추구하는 '사회적 효율성'을 조정 · 통합할 수 있는 근거를 찾을 수 있기 때문에 매우 중요하다. 또한 개인수준에서의 교육 · 훈련의 필요성 분석은 교육 · 훈련 프로그램을 도입하는데에 종업원 개인별로 보유하고 있는 능력, 기술, 욕구의 다양성을 고려하는, 즉 개인차 문제 극복에도 중요한 정보를 제공해 준다.

3. 교육 · 훈련의 필요성 분석방법

1) 관찰법

관찰법(observation method)은 관리자가 사전에 관찰의 대상을 정하고 부하들의 직무수행과정을 체계적으로 관찰하여 교육 · 훈련의 필요성을 판단하는 구조적 관찰법과 사전에 특별한 계획 없이 일상 작업생활에서 관찰한 것으로부터 교육 · 훈련의 필요성을 발견하는 비구조적 관찰법으로 구분된다.

2) 간행물 조사법

간행물 조사법(periodical method)은 해당기업이 속한 업종과 관련되는 전문잡지 등에서는 기술변화와 관련되는 사항, 즉 새로운 생산공정, 재고관리기법, 인사고과기법, 자료 활용기법 등이 소개될 수 있으며, 기업은 이러한 새로운 기법들을 도입함으로써 혁신적인 변화에 적응할 수 있게 되는 것이다.

3) 자료조사법

자료조사법(records and reports method)은 해당기업이 보유하고 있는 각종 자료를 검토하여 교육 · 훈련의 필요성을 밝혀내는 방법으로서 자료들의 종류는 기업마다 매우 다양하다. 예를 들면 매일 매일의 영업활동에 관한 자료인 매출일보(daily repodrt)와 경쟁사 분석자료, 종업원 업적기록 등이 이에 해당된다.

4) 작업표본법

작업표본법(work samples method)은 종업원의 직무수행결과 중 일부를 표본으로 선택 · 검토하여 해당작업자 혹은 작업집단에 대한 교육 · 훈련의 필요성 여부를 판단하는 기법이다. 이 기법의 핵심은 어떤 작업표본을 선택할 것인가에 대해서 비밀이 유지되어야 한다는 점이다.

5) 질문지법

질문지법(questionnaire method)은 교육 · 훈련 필요성 분석기법으로서 가장 널리 도입되고 있는 기법으로, 종업원을 대상으로 질문지를 통해 태도조사, 문제점 조사 등을 실시하여 교육 · 훈련의 필요성을 파악하는 것이다.

자료조사법(records and reports method)이 있고, 관찰법, 면접법, 질문지법 및 관계자의 집단토의법(group discussion method)이 있다.

6) 전문가 자문법

전문가 자문법(key Consultants method)은 기업의 내부 및 외부에서 교육 · 훈련전문가에게 해당기업의 교육 · 훈련의 필요성을 파악하도록 의뢰하고 이를 토대로 교육 · 훈련의 필요성을 인식하는 방법이다.

7) 면접법

면접법(interview method)은 교육 · 훈련 담당자가 종업원 개인 또는 집단으로 면접함으로써 교육 · 훈련의 필요성에 관한 정보를 획득하는 기법이다. 면접법의 종류는 그 내용에 따라 구조화된 면접법과 비구조화된 면접법으로 구분된다.

8) 델파이법

델파이법(Delphi method)은 교육 · 훈련의 전문가들을 대상으로 개별적인 질문과 응답을 통해 교육 · 훈련의 필요성을 인식하는 방법이다.

제3절 교육 · 훈련의 과정

교육 · 훈련은 일반적으로 단일 프로그램보다 일련의 과정으로 이루어져야 한다. 이러한 일련의 교육과정은 교육에 대한 필요성 평가나 문제인식에서부터 시작되어 교육 · 훈련의 설계 및 평가에 이르는 과정을 거치게 된다.

1. 필요성 평가 및 문제 인식

문제인식은 실제 발생되는 것과 요구되는 결과 사이의 모순점에 대한 것을 의미한다. 서비스기업에서의 모순은 다양한 형태로 나타나는데, 예를 들어, 서비스에 대한 고개들의 불만, 객실청소, 체크인에 많은 시간 소모 등이 있을 수 있다. 하지만 대다수의 고객들은 문제가 발생했을 때 그 문제를 지적하지 않는다.

따라서 대부분의 교육프로그램은 고객들의 불만에 의해서가 아니라 경영자나 종업원에 의해서 확인된 문제점 파악에서부터 생겨난 결과들이므로 교육 · 훈련 프로그램에 대한 필요성과 그에 대한 평가 및 개발 등에 대한 정확한 문제인식이 먼저 이루어져야 한다. [그림 5-2]에 교육 · 훈련의 전개과정이 소개되어 있다.

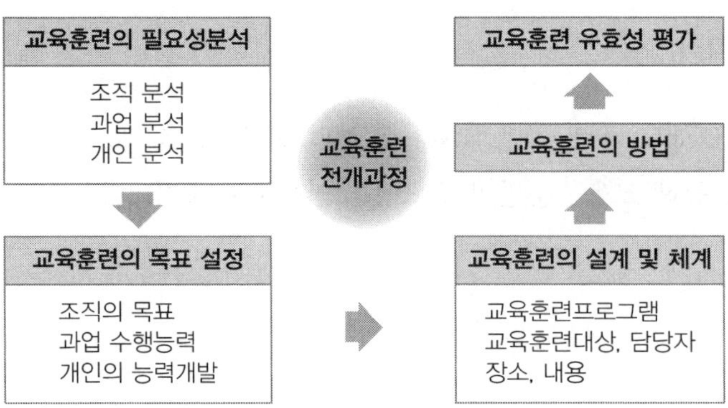

자료 : 저자작성

[그림 5-2] 교육 · 훈련의 전개과정

2. 교육목표의 설정

교육의 목표는 반응 지향적(reacrion based), 습득된 학습, 직무수행, 결과 지향성 등의 네 가지 범주로 구분된다.

첫째, 반응 지향적 목표란 피교육자가 교육 후에 어떤 궁극적인 결과를 지향하는 것이 아니라 교육의 과정을 통해 조직이나 개인에게 어느 정도의 기여를 목표로 하는 것이다. 예를 들어, 여성근로자들에게 화장하는 방법을 교육한다든지, 서비스정신 교육을 한다든지, 금연 교육을 실시하는 것과 같은 경우이다.

둘째, 습득된 학습은 교육프로그램을 통해 무엇인가를 학습하도록 하는 목표를 의미한다. 예를 들어, 대리급 이상의 관리자들을 위한 교육프로그램에서 노동관계법 중 근로기준법을 취업규칙과 비교하여 학습시키는 경우 같은 것이다.

셋째, 직무수행과 관련된 목표는 서비스기업의 교육 목표 중 가장 일반적인 목표라고 볼 수 있다. 예를 들어, 신입 연회판촉직원에게 연회견적서 작성방법을 교육하는 경우의 목표는 이 직원이 직무를 수행하는데 필수불가결한 지식, 기술, 능력을 교육하기 위한 것이다. 마지막으로 결과지향적인 목표는 세 번째의 직무수행과 관련이 깊은 목표로서 손님을 몇 분내에 체크인 시킨다든지, 여행사의 투어 컨덕터에게 소비자의 불평건수를 몇% 미만으로 유지할 수 있도록 교육시키는 경우를 의미한다.

3. 교육기준의 설정

교육의 필요성 분석을 통해 교육목표가 설정되면 다음 단계로 성공적인 교육성과의 기준 설정이 필요하다. 이러한 교육의 성과기준은 교육과정을 통해 무엇을 얼마나 배웠는지를 측정할 수 있는 토대가 되는 것이다.

즉 교육기준은 교육목표를 달성하기 위한 보다 구체적인 교육성과 측정을 위한 가이드라인이다. 예를 들어, '소비자 불평건수 5% 감소'의 교육목표 달성을 위해서 프론트 클럭의 경우 소비자가 프론트에 도착하였을 때 등록카드 작성, 객실배정, 신용카드의 프린트, 카드 키의 펀칭 등에 소요되는 시간을 몇 분 이내로 설정하여 이것을 달성하도록 교육시키는 경우를 의미한다.

4. 교육 참가자의 선정

교육 · 훈련은 교육에 참가한 종업원들에 의해 그 프로그램이 성공적인지 아닌지 결정된다. 참가자 선정은 다단계 프로그램, 즉 다양한 교육프로그램 단계에 따라 지속적으로 수행되어질 수 있다. 서비스기업의 교육 · 훈련의 참가자 선정은 승진, 임금상승, 상여금 부여 등과 관련이 높으므로 노동관계법, 단체협약, 취업규칙, 고용계약 등을 신중하게 고려하여야 한다.

5. 참가자 예비테스트

많은 관리자들은 교육의 필요성 평가, 목표설정, 교육기준의 설정, 참가자 선정 등을 한 후에 교육을 실시한다. 그러나 많은 관리자들은 한 단계를 빼놓고 있다. 그들은 종업원들이 현재에 알고 있는 것을 교육프로그램에 포함하여 고려하지 않고 있다. 즉 훈련을 실시하기 전에 확인된 지식, 기술, 능력의 기준이 없기 때문에 훈련실시 전과 후의 실행결과를 비교하기 어렵다. 결과적으로 교육프로그램의 성공여부 평가는 불가능한 것이다.

가장 이상적인 방법은 예비 테스트하는 동안에 우선 두 가지의 서로 상이한 그룹을 설정하는 것이다. 한 그룹은 교육 전과 후에 두 번의 테스트를 받게 하고 다른 그룹은 단순히 교육프로그램의 전후로 하여 두 번의 테스트를 받게 하되 그들은 교육을 시키지 않는다. 이 두 번째 그룹을 통제그룹이라 하고 이런 유형의 테스트를 통제그룹을 통한 계획된 예비테스트- 효과측정 테스트라 한다.

교육을 받은 그룹과 교육을 받지 않은 그룹을 비교 · 평가함으로써 그 교육프로그램의 효과를 분명히 파악할 수 있다. 만약 참가자들을 두 그룹으로 나누기가 불가능하다면 교육대상 집단에 대해서만 교육 전과 후에 두 번 모두 테스트해야 한다.

이 방법으로 교육대상의 기술, 능력, 지식의 변화는 충분히 평가할 수 있다. 즉 가장 중요한 것은 교육 후만이 아니라 교육 전에도 반드시 예비 테스트를 실시하여야 하는 것이다.

제4절 교육 · 훈련의 방법

1. 교육 · 훈련 내용의 선정

교육 · 훈련 프로그램의 내용은 교육 · 훈련의 구체적이고 개별적인 목적에 따라 달라질 수 있다. 그러나 [그림 5-3]에서 보는 바와 같이 본질적으로 교육 · 훈련은 종업원의 능력 개발과 의욕 개발을 중심으로 이루어진다.

그 주요 이유는 종업원이 직무수행을 통해 창출하는 성과는 바로 종사원의 능력과 의욕에 따라 좌우되기 때문이다. 다시 말해서 교육 · 훈련의 궁극적인 목적이라고 할 수 있는 개인의 성과향상은 종업원 의욕과 능력이 향상될 때 가능하다는 것이다.

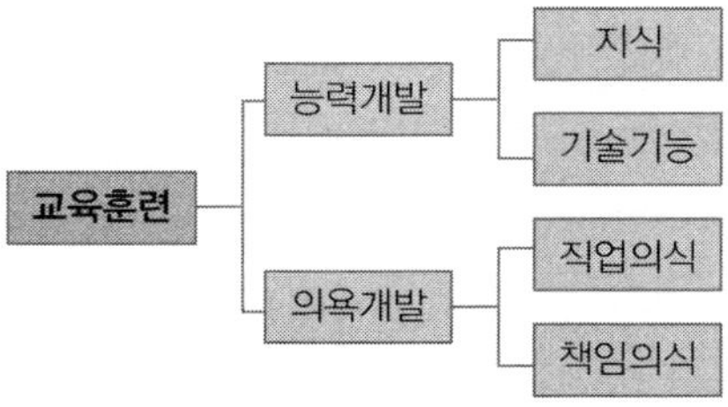

자료 : 이수광 · 이재섭(2003), 서비스산업의 인적자원관리, 대왕사, p. 251.

[그림 5-3] 내용에 따른 교육 · 훈련 프로그램 구분

따라서 교육 · 훈련은 직무수행을 위한 기술이나 기능을 개발하는 능력개발과 직업의식, 책임의식 등을 개발하는 의욕개발로 구분된다. 하지만 현실적으로 하나의 교육 · 훈련 프로그램은 종업원의 능력개발만을 위해 또는 의욕개발만을 위해 활용되기보다는 복합적으로 사용된다.

2. 교육 · 훈련 실시자에 따른 분류

1) 작업집단 구성원에 의한 교육 · 훈련

작업집단 구성원에 의한 교육 · 훈련은 부여받은 직무를 수행하면서 직무수행 과정을 통해 상사 · 선배 · 동료 등 작업집단 구성원으로부터 직무수행에 필요한 기능이나 지식을 교육 · 훈련받는 방법으로 일반적으로 OJT(on the job training)라고 부른다. 교육 · 훈련 유형에 따른 장 · 단점은 〈표 5-3〉에 요약되어 있다.

〈표 5-3〉 교육 · 훈련 유형에 따른 장 · 단점

구분	장점	단점
작업집단 구성원에 의한 교육 · 훈련	- 훈련이 실무와 연결되어 매우 구체적 - 교육 · 훈련 대상자와 상사/동료 간의 이해 및 협동정신을 제고시킴 - 교육 · 훈련대상자의 개인별 능력에 따라 훈련의 진도조정용이	- 교육 · 훈련 실시자의 교수능력이 부족한 경우 학습효과가 제한적임 - 한번에 다수의 종업원 교육 · 훈련 불가능 - 교육 · 훈련의 범위에 한계가 있음.
전문가에 의한 교육 · 훈련	- 교육 · 훈련에만 몰두 학습효과가 높음 - 교육 · 훈련 전문가가 교육 · 훈련 실시자가 되기 때문에 학습교화가 높음 - 동시에 다수의 인원을 교육 · 훈련가능	- 교육 · 훈련내용과 실무와의 갭(gap) 발생 - 개인별 능력에 따른 진도조정 어려움 - 교육 · 훈련비용이 많이 발생함
종업원 본인에 의한 교육 · 훈련	- 교육의 전 과정을 대상자 자신이 관리 - 교육 · 훈련의 진도를 마음대로 조정 가능	- 학습효과가 제한적임 - 학습의욕이 떨어질 경우 개선이 어려움

자료 : 김윤태(2008), 호텔 외식산업 인적자원관리, 대왕사, p. 181.

2) 전문가에 의한 교육 · 훈련

교육 · 훈련을 전문가가 행하는 것으로서 일반적으로 교육 · 훈련 대상자가 시간적 · 공간적으로 현재 수행하는 직무를 벗어난 곳에서 실시되므로 Off JT(off the job training)라고 부른다.

3) 종업원 본인에 의한 교육 · 훈련

종업원 본인에 의한 교육 · 훈련은 종업원 스스로 교육 · 훈련을 주관하는 경우이다. 이런 경우 교과내용 및 기법을 선정해 줄 수도 있고 스스로 정할 수도 있다. 이를 자기개발(self development)이라고 한다.

3. 교육 · 훈련 대상자에 따른 분류

교육 · 훈련의 대상자는 피교육자를 의미하는 것으로 기업을 구성하는 인적자원에는 크게 3가지의 계층이 있다. 이들은 신입사원, 작업자, 관리자로 구분된다.

1) 신입사원

신입사원에 대한 교육 · 훈련의 목표는 성공적인 조직사회화와 직무수행능력의 제고라고 할 수 있다. 다시 말해 낯선 환경에 첫 발을 내딛는 신입사원으로 하여금 새로운 경험에 의한 충격을 완화시키고 조직에 점차적으로 적응시키는 것이다. 신입사원이 학습하는 데는 여러 가지의 교육 · 훈련의 방법이 필요하고 구체적인 방법에는 멘토시스템과 강의법이 있다.

(1) 멘토시스템

'멘토(mentor)'는 '경험 많은 선배가 동료 또는 신입사원에게 그가 이미 조직에서 터득했던 지혜와 경험을 전해 주는 사람'이란 의미로 통용되고 있다. 기업조직에서 멘토는 후배 종업원들에게 역할모델을 제공할 뿐만 아니라 도전적 직무부여, 상담 및 조직에 대한 지식제공 등을 통해 그의 대인관계 개발 및 경력관리에 도움을 주는 자'로 이해되고 있다. 신입사원을 위한 멘토링 프로그램 운영단계는 [그림 5-3]과 같다.

멘토시스템의 장점으로는

첫째, 신입사원은 멘토로부터 신입사원이 조직에 적응하는 데 필요한 정보인 기존 구성원의 인적사항, 조직 내 권력구조 및 조직의 문화 그리고 조직에서 갖추어야 할 기본자세와 태도 등에 관한 교육을 통해 새로운 환경에 빠르고 쉽게 적응할 수 있도록 한다.

둘째, 심리적 상담 및 개인적 지원활동으로 신입사원이 조직 내에서 겪는 어려운 일들에 대해 멘토는 이를 지원하여 심리적 · 사회적 안정감을 얻도록 도와준다.

그러나 이러한 멘토시스템 자체가 멘토의 직무수행에 방해가 될 수 있으며, 비공식적인 멘토의 경우 조직 내 파벌생성의 원인이 될 수 있으며, 멘토의 능력에 따라 교육 · 훈련의 효과가 좌우되는 등의 한계를 지닌다.

	입사 이전	입사 시점	공식적인 교육*훈련	멘토링	평가*관리
단계	채용 및 부서 배치 시점	입사시점 부서발령시점	입사후 신입사원 교육/훈련기간	회사의 문화나 분위기 적응하는 시점	지속적인 평가 및 개선
주요 활동	회사에 대한 긍정적 이미지 형성을 위해 환영의 편지 또는 전화	간단한 오리엔테이션 입사지원서, 각종 기초정보사항 등 구비서류 작성	회사의 목적과 전략소개 급여/복리후생 등 제도 소개	부서의 상사나 동료 등에게 소개하여 인적 네트워크 형성	결과 평가 (비용, 질적 요소, 생산성, 만족도) 피드백제공

자료 : 저자작성

[그림 5-4] 신입사원을 위한 멘토링 프로그램 운영단계

(2) 강의법

강의법은 교육 · 훈련 실시자가 주로 지식이나 어떤 문제를 해결하는 과정 및 방법 등을 커뮤니케이션을 통해 전달하는 것이다. 신입사원에 대해서는 기업의 목표, 목표달성의 수단 및 조직이 부과하는 역할에 대해 이해시킬 목적으로 많이 활용되고 있다. 뿐만 아니라 조직 내 협동심 제고, 조직 전념도 증대 등 태도 변화를 위한 학습방법으로도 활용되고 있다.

강의법은 비용이 저렴하고 많은 사람을 동시에 교육시킬 수 있으며, 많은 지식을 단기간에 전수하게 할 수 있다는 장점이 있는 반면에, 강의 참가자가 수동적이 되고 학습 진도를 개인별로 조정하기 어려운 단점이 있다.

신입사원에 대한 교육 · 훈련방법은 이외에도 여러 부서를 돌며 단기간에 이루어지는 사내교육이 있으며 이를 통해 신입사원은 자기가 몸담고 있는 기업에서 일어나고 있는 여러 종류의 업무들에 대해 기초적인 이해를 할 수 있다.

2) 작업자 교육 · 훈련

작업자는 상위 관리자로부터 지시받은 직무를 수행하는 종업원을 의미하며, 이들을 위한 교육 · 훈련의 내용은 주로 해당직무를 성공적으로 수행하는데 필요한 직무관련 지식 · 기능 등에 초점이 맞추어진다. 대표적인 작업자 교육 · 훈련 기법으로는 실습장 훈련, 도제훈련, 전문기관훈련, 프로그램 학습법 등이 있다.

(1) 실습장 훈련

실습장 훈련(vestibule training)은 기업 내에서 이루어지는 OJT와 달리 작업장과 별도의 공간에 시설과 장비를 갖추어 교육대상자에게 주로 기능 위주로 이루어지는 훈련기법이다. 해당 부서에서 상사가 훈련을 실시할 여력이 없을 때 이런 기법을 도입한다.

(2) 도제제도

도제제도(apprenticeship program)는 실제 작업장에서 상사나 선배로부터 이루어지는 OJT와 작업장 이외의 장소에서 강의 등을 통한 교육 · 훈련이 동시에 이루어지는 방법이다. 이 제도는 특히 정교한 수작업이 요구되는 조리 등에 주로 적용되며 교육기간은 대체로 3~4년 정도가 소요된다.

(3) 전문기관훈련

전문기관훈련은 직무수행에 필요한 특정한 지식이나 기능을 전문적으로 교육하는 기관을 이용하여 교육 · 훈련을 실시하는 방법이다.

예를 들어, 항공사에서 조종사 교육을 위해 외국의 전문교육기관에 위탁하여 교육하거나, 로펌(law firm)에서 소속변호사를 선진 로스쿨에 교육을 보내는 방식이 이에 해당된다고 할 수 있다.

〈표 5-4〉 작업자 교육 · 훈련 기법

구분	장점	단점
실습장 훈련	- 많은 인원 동시 훈련 가능 - 학습효과가 높음	- 훈련내용과 실무와의 연결에 문제가 발생할 수 있음 - 학습효과가 낮을 경우 갈등야기
도제제도	- 직장 내 · 외 훈련의 장점만 흡수할 수 있음	- 많은 인원 동시교육 불가능
전문기관 훈련	- 전문교육으로 학습효과가 높음 - 교육내용이 정형화되어 학습효과 높음 - 다수의 교육 · 훈련대상자 동시교육 가능	- 교육 · 훈련내용과 실무와의 연결에 문제가 발생할 수 있음 - 개인별 학습진도 조정이 어려움

3) 관리자 교육 · 훈련

(1) 인 바스켓 훈련

모의훈련이라고도 부르는 인 바스켓 훈련(in-basket training)은 관리자의 의사결정능력을 제고시키기 위해 개발된 프로그램으로, 가상의 기업에 대한 다양한 정보를 제공하고 이를 특정한 상황 하에서 문제해결을 위한 의사결정을 내리게 함으로써 의사결정능력을 향상시키는 방법이다.

(2) 사례연구

사례분석법(case study) 또한 관리자의 의사결정능력을 향상시키기 위해 도입된 방법이다. 자사 또는 경쟁기업과 관련하여 발생한 일어난 일련의 사건, 기업의 현황들을 교육 참가자에게 제시하고 이를 토대로 기업의 의사결정상황에서의 중요한 문제점을 탐색하고, 원인과 결과를 탐색하여 문제해결을 위한 대안을 제시하여야 한다.

(3) 비즈니스 게임

비즈니스 게임은 시뮬레이션의 또 다른 형태로서 기업의 경쟁 상황에서 올바른 의사 결정능력을 제고시키기 위해 개발된 방법이다. 이 방법은 우선 교육 참가자들을 3~5명 정도 규모의 팀으로 구성하여 주어진 목표를 달성하기 위해 상호간 혹은 그들이 접하는 환경에 대해 어떤 태도를 가져야 할 것인가를 고찰하고, 동종의 경쟁상황에 있는 서로 다른 모의기업의 책임자들로서 상대방 기업에 이길 수 있는 경영의사결정을 하도록 하는 방법이다.

(4) 역할 연기법

역할 연기법(role playing)은 관리자뿐만 아니라 일반 종업원을 대상으로 인간관계에 대한 태도개선 및 인간관계기술을 제고시키기 위한 방법이다. 피교육자는 가장 바람직한 행동을 연기하고 다른 피교육자는 이를 관찰하여 해당행동을 평가하고, 토론을 통해 바람직한 행동을 개발하고 인간관계능력을 제고시키고자 하는 방법이다.

(5) 행동모델법

행동모델법(behavior modeling) 역시 인간관계능력의 개발을 위한 방법이다. 관리자 및 일반 종업원에게 어떤 상황에 대한 가장 이상적인 행동을 제시하고 교육 참가자가 이 행동을 이해하고 그대로 모방하게 하는 것이다. 기업 상황에서는 대개 특정 상황에 대한 이상적인 행동을 녹화하여 이를 교육 참가자에게 보여주고 행동이유, 과정 등을 이해시키고 이를 그대로 반복, 연습함으로써 '행동변화'를 유도하는 것이다.

(6) 대역법

대역법(understudy)은 기술적 능력과 인간관계능력 및 개념적 능력을 포괄적으로 획득할 수 있는 방법으로, 특정 부서의 직속상사 아래에서 상사와 같이 직무를 수행하면서 직무수행에 필요한 능력을 습득하는 프로그램이다. 일반적으로 대역법은 미래에 그 자리를 계승할 가능성이 있는 자가 같이 일을 하면서 그 상사로부터 업무에 관한 자세한 내용을 교육 · 훈련이 이루어지는 후계자양성 프로그램이라고 할 수 있다.

4. 교육 · 훈련의 실행

훈련의 실행은 어떤 교육프로그램의 성공여부에 있어서 적당한 방법, 실시자, 참가자 선정만큼이나 중요하다. 설령 경영자들이 교육프로그램을 철저하게 계획한다 해도 그들의 계획만큼 프로그램을 실행할 수는 없다. 많은 경우에 있어서 경영자들은 가능한 가장 쉬운 훈련 프로그램을 실시하는데 이것은 훈련 목적을 헛되게 하는 것이다. 세부적으로 계획된 모든 것을 그대로 실행하려고 신경을 쓰는 것은 참가자가 실제로 경험하는 실행단계에서 무엇보다 중요하다. [그림 5-5]는 교육 · 훈련 학습촉진을 위한 원칙을 소개한 것이다.

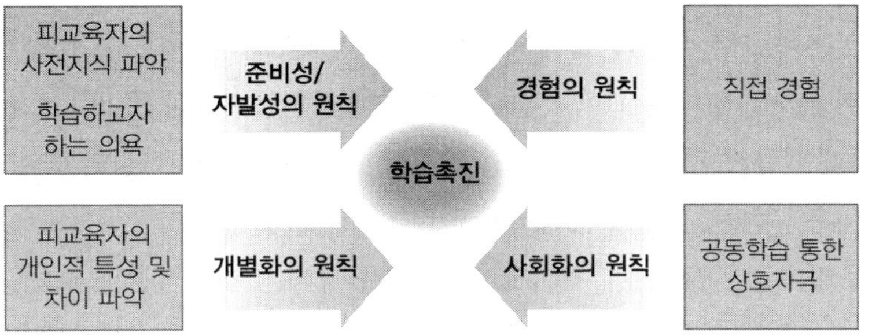

자료 : 저자작성

[그림 5-5] 교육 · 훈련 학습촉진을 위한 원칙

5. 교육 · 훈련의 평가

교육 · 훈련이 실시되고 나면 교육 · 훈련 활동에 대한 평가가 이루어져야 한다. 평가의 주목적은 교육 · 훈련의 목적이 성공적으로 달성되었는지 혹은 그렇지 않은지, 교육 · 훈련의 목적이 달성되지 않았다면 그 이유는 무엇인지, 이를 수정 · 보완하기 위해서 어떤 후속적인 조치가 필요한지 등에 관한 유용한 정보를 얻기 위함이다. 또한 기업은 교육 · 훈련 평가활동을 통하여 교육 · 훈련의 결과를 교육 · 훈련 참가자에게 피드백 함으로써 교육 · 훈련 효과를 제고시킬 수 있을 뿐 아니라 앞으로의 교육 · 훈련 활동을 위한 기반으로 활용할 수 있다. [그림 5-6]은 아시아나항공과 대한항공의 교육 · 훈련을 비교한 것이다.

평가의 목적은 첫째, 교육 · 훈련 프로그램이 추구했던 목적이 달성되었는지를 의사결정 결과와 효과로서 정보제공을 한다. 둘째, 교육 · 훈련 프로그램의 취약분야를 밝혀 그 개선자료로 제공한다. 셋째, 교육 · 훈련 프로그램 참가자 및 실시자에게 프로그램 실시결과를 피드백한다. 넷째, 교육 · 훈련 프로그램의 경제적 효과를 밝힌다. 다섯째, 향후 기업의 인력개발 활동 계획수립에 유용한 자료로 제공한다.

이러한 교육의 효과를 평가하는 접근법으로서는 거시적 접근법과 미시적 접근법이 있는데, 거시적 접근법에는 투입 중 화폐적으로 환산할 수 있는 비용, 즉 화폐적 비용을 기준으로 교육 · 훈련을 평가하는 비용비교분석(cost comparison analysis)과 비용과 편익 중 화폐적으로 환산 가능한 투입과 산출을 중심으로 평가하는 비용−편익분석(cost−benefit analysis)이 있다.

미시적 평가에는 교육 · 훈련 프로그램을 구성하는 개별적인 요소에 대한 평가로 교육 · 훈련 내용평가, 훈련대상자의 평가, 훈련 실시자의 학습내용의 전달능력, 학습동기부여능력 및 학습내용을 실무에 적용과 같은 평가로 구성되어진다.

	아시아나 항공	대한항공
교육훈련목표	고객 만족 서비스 조직 활성화 조직능력 향상 지속적 수익창출 Global 역량 강화	기대 역할 활용 경영능력 개발 Global 역량 강화 직무능력 향상 조직 활성화
기본운영체계	고객 가치 지향 내부 시스템 − 고객 지향 인재 시스템	양성 → 평가 → 보상의 유기적 종합인사 시스템
교육훈련 및 개발방법	시뮬레이션 방법 강의법 OJT(*On-the-Job Training*) 자체관리 시스템 운영	OJT(*On-the-Job Training*) 역할 연기법 행위 모델법 집합교육 후견인제도 비즈니스 게임
훈련평가	실제 직무로의 이전 평가 필기 실기 시험 평가 표준화, 구체화된 체크리스트 고객의 소리	회사의 기여도 측정 공정성과 투명성 feed back 실제직무로의 이전 평가

자료 : 저자작성

[그림 5−6] 아시아나항공과 대한항공의 교육 · 훈련 비교

서비스기업 인적자원관리

제6장

경력개발

제1절 경력개발의 이해

제2절 경력개발의 계획

제3절 경력개발제도

제6장 경력개발

제1절 경력개발의 이해

1. 경력개발의 개념

경력(career)이란 개인이 평생 동안 가지게 되는 직무경험의 과정이다. 전문성의 경험이든 비전문성의 경험이든 한 개인이 지나 온 직무 경험과정을 말하며, 직장 내 경력은 어느 조직에 입문하여 퇴직 시까지 거쳐 온 보직경로를 의미한다.

경력개발(career development)은 경력(career)과 개발(development)이라는 용어의 조합으로서 조직구성원이 희망하는 진로를 장, 단기 계획에 맞추어 개인별 육성 계획에 의해 매년 지속적으로 재평가와 수정을 통해 기업의 필요성과 개인의 필요성을 일치시키는 인재육성을 장기적, 체계적으로 진행하는 과정이다.

경력개발(career development)이라는 개념은 1970년대부터 조직에서 인적자원관리 차원에서 각광을 받기 시작한 이래로 다양한 변화의 과정을 거쳐서 오늘에 이른 상태이다. 1970년대의 경력개발은 주로 조직에서 요구되는 기술과 능력을 위한 경력개발이 그 주요 내용이었던 반면에 1980년대에는 조직구성원의 욕구를 만족시키는 방향으로의 전환되었으며, 1980년대 후반부터는 아웃플레이스먼트(outplacement : 전직지원)의 활성화와 더불어 핵심인재관리 및 유지전략과 맞물려 그 중요성이 더하고 있는 상태이다.

IMF 이후 기업의 상시적인 구조조정으로 직장인들의 직업관이 평생직장에서 평생직업의 개념으로 변화하고, 동시에 조직에 대한 충성심(loyalty)도 사라져 가고 있다. 온라인 채용 등 채용정보에 대한 접근이 용이해짐으로써 인재들의 경력 탄력성(career resilience)이 증가하였고, 이로 인한 이직(turnover)도 상시적인 현상이 되었다. 이는 조직의 목표와 발전만을 우선적으로 생각하던 구성원들이 자신의 삶과 경력을 우선시 하는 사고로 전환되고 있음을 보여주는 것이다. 실례로 온라인 채용업체의 2008년 조사에 따르면, '현재 경력 관리를 위해 자기계발을 하고 있는가?'라는 질문에 73%가 '그렇다'라고 응답했으며, 자기계발의 필요성을 느끼는 이유로는 '경력 관리를 위한 이직 준비'가 31%로 가장 많았고 그 다음으로 '연봉 인상 목적'이 30%, '직장에서 뒤처지지 않기 위해서'가 19%로 나타났다.

또한 기업 내부적 측면에서 볼 때, 인재 육성 및 확보가 기업 경쟁력의 원천이 되면서 효율적인 인력 개발의 방법을 찾는 기업이 급증하고 있다. 특히 최근 들어 다양한 분야를 두루 섭렵한 일반 관리자(generalist)보다는 특정 분야에 통달한 전문가(specialist)의 중요성이 커지고 있으며, 이는 입사로부터 퇴직까지의 경력을 장기적인 관점에서 계획하고 관리하는 전문가 육성 경력개발 프로그램의 기본 취지와 맥을 같이 한다.

또한 퇴직자보다 입사자의 수가 많고, 승진 연한이 점차 짧아짐으로써 승진 정체 현상이 나타나고 있으며, 승진보다는 능력 개발이나 직무 성취감으로 동기부여를 할 수 있는 경력 개발 프로그램에 대한 관심이 증가하고 있는 상황에 있다.

2. 경력개발의 기본원칙

바람직한 경력개발을 통해 인적자원을 개발 · 유지함으로써 서비스기업의 궁극적인 목표를 달성하기 위해서는 다음과 같은 원칙을 준수하여야 한다.

1) 경력경로의 원칙

경력경로(career path)의 원칙은 서비스기업 내 경력경로를 구성하는 모든 직무나 직위는 계층적인 경력경로로 형성되고 규정되어서 과학적인 체계를 이루어야 하며, 이를 기반으로 경력개발이 이루어짐으로써 종업원들이 스스로의 경력경로를 예상하고 준비할 수 있어야 한다는 것이다.

2) 적재적소 배치의 원칙

경력개발을 위해서는 적재적소에 배치하는 것을 원칙으로 하고 있다. 즉 조직구성원의 적성, 지식, 경험, 기타 능력과 조직의 목표달성에 필요한 직무가 잘 조화되도록 맞추는 것을 의미한다. 이를 위해서는 직무수행에 필요한 자격조건과 조직구성원의 적성 등에 대한 정보를 충분히 가지고 있어야 한다.

3) 후진양성의 원칙

경력개발은 기업 내에서 후진양성의 확립을 원칙으로 하여 자체적으로 유능한 인재를 확보하는 것을 원칙으로 한다. 즉 경력개발은 외부에서 인재를 확보하는 스카우트 방법보다 기업의 내부에서 자체적으로 양성하는 것을 원칙으로 하고 있다. 또한 이는 조직구성원에게 성장의 동기를 부여하고 조직구성원을 기업에 밀착시키도록 하는 것이다. 외부로부터 영입된 조직구성원이 겪는 소외감과 불안감을 해소할 수 있을 뿐 아니라 직장 분위기, 직업 스타일, 인간관계 등에 적용하는 데 필요한 시간과 비용을 절감할 수 있다.

3. 경력개발의 중요성과 목적

1) 경력개발의 중요성

개인이 성공적으로 경력을 개발하는 것은 다음과 같은 측면에서 중요하다.

첫째, 개인의 경력개발은 조직 생활에서 직무 경험으로서 뿐만 아니라, 개인의 인생행로 또는 목표를 계획하고 이를 달성하기 위한 활동을 하는 과정이다. 그러므로 개인의 경력개발과 그 성공이 개인적인 의미로 끝나는 것이 아니라, 조직의 성과 향상과 직결된다. 따라서 경력개발은 개인의 노력, 자기개발, 희망 그리고 조직원을 포괄해야 한다.

둘째, 경력개발은 조직과 개인이 함께, 개인 스스로가 하고 싶고 자신의 능력에 맞는 직무를 할 수 있도록 개인의 욕구와 직무를 결합시킬 수 있다. 경력개발은 기본적으로 개인이 원하는 직무를 조직과 협의하여 장기적으로 조정해 가는 일련의 상호작용 과정으로서, 조직구성원 자신에게 맞는 일을 찾아서 자신의 잠재 능력을 최대한 발휘할 수 있도록 할 수 있다.

셋째, 경력개발은 개인의 전문 능력을 향상시킨다. 특히 경력개발은 직무에 정통한 전문인으로서 자신을 개발할 수 있도록 도와줌으로써 변화에 적응할 수 있게 한다. 그 결과 개인은 경력개발을 통해 미래를 준비하여 미래에 있을지도 모를 충격을 극복할 수도 있다.

넷째, 개인의 개성 존중과 자아실현 욕구가 크게 대두되면서 개인의 경력개발은 조직에서 매우 중요한 과제로 더욱 부각될 전망이다. 개인의 성공적인 경력개발은 개인의 자아실현을 그만큼 높인다.

다섯째, 특히 기업 경영이 글로벌화 됨에 따라 개인의 경력개발 문제도 전 세계를 무대로 국제적 차원에서 고려할 필요성이 커지고 있다. 글로벌경영을 수행하는 구성원으로서 경력을 갖출 수 있도록 조직에서 경력관련제도를 마련해 나가야 할 필요성이 크게 부각되고 있다. [그림 6-1]은 경력개발의 필요성을 요약한 것이다.

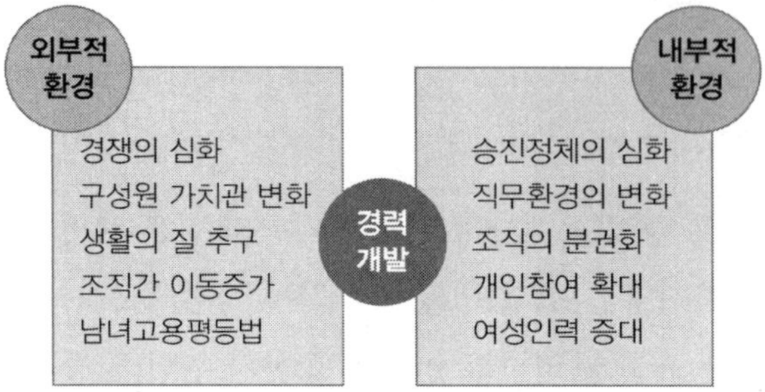

자료 : 저자작성

[그림 6-1] 경력개발의 필요성

경력개발에 대한 경영자들의 관심이 증대된 것은 조직의 내부 및 외부 환경의 변화와 기술 진보가 가속화됨에 따른 조직의 미래에 대한 위험과 불확실성의 증대에 있다. 따라서 조직은 조직 목표를 달성하기 위해 환경 변화에 적응할 수 있는 유능한 인적자원개발이 불가피하게 되었다. 이에 따라 종업원 개개인의 조직 내 경력개발을 보다 장기적이고 체계적으로 지원함으로써 개인의 경력 욕구 충족과 함께 조직이 필요로 하는 인력을 동시에 개발하는 것이 가능하게 되는 것이다.

2) 경력개발의 목적

경력개발의 목적은 기본적으로 개인의 능력을 최대한 개발시켜 조직의 경력기회에 적용시킴으로써 개인의 경력 욕구를 충족시켜 주는 것이고, 경력기회를 제공하는 조직 측에서는 적재적소에 개인 능력을 활용함으로써 조직의 유효성을 높이는 것이다.

이를 개인적 차원과 조직적 차원으로 나누어 생각해 보면, 첫째, 개인적 차원에서는 경력은 개인의 삶 목표에 의해 결정된다. 따라서 경력개발의 목표는 자기 개발을 통해 일로부터 심리적 만족을 얻게 해준다. 즉 종업원에게 경력 경로 제시로 승진 가능성을 보여 줌으로써 자기 발전을 위한 명백한 목표를 갖고 스스로 노력하는 기회를 만들어 주고, 직장에 대한 안정감을 갖고 자기 능력을 유감없이 발휘하게 성취동기를 유발할 수 있다.

둘째, 조직적 차원에서는 조직 목표를 달성에 필요한 자질을 갖춘 인적자원 개발에 역점을 둔다. 따라서 인적자원을 개발하기 위해서 여러 가지 제도와 기법을 적용하게 된다.

셋째, 경력개발은 조직구성원의 진부화를 방지한다. 즉 경영자와 조직구성원의 부적절한 경력 계획과 경력개발로 교육 훈련과 모티베이션 부족으로 인적자원이 도태되는 것을 방지한다.

넷째, 이직과 인사 비용을 감소시킨다. 조직이 종업원의 경력을 계획하게 도와줌으로써 보다 낮은 이직률과 인사 비용 발생으로 이익을 볼 수 있게 된다.

제2절 경력개발의 계획

1. 경력개발의 과정

경력개발은 여러 가지 과정으로 구성되어 있을 뿐 아니라, 이에 대한 접근방법도 개인 차원과 조직 차원으로 나누어 볼 수 있다. 개인 차원의 경력개발은 경력개발 과정에서 개인이 중심이 되어 주도적으로 경력 목표를 설정하고 이를 성취할 수 있도록 경력 활동을 설계하는 과정이며, 조직은 이를 지원하는 입장에 서는 것을 말한다. 이것은 개인의 성장과 경력 발전의 책임이 개인에게 있다는 데 그 특징이 있다.

조직 차원의 경력개발은 조직이 주도적인 입장에서 조직구성원이 본인의 능력을 충분히 발휘할 수 있도록 경력 경로를 확정하여 제공해주고 개인의 능력을 적극 활용함으로써 조직 목표를 달성한다는 관점으로 조직 욕구에 일치된 인적자원을 개발한다는 데 그 초점을 두고 있다. 경력개발의 과정은 크게 경력계획단계, 경력개발단계, 평가 및 피드백단계의 세 가지 단계로 구분할 수 있으며, 기본적인 과정을 요약하면 다음과 같다.

1) 경력계획단계

경력계획단계를 조직구성원 입장에서 보면 자신이 경력목표와 그 목표에 도달하기 위한 경력 경로를 확인하는 단계이다. 종업원의 입장에서는 자신의 목표가 조직 목표와 일치될 수 있도록 필요한 정보를 제공받는 단계이다. 이 때 조직구성원은 물론 인적자원 관리부서는 개개인들이 어떤 경력욕구를 가지고 잇는지에 대한 평가를 통해 다양한 그들의 욕구와 관심을 알아야 한다.

2) 경력개발단계

경력개발 단계에서는 조직구성원의 입장에서 보면 조직구성원 자신의 경력계획이 현실화 될 수 있도록 실천에 옮기는 단계이다. 조직의 입장에서 보면 이러한 경력개발 활동이 조직의 목표에도 이바지할 수 있도록 지원하는 단계이다.

경력개발 단계에서 조직구성원들은 자신의 경력 욕구를 바탕으로 어떤 경력경로가 있는지? 경력정보를 탐색하고 이를 달성하기 위한 노력한다. '이 기업에서 어떤 경력을 쌓을 것인가, 이 회사에서 무엇을 실현하고 싶은가'를 명확히 하고 실현하기 위해 노력하는 과정이다. 경력정보(career information)의 탐색은 자신의 경력 욕구를 충족시킬 직무가 있는지, 그러한 직무를 수행하기 위해서 어떤 요건을 갖추어야 하는지에 대한 정보를 수집하는 것이다. 이 때 개인의 경력 목표가 조직 목표와 일치될 수 있도록 해야 하며 조직도 이를 적극적으로 도와주어야 한다. 경력 목표(career goal)는 개인이 얻고자 하는 바람직한 경력 관련 결과를 말하는 것으로, 삶의 목표의 중요한 부분이다. 이 때 경력 목표는 구체적인 것이어야 하며, 자기 자신과 상황에 대해 더 많이 알아야 변화되고 지속되는 성질을 갖고 있다.

3) 평가 및 피드백 단계

평가 및 피드백 단계에서는 조직구성원과 조직 모두가 당초 설정한 경력 계획이 경력개발 활동에 의해 얼마나 달성되었는지 점검하거나 평가해야 한다 이를 통해 개인과 조직은 경력계획 단계나 경력개발 단계에서 발생한 문제점을 발견하고 그것을 해결하기 위한 활동을 하거나 경력 계획을 수정 · 변경할 수 있다.

이 때 종업원들은 무엇보다도 자신들의 경력 계획 및 경력 활동이 자기 자신에게 뿐만 아니라 조직에게도 유익한 결과를 제공해 줄 수 있는 것인가에 대해 스스로 평가해 보아야 한다. 또한 조직은 개인이 조직에 이바지하는 경력개발 활동을 할 수 있도록 적극적인 지도를 해야 한다. 특히 직속 상사나 인적자원 관리부서의 지도를 통해 종업원들은 개인과 조직의 목표를 일치시킬 수 있는 행동들을 개발하여야 한다. 이를 위해 회사는 개인의 경력개발을 지원하는 체계적인 교육 훈련 프로그램을 제공하는 것이 매우 효과적이다. 특히 최고 경영자의 관심과 배려는 성공적인 경력개발 제도의 도입과 운영에 있어서 매우 중요하다. 최고 경영자가 관심을 두지 않는다면 중간 관리자들도 자기 부하 직원들의 경력개발 문제에 대해 관심을 기울이지 않을 것이기 때문이다.

2. 경력개발의 방법

1) 도전적인 직무 태도

초기에 할당된 직무를 도전적으로 수행하는 것은 자신의 경력개발에 필요한 방법이다. 처음 할당된 직무에 대해 어느 정도 자극적이고 도전적인 태도를 취하느냐에 따라 직무의 성공과 조직에의 공헌도가 결정된다. 자신의 직무 중요성을 인식하고, 직무와 조직의 목표를 연관시켜 최선을 다하게 되면 자신의 경력

개발과 조직의 성장을 동시에 이룰 수 있다. 경영자는 직무의 적정한 배분과 충원으로 종업원이 직무를 통해 만족을 얻을 수 있도록 배려하고, 조직구성원은 목표 관리의 달성을 위한 도전적인 직무 태도를 갖게되면, 개인과 조직의 균형은 물론 나아가 성장과 발전도 이룰 수 있다.

2) 경력상담제도의 개발

경력상담은 조직구성원과 조직의 상호 이익을 위해 개인의 자질과 조직의 필요성과의 일치성을 찾는 과정이다. 이러한 과정을 조직이 제도화하는 것을 경력상담제라고 하며, 이 제도에서 개인과 조직을 기업 목표에 일치시키고 고차원의 수단과 방법을 찾는 과정을 경력상담제도의 개발이라고 한다. 경력상담은 종업원의 진로를 정하고 미래의 전문적인 성장 분야를 파악하고 수용하는데 도움을 준다.

3) 지속적인 교육과 훈련

경력개발에서 교육과 훈련은 종업원의 경력 단계에 맞추어 지속적으로 실시되어야 한다 이 때 교육 훈련 계획은 개인의 욕구와 조직의 욕구가 일치되어야 한다. 이는 경력개발의 필수 요건이면서 자기 개발과 조직 성장의 기회를 제공한다.

4) 주기적인 직무 전환

주기적인 직무 전환이란, 종업원의 능력 개발을 기초로 업무 수행 능력을 개발시켜 수직 · 수평적으로 직무를 바꾸어 주는 방법이다. 직무 전환은 수직적인 승진의 형태를 추할 수도 있고 수평적으로 이동하거나 직무의 재구성과 공유, 또는 특별한 위원회나 일시적인 업무 가중으로 새로운 직무를 할당하는 형태도 있다.

5) 다경력 경로

이는 다양한 경력개발 경로 중에서 개인의 특성과 자질이 직무와 일치될 수 있는 개발 경로를 선정하여 경력개발의 목표를 이루는 방법이다. 관리직 경로와 연구 · 전문 지식과 독립성을 강조하는 경로, 책임자로서 특정 프로그램과 기술성에 관련된 경로가 있을 수 있다. 이 방법으로 성공하는 유일한 수단은 정해진 경력 경로에 따라 승진하거나 또는 최고 경영층로 갈 수 있도록 전문적인 경영능력을 개발시키는 일이다. 즉 다양한 경력개발의 경로 중에서 개인 중심으로 확실한 경로를 선정하여 개인 능력과 지식 · 기능 중심의 개발로 성공하는 방법을 말한다.

6) 상사와 부하와의 관계

상사와 부하직원 간의 관계는 경력 발전 수단으로써 중요한 의미를 갖는다. 특히 이성간 부하 관계는 경력 상담 및 개발 측면에서 긍정적인 영향력을 갖는다. 상호 조력자적 역할로 창조적 업무 개발이 가능하여 상사의 노력에 대한 인정과 부하의 지원적 협력 관계는 경력개발의 효과를 촉진시킨다. 이러한 현상은 경력개발에 긍정적인 영향을 마쳐서 유능한 상사와 부하의 경력개발을 가능하게 한다.

7) 경력개발을 위한 워크숍

경력개발을 위한 워크숍은 조직과 관리 차원에서 전체 구성원을 대상으로 하는 연수회 등을 통해서 문제점을 중심으로 개선점을 모색하여 그 문제를 해결하는 방법이다. 이 방법은 형식적인 내용이 아닌 실질적인 당면 과제를 중심으로 적극 적인 참여를 전제로 이루어져야 한다. 가장 중요한 것은 조직과 관리적 차원에서 개발과 성과를 기대할 수 있는 생산적인 문제임을 인식하고 개선하면서 개발시켜야 한다. 여기에는 최고 경영층의 적극적인 관심과 종업원의 자발적 참여가 요구된다.

3. 경력개발 모형

1) 개인 차원의 경력계획단계

기업에서 직장 생활을 하는 동안에 종업원은 수직적 · 수평적 직무 순환을 하면서 몇 가지의 경력 단계를 밟아 나간다.

(1) 탐색단계

경력의 첫 단계는 15~25세의 성장 단계로, 자아를 인식하고 교육과 경험을 통하여 자기에게 적합한 직업을 선택하려고 노력한다. 그리고 직장도 옮기면서 경력 목적과 직업을 선택하게 된다. 이 시기는 개인의 경력요구와 조직의 목표가 일치되지 않고 갈등을 일으키게 되는 단계로써 조직의 기여도는 낮을 수밖에 없다. 그러므로 조직은 조직구성원이 여러 가지 직무를 경험할 수 있도록 자신과 직무와의 관계를 알아보는 자기탐색이 이루어지도록 해야 한다.

(2) 정립단계

경력의 둘째 단계는 25-45세의 발전 단계로, 선택한 직업에 정착하려고 노력하고 결국에는 정착하는 단계이다. 이 단계에서는 조직구성원은 업무 성과를 올리고 업적을 축적하여 승진하면서 경력을 발전시키고 경력자로서 조직체에 몰입한다.

(3) 유지단계

40대 중반 이후부터 업무 측면에서는 이미 확고한 지위를 고수하려 든다. 이를 중간경력위기라고 하며 이 위기를 어떻게 극복하느냐에 따라 성장, 유지(또는 정체)와 쇠퇴의 길을 걷게 된다.

(4) 쇠퇴단계

경력의 최종 단계는 55세 이후의 퇴직과 더불어 자기 자신의 과거 경력에 대하여 만족하며 새로운 생활에 들어가는 단계다. 이상의 경력 단계를 거쳐 나가는 과정에서 조직구성원은 수직적인 승진과 강등, 수평적인 직무순환, 배치전환을 겪게 된다. 일반적으로 조직구성원은 탐색 단계에서 경력과 관련된 여러 가지 기초 정보를 수집하고, 정립 단계에서는 승진 · 발전하면서 중심적인 역할을 수행하게 되고, 유지 단계에서는 점차 주변 역할 또는 갈등도 겪어 나가면서 쇠퇴 단계로 접어들게 된다.

2) 조직 차원의 경력개발 모형

경력개발의 목적이 종업원의 경력욕구와 조직의 필요성을 충족시킬 수 있는 기회 제공이므로 이들을 통합시키는 경력모형을 개발하는 것이 중요하다. 개인의 경력 성취 가능성을 높이면서 조직으로서 적재적소에 적절한 인적자원을 배치하는 것이 경력 개발의 중요 강조점으로 제시하고 있다.

(1) 투입

먼저 개인의 경력 욕구상 열망이 무엇인지를 파악하고 조직의 필요성과 제공할 수 있는 경력 기회가 어떤 것이 있는지를 파악하여 이를 자료로 삼는다. 이러한 투입 자료는 인적자원관리 담당자나 라인관리자가 개인의 욕구를 정확히 알기 위해 상담을 하는 것이 필요하다.

(2) 평가

개인의 욕구와 조직의 목표를 성공적으로 결부시키기 위해서 먼저 양자를 명확히 규정해야 한다. 조직이 조직구성원의 경력 목표, 개인적 가치관 및 판단 기준 등에 관하여 명확히 파악하기 위해서는 잘 훈련된 담당자가 정규 상담 프로그램을 실시하여 조직구성원으로부터 정보를 얻어야 한다. 특히 개인의 업적에 대한 정보를 수집하게 되는데 정보는 주로 경력정보센터에 보내진다.

(3) 준비개발

조직구성원들은 승진을 경력상의 성공으로 보고 있다. 그러나 더욱 많은 책임과 의무가 따르는 높은 지위로의 승진을 위해서는 더욱 높은 수준의 기술과 경험을 쌓아야 한다. 또한 종업원은 승진을 원하지 않는다 하더라도 개발 활동을 통해 도움을 받을 수 있다. 경력개발의 필요성과 내용이 밝혀지면 실행 준비를 하고 개발을 실행하며, 공식화된 훈련이나 개인적 개발방법에 의해 경력을 개발한다.

(4) 통합

개인적 노력에 의한 능력 개발과 조직에서의 공식적 교육이나 훈련으로 조직구성원의 능력이 향상되면 이러한 능력과 조직 욕구와의 부합 정도를 분석하여 적재적소에 적절한 인적자원을 배치하는 것이 통합이다. 이러한 배치 이동에 의해 개인의 능력이 발휘될 수 있는 기회를 제공하고 그에 알맞은 성과가 나타나면 경력개발은 성공적이라 할 수 있다.

제3절 경력개발제도

1. 경력개발제도의 개념

경력개발제도(CDP : career development program)란 조직구성원 개개인에 대해서 조직의 니즈(needs)와 본인의 희망을 조화시켜 장기적인 경력계획을 수립하고, 이 계획과 결부시켜 직무순환(승진, 전속, 직무변경) 및 교육훈련을 행하는 종합적 프로그램을 말한다.

협의의 경력개발제도란 개인이 하나의 조직 내에서 거치게 되는 보직경로를 합리적으로 설정 · 관리해 주는 인사관리제도를 말하며, 개인이 도달하고자 하는 경력목표의 설정과 이를 달성하기 위한 경력경로의 구체적인 선택 및 그 경로에 따른 보직관리를 해주는 제도를 뜻한다.

또한 광의의 경력개발제도란 조직구성원의 자기발전욕구를 충족시켜 주면서 조직에 필요한 인재를 육성하고, 이것이 조직의 목표달성으로 이어지도록 하는 광범한 인사관리활동을 포괄하는 제도를 말한다. 광의의 경력개발제도에 해당하는 인사관리활동으로는 조직구성원의 적성, 희망, 전문분야에 알맞은 보직경로 설정, 보직의 직무수행에 필요한 역량의 발견 및 개발 지원, 직무수행에 필요한 역량요소를 발견하기 위한 직무분석 및 그 직무에 관한 정보의 제공, 직원이 보직에 따른 직무수행을 원활히 하는지에 대한 성과 평가 등이 있다.

2. 경력개발제도의 목적

경력개발제도의 목적은 조직구성원과 상사 그리고 조직과 관련하여 어느 한 쪽의 일방적인 목표나 성과를 달성하기 위한 것이 아니라 기업 내 인적자원의 합리적인 개발을 통해 조직의 유효성 증대와 조직구성원의 자기실현 욕구의 충족이라고 할 수 있으며, 이러한 개인에게 경력기회를 제공하고 필요한 인적자원을 적시에 적재적소에 배치하여 활용함으로써 조직의 유효성을 확대하는데 있다.

경력개발제도의 목적은

첫째, 능력 있는 조직구성원을 성장시킬 수 있는 프로그램을 설계하여 개인과 조직의 유효성을 성취할 수 있도록 하는 데 있다.

둘째, 부적절한 경력계획과 경력개발로 인해 훈련 · 개발의 부족과 동기부여 부족으로 발생하는 종업원이 매너리즘에 빠지는 것을 방지하는데 있다.

셋째, 기업이 조직구성원의 경력을 계획하도록 도와줄 때보다 낮은 이직률과 인사비용이 소요되어 이익을 볼 수 있게 하는 데 있다.

넷째, 현재에 존재하지 않은 직무가 미래에는 생길 수 있으며, 또한 직무의 전문화가 가속될 것이므로 이들을 보다 포괄적으로 관리하기 위하여 인적자원의 경력개발이 필요하게 된다.

다섯째, 앞으로의 기술은 전무화와 정보화가 가속되고 그 수준도 높아지기 때문에 조직은 인적자원의 보다 효율적인 활용이 요청되며, 이는 경력개발과 결합될 때 그 가능성이 높아진다는 데 있다.

여섯째, 경력개발이 갖는 장기적 · 계속적 속성 때문에 조직 내에 훈련된 전문 스텝 개발의 체계를 구축할 필요성이 높아진다는 데 있다.

경력개발제도는 기본적으로 개인과 조직의 욕구를 어떻게 합리적으로 조화시키느냐 하는데 그 성공여부가 달려 있다. 이처럼 경력개발제도는 그 개념 자체에서 개인과 조직의 이해가 동시에 존재하기 때문에 기업차원에서의 경력개발을 논의할 때는 개인과 조직의 공동 작업을 전제로 해야만 한다.

1) 경력개발제도의 중요성

조직구성원의 경력개발은 점차 인적자원관리 분양의 가장 중요한 기능의 하나로 인식되고 있다. 조직구성원의 만족과 불만족은 직무에서 얻어지는 개인적인 성취감과 성장감의 정도에 직접적으로 관련되는데, 이러한 직무에서의 성취감과 성장감은 조직구성원이 담당하는 직무 자체가 자극적이고 도전적이어서 직무수행을 통해서 계속적인 자신의 성장과 발전의 기회가 있다는 것을 지각할 때에만 가능하다. 우리나라 대분분의 경영자들은 경력개발의 중요성을 인식하고 있음에도 불구하고 적극적인 실행을 주저하고 있다.

그러한 경력개발에 있어 경력목표의 설정을 조직의 인적자원계획과 연결하여 조직의 요구와 일치하는 목표를 설정하도록 유도하여 조직 내에서 경력기회를 찾을 수 있다면, 조직구성원의 이탈에 대한 손실을 줄일 수 있을 뿐만 아니라, 더 나아가 직무충실화를 통해 여러 가지 이익을 얻을 수 있을 것이다. 이와 같이 경력개발의 필요성을 외부적 환경의 변화로 경쟁의 심화, 사회구성원의 가치관 변화, 생활의 질 추구, 조직 간 이동의 증가, 남녀고용평등법의 강화와 내부적 환경의 변화로 승진정체의 심화, 직무환경의 변화, 조직의 분권화 및 자율화 증대, 여성인력의 증대를 들 수 있다. 또 인력개발의 현상으로 전략적 사고의 미흡, 비효율적 인력개발을 들 수 있겠다. 그 중에서도 효율적인 인력개발과 전략적 관리, 자아실현의 기회확대 등에 착안하여 경력개발을 통한 업무별 전문성 확보와 업무수행의 효율성 증대에 그 필요성을 증대되었다.

2) 경력개발제도의 기대효과

경력개발제도를 수행함으로써 기업은 내부인력자원의 미래 핵심역량을 배양할 수 있으며 경력개발제도를 다기능화(multi skilling)하는 방향으로 활용하게 되면 구성원의 역할 진작을 통해 조직 활성력이 제고될 것이다. 또한 전문가 육성를 위한 경력개발제도(leve lup)를 활용할 경우 조직구성원에게 동기 부여를 줄 뿐 아니라 조직노하우의 체계적축적과 활용이 가능할 것이다.

이밖에 적재적소 배치를 통한 인력 효율성을 향상시킬 수도 있다. 한편 개인의 입장에서는 생애 경력관리를 통한 미래비전을 확보할 수 있으며, 일을 통한 성장과 성취 욕구를 충족시킬 수 있고, 능력개발의 기회 확대를 통한 전문능력의 향상을 도모할 수 있다.

3. 경력개발제도의 설계 방향

새로운 경력개발체제는 종업원이 기업 내부뿐 아니라 외부에서도 인정받는 '시장 가치(market ability)'를 높이도록 설계되어야 한다. 그 이유는 첫째, 종업원들이 외부에서 인정받는 능력을 키워가는 과정에서 기업의 발전에 공헌할 가능성이 높기 때문이다.

둘째, 종업원들은 자신의 능력을 개발하는 가운데 물질적인 보상으로 충족될 수 없는 자아 실현감(self actualization)을 맛볼 수 있게 된다.

셋째, 종업원들은 점차 역량을 쌓아가면서 실직에 대한 공포를 어느 정도 떨쳐버릴 수 있기 때문에, 보다 직무에 충실하게 될 뿐 아니라 자신의 역량을 키워 준 회사에 대한 소속감을 키워가기 때문이다. 따라서 기업은 안정된 분위기 아래서 종업원들과의 협력을 모색할 수 있게 된다.

넷째, 기업도 사회의 일원이라는 것을 생각할 때, 종업원의 시장 가치를 높여주는 것은 사회의 건전한 발전에 기여하는 일이 된다. 왜냐하면 설사 퇴직하게 되더라도 시장 가치가 높아진 종업원들은 보다 쉽게 일자리를 구할 수 있기 때문이다.

사실 경력개발제도는 시행만 하면 성공을 가져다주는 장미빛으로 가득찬 제도가 아니다. 기업의 규모나 제공되는 경력 개발 프로그램의 질에 따라 차이가 있을 수 있겠지만, 실제 설계에서 시행에 이르기까지 많은 시간과 비용이 필요하다. 또한 종업원들이 새로운 제도에 대해서 저항할 수도 있고, 경력개발과정에서 자신의 역량에 대해서 실망하는 종업원이 나올 수도 있으며, 애써 키워놓은 능력있는 종업원들이 다른 기업으로 빠져 나갈 수도 있다.

그러나 효과적인 경력개발제도를 운영하여 성공하고 있는 기업들은 단기적으로도 경력개발제도의 개발로 인한 이익이 비용보다는 훨씬 크다고 평가하고 있으며, 장기적으로는 더욱 큰 이익을 가져다주는 것으로 분석하고 있다.

이들 기업들의 추진 사례를 살펴보면 경력개발제도는 다음과 같은 전제 조건 하에서 설계되어야 한다.

첫째, 최고 경영진이 경력개발제도에 대해 적극적으로 지지하고 관여하여야 한다. 왜냐하면 경력개발제도는 기업의 성장 전략, 투자 전략과 관련되어 있을 뿐 아니라 기업 내의 각종 제도와 연관되어 있으므로, 전사적인 차원에서 다루어져야 하기 때문이다.

둘째, 종업원들이 제도 설계에서 실행과 평가에 이르기까지 참여할 수 있는 방안이 강구되어야 한다. 경력개발은 직접 당사자인 종업원들이 적극적으로 자신의 역량을 개발하지 않는다면 실패할 수 밖에 없기 때문이다.

셋째, 경력개발제도는 급변하는 환경 변화와 종업원의 요구에 맞추어 지속적으로 개선되어야 한다. 그리고 사업부 단위별 · 지역별 · 기능별 · 팀별로 필요한 역량에 따라 다르게 설계되어야 한다. 즉 경력개발제도는 표준 모델에 기반하여 적용 대상과 적용 시기에 따라 계속적으로 개선해 나가야 한다.

넷째, 경력개발제도의 실행 가능성을 높여야 한다. 예를 들면 정보 시스템을 구축하여 종업원들이 경력개발과 관련된 정보에 적시에 적절하게 접근할 수 있도록 하거나, 부하 직원의 경력발달 정도를 상사의 보상과 연계시키는 것도 고려할 수 있을 것이다.

종업원들의 경력개발 프로세스는 [그림 6-2]와 같이 정보를 제공하고, 종업원의 역량을 파악한 후 장기적인 경력 목표(career goal)를 설정하고 이를 달성하기 위해 역량을 개발해 나가며, 그 결과를 평가/피드백하여 다시 정보를 얻는 순환적인 싸이클을 이루고 있다.

LG경영연구원의 박귀현 연구원은 다음과 같이 경력개발의 설계단계를 5단계로 구분하여 구체적으로 설명하고 있다.

(1) 1단계 : 정보 제공

정보 제공 단계의 초점은 종업원들이 경력 개발을 하지 않으면 안된다는 위기감을 갖게 하는 것이다. 이를 위해서 기업은 종업원이 자신이 처한 상황을 이해할 수 있게끔 정보를 제공해 주어야 한다. 기업이 제공해 주어야 할 정보는 크게 나누면 사회의 변화, 기술의 변화, 산업의 변화와 같은 기업 외부 정보와 기업의 비전, 기업의 성장 전략, 인적 자원의 구성과 같은 기업 내부 정보로 나눌 수 있다.

이 단계에서 기업은 종업원들이 정보를 얻으면서 불안해하지 않도록 분위기를 조성해야 한다. 만약 종업원들이 자신의 미래와 관련된 정보를 수집하면서 상사로부터 '저 사람 도대체 무엇을 하려고 그러지'라거나 '다른 부서로 가려고 하나 본데, 이 일을 못 맡기겠군'이라는 식의 반응을 받는다고 하자. 그러면, 종업원들은 경력개발제도 자체를 불신하게 될 것이다. 따라서 종업원들의 경력 개발이 실패할 것은 자명한 일이다.

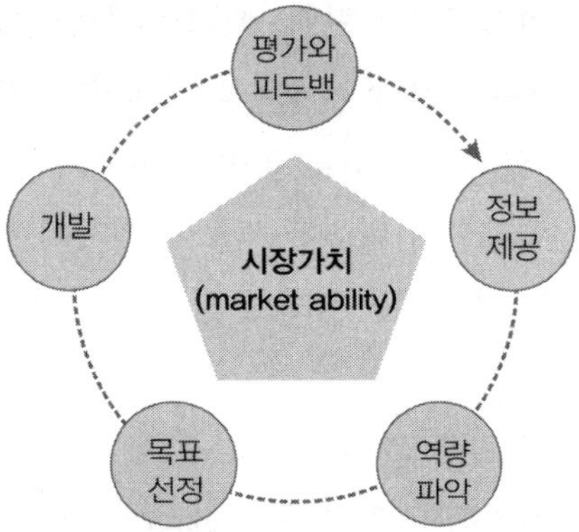

자료 : 저자작성

[그림 6-2] 경력개발 프로세스

(2) 2단계 : 역량 파악

역량 파악 단계의 초점은 말 그대로 종업원의 현재 역량을 분석하여 그 강약점을 파악하는 것이다. 예를 들면 〈표 6-1〉과 같은 질문에 기반하여 종업원의 역량을 지식(knowledge), 태도(attitude), 기술(skill), 습관(habit)과 관련하여 평가 항목을 선정하고 종업원들 역량수준을 파악할 수 있다.

기업이 종업원들의 역량 수준을 파악했다면, 파악된 역량의 시장 가치를 결정하고 기업 전체 또는 소속 부서의 평균 수준과 비교하여 그 결과를 종업원들에게 알려 주어야 한다. 이를 통해서 종업원은 자신의 가치와 강약점을 알게 되고 경력 목표를 설정하는 데 도움을 얻게 된다. 또한 기업은 내부의 이용 가능한 인적자원조합(human capital pool)을 파악하면 이익을 얻게 된다.

〈표 6-1〉 종업원 역량의 구분

	평가 포인트	항목
지식 (knowledge)	– 기술, 경제, 사회에 대한 지식이 충분한가? – 기업과 소속부서, 담당직무에 대한 지시기이 충분한가?	– 정보화 관련 지식 – 자사 비전의 이해 – 직무관련 지식
태도 (attitude)	– 작업 태도, 가치, 신념이 성과창출의 패턴에 적합한가? – 적합하지 않다면 바꿀수 있는가?	– 자발성 경로 – 창조성 수준
기술 (skill)	– 담당직무와 직책에 비추어 기술수준은 적당한가? – 경력 잠재력(career potential)을 극대화하기 위해 필요한 기술은 무엇인가?	– 커뮤니케이션 스킬 – 직무수행스킬
습관 (habit)	– 현재의 경력과 생활에 적당한 작업습관과 생활습관을 가지고 있는가? – 변화시켜야 할 습관과 변화방안은 무엇인가?	– 시간관리습관 – 의사결정습관

자료 : 저자작성

(3) 3단계 : 목표 설정

이제 종업원들이 자신의 강약점을 기반으로 한 경력 목표를 설정하도록 지원하는 단계이다. 우선 기업은 종업원들이 제대로 된 경력 목표(career goal)를 가지고 있는가를 확인해야 한다. 즉 제대로 된 경력 목표라면 도전성, 실현 가능성, 종업원의 만족도, 비도구성, 포괄성, 유연성 등이 충분히 고려되어야 한다.

그리고 제대로 된 경력 목표를 갖지 못한 종업원들은 경력 목표를 설정하는 스킬이 부족하거나 경력 목표 설정과 관련된 정보가 부족한 경우가 대부분이다. 따라서 기업은 이를 해결해 주어야 한다.

종업원들이 경력 목표를 설정하게 되면 자신의 미래를 명확히 바라 볼 수 있게 되고, 목표를 달성하기 위한 행동 대안을 구체적으로 만들게 된다. 이로 인해 기업은 성과를 높일 수 있는 기회를 얻게 되고, 인적 자원 계획을 효과적으로 운영할 수 있게 된다.

(4) 4단계 : 개발 활동

목표를 달성하기 위한 구체적인 방안을 설계하고 이를 실행하는 단계이다. 기업은 종업원들에게 표준화된 복수경력경로(multiple career paths)를 제공하고, 종업원들은 기업이 제시하는 모델을 참고하여 자기 나름의 경력 경로를 만들어내게 된다. 그리고 이러한 경력경로에 의해 종업원들이 목표 달성을 위한 역량을 개발하는 노력을 하는 것이 바로 이 단계이다.

이 때 기업은 경력 개발 활동이 실무와 연계되도록 노력하여야 한다. 즉 종업원이 담당 업무 범위 내에서 경력 목표를 설정하였다면 성과 평가와 피드백을 통해서 역량을 키워주어야 할 것이다.

만약 경력 목표가 종업원이 현재 담당하고 있는 업무 범위를 벗어난다면 특정한 교육/훈련 프로그램에 참여시키는 외에 일시적인 과업 부가, 직무 변환(jop change), 직무 확대 등을 적극 고려해야 한다. 예를 들면 종업원을 관련있는 프로젝트에 참여시키거나 특별 과제를 수행하게 해야 한다.

(5) 5단계 : 평가와 피드백

평가는 목표 설정 과정에서 선정된 항목을 통해 그 달성도를 파악하는 활동이다. 즉 종업원이 개발한 역량의 절대적인 수준보다는 애초에 설정된 목표를 얼마나 달성했는가로 평가하는 것이다. 그러나 이 단계에서 기업은 과연 경력목표가 궁극적으로 종업원의 역량 개발에 도움이 될 것인가를 다시 한 번 검토해 보아야 한다.

종업원의 가치, 재능, 흥미, 라이프스타일과 적합한 목표인가?, 목표를 추구하는 가운데에서 일어난 변화는 종업원이 받아들일 수 있는 수준인가?, 현재 경력 목표와 부합하는 직무를 수행하고 있는가? 따위의 질문을 통해 종업원들이 현재의 경력 개발 활동에 어느 정도 만족하고 있는가를 평가해야 한다.

평가가 끝나면 그 결과를 종업원에게 피드백 해 주어야 한다. 그러나 피드백은 단지 평가의 결과를 종업원들에게 알려주는 것만은 아니다. 평가 결과가 나왔을 때, 성공적인 경력 개발을 해 온 종업원들은 그들의 열망과 역량을 고려하여 적재적소에 배치되어야 한다. 반면 부진한 경력 개발을 해 온 종업원들은 재도전의 기회와 더욱 세밀한 지원뿐 아니라 적절한 수준의 페널티가 주어져야 한다. 즉 기업은 전반적인 인사 정책의 결정에 경력 개발의 결과를 적극 반영하여 경력개발제도가 생명력을 지니도록 해야 한다.

4. 경력개발제도의 문제점과 개선방안

1) 비현실적인 경력목표

종업원들이 지나치게 자기중심적인 경력발전을 원하여 비현실적인 경력목표를 추구하는 경우, 조직과 개인 간에 갈등을 초래하기 쉽다. 따라서 종업원들이 조직체의 상황 및 목표와 함께 자기평가를 통해 자신의 정확한 위치를 파악하게 하여야 한다. 경력목표 설정과정에서는 자신의 경력욕구와 조직요구를 비교평가하여서 조직의 목표와 자신의 목표가 일치되게 전개해 나가는 것이 현실적이다.

2) 직원의 인기직위 추구

승진만을 경력개발의 목적으로 보고 빠른 승진경로에 너무 많은 관심을 보임으로써, 많은 종업원들이 '인기직위'로 경력목표를 집중시키거나 업무량이 적은 경력경로를 선호하는 경향이 있다. 이러한 경우에 개인의 경력 희망을 모두 수용할 수 없을 뿐 아니라 심지어는 조직 갈등이 야기되기도 한다.

경력개발의 우선적인 목적은 종업원들의 경력 및 능력개발이고, 승진은 그 과정에서 얻어지는 부산물로 인식되도록 종업원의 인식을 전환시키려는 노력이 필요하다. 아울러 조직은 승진 시에 비인기부서 근무경력에 가산점 부여, 업무량 편차 조정, 비인기직위에 대한 조기 승진제 등의 방법을 강구하여 형평성을 확보하여야 한다.

3) 경력관리 프로그램에의 지나친 의존

경력개발은 인적자원 관리부서나 경력전문가의 책임이라는 잘못된 인식 하에 경력개발을 전적으로 이들에게 맡겨 의존하려는 경향이 발생할 수 있다. 이들에 대한 불신은 물론 경력개발 프로그램에 대한 종업원들의 불신문제로 악화될 수도 있다.

경력개발의 최종적인 책임자는 종업원 자신이며, 인사담당자나 상사는 각 종업원으로 하여금 가장 적합한 경력목표와 경력경로를 설정하도록 지원하는 역할을 수행함을 종업원들에게 명확하게 인식시켜야 한다.

4) 경력침체 대처 문제

종업원들은 여러 경력단계를 거쳐 나가는 과정에서 신체적 노화와 능력 감퇴, 조직의 구조 개편 및 감축관리 등으로 인해 경력상 침체를 경험할 수 있다. 조직은 이러한 문제를 사전에 예방할 수 있도록 거시적인 차원에서 미래 경영환경을 고려한 전략적 인적자원관리계획 및 시스템 구축을 통해 경력개발제도와 긴밀하게 연계시켜나가야 한다.

5) 순환보직의 문제

보직경로와 관련하여, 순환보직을 적용하는 경우 특정 직위의 임기가 너무 적으면 담당업무의 전문성 부족으로 인한 효율성 저하가 야기될 수 있고, 인수인계 업무 과다와 같은 부수적인 부작용도 발생할 수 있다.

조직의 안정성, 연속성, 전문성을 확보하면서도 개인의 경력개발을 유도할 수 있는 방안의 마련이 필요하며, 이를 위해서는 직급별 적정 전보제한기간 설정이 필요하다.

6) 상사의 유능한 인재에 대한 욕심

경력개발 시 개인의 적성이나 희망, 조직의 육성계획 뿐만 아니라 상사의 의견도 매우 중요하게 작용하는 것이 현실이다. 상사들은 우수한 부하가 타 부서로 이동하는 것을 꺼리는 경우가 많다. 경력개발제도에 대한 충분한 이해를 도모하고, 해당 제도 운영에 상사의 역할을 교육해야 한다. 지속적인 관련 교육과 훈련을 통해 이들의 인식을 근본적으로 전환해야 한다. 상사평가 시 직원육성 성과를 평가지표에 포함하는 등의 방법으로 극복해 나가야 할 것이다.

7) 지원인프라 부족

경력개발제도가 제대로 운영되기 위해서는 관련된 많은 다양한 정보들, 즉 직무관련정보, 인사평가정보, 승진 및 직무이동 정보, 교육정보, 경력 상담정보 등이 체계적으로 수집 · 활용되어야 한다. 아직까지는 이와 관련된 통합적인 정보시스템의 지원이 부족한 것이 현실이다. 따라서 경력개발제도를 체계적으로 지원할 수 있는 통합적인 인사정보시스템의 구축이 요구된다. 특히 이러한 지원시스템은 구성원들이 자신의 경력욕구를 표현하고 상담할 수 있게 하는 경력개발 촉진제의 역할도 담당하게 구축되어야 한다.

8) 타 인사관리제도와의 연계미비

경력개발제도는 타 인사관리제도와도 같은 목표를 지향해야 하는데, 평가나 보상, 승진 등은 연공서열을 기준으로 하고, 경력개발은 직무역량 기준을 따를 경우에는 인사관리 상 혼란을 야기할 수 있다. 궁극적인 경력개발제도의 실질적인 목적 달성이 어려울 수가 있다.

따라서 경력개발제도와 제반 인사제도가 상호 연계성과 일관성을 갖도록 해야 한다. 특히, 경력지원시스템을 구성하는 각종 하위 시스템들은 상호 시너지 효과를 내면서 운영되도록 다양한 역할을 보완하고, 장기적으로는 통합적이고 전략적인 인사관리 시스템이 되게 구축해야 한다.

서비스기업 인적자원관리

제7장

인사이동

제7장 인사이동

제1절 인사이동의 개요

1. 인사이동의 의의

인사이동이란 개인이 어떤 조직에 고용되어 특정 직무에 배치된 후, 그의 능력이나 직무내용의 변화 또는 조직의 경영여건상의 변화에 따라 수평적, 수직적 직무의 변화를 가져오는 경우를 말한다. 그 외에 이직이나 퇴직을 하는 경우 등을 포함한 인사관리의 한 조직적 절차이다. 따라서 종업원이 채용되면서 퇴직할 때까지의 전반적인 인사상, 직무상의 이동이나 변동을 말한다.

인사이동은 그 시기에 따라 정기이동과 임시이동으로 구분할 수 있다. 정기이동은 매년 일정시기에 전체조직에 걸쳐서 계획적으로 실행되는 것을 말하고, 임시이동은 정기이동만으로는 인사상의 불균형을 해소하기 어려우므로 필요에 따라 발생하는 이동이다.

기업에서 인사이동은 흔히 인력과 직무간의 적합성 결여로 인하여 부적합성이 발생하게 된다. 그 이유는 최초의 직무배치 자체가 정확하지 않은 경우, 직무의 변화 또는 기업의 확장 및 축소 등 사업규모의 변화로 인하여 조직, 정원 등의 변화가 발생하는 경우에서 찾아볼 수 있다. 따라서 오늘날 혁신과 변화의 시대를 맞이하여 환경변화와 상호작용을 하며 환경적응을 잘할 수 있는 역동적 조직으로서 조직이 성장, 발전하려면 이동관리가 탄력성을 유지하면서도 민감

하게 적응할 수 있게 이동관리가 이루어져야 할 것이다.

2. 인사이동의 목적

1) 업무성과의 증진

종업원들이 적성과 직무 또는 능력과 직무 등이 적합한 적재적소의 인사이동이 됨으로써 동기부여에 의하여 개인의 성과뿐만 아니라 조직의 성과도 향상될 수 있다. 따라서 인사이동의 목적은 개인이든 조직이든 간에 성과를 올리는데 목적이 있는 것이다.

2) 인재육성

배치전환이나 승진과 같은 인사이동은 실무경험과 다양한 경험을 통한 인재육성의 과정이라고 볼 수 있다. 기업은 조직의 특성에 알맞은 인재를 육성하기 위하여 적절한 인사이동을 할 필요가 있다. [그림 7-1] 인사이동의 목적을 그림으로 표시한 것이다.

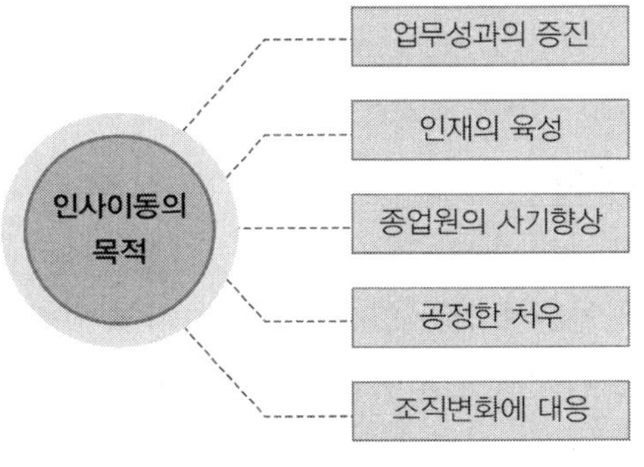

자료 : 저자작성

[그림 7-1] 인사이동의 목적

3) 종업원의 사기향상

종업원의 직무경험과 능력을 더욱 신장시킬 수 있는 직무로 인사이동을 시킴으로써 종업원들의 근로의욕의 향상 또는 사기향상이 이루어지게 되고, 이로 인하여 동기부여나 조직 내 인간관계도 원활해 질 수 있다.

4) 공정한 처우

대다수의 종업원들은 인사이동에 있어서 자신과 타인을 비교하여 불공평하다고 생각하면, 인사이동제도 자체에 신뢰감을 상실하게 된다. 따라서 모든 종업원들에게 공정성이 지각될 수 있도록 적성과 능력에 알맞은 직무나 직급으로 이동을 해야만 인사이동의 효과를 기대할 수 있다.

5) 조직변화에 대응

오늘날 급변하는 환경변화는 조직구조의 변화를 강요하게 되었고, 경우에 따라 감량경영을 추구 하면서 조직파괴와 같은 조직구조의 변화를 경험하게 되었다. 이와 같이 조직구조가 변화됨에 따라서 구조조정이나 정리해고와 같은 인사이동이 나타나게 된다. 이에 인사이동은 조직변화에 대응하기 위하여도 이루어지게 된다.

3. 인사이동의 원칙

인사이동은 조직의 일관성 있는 인사원칙을 가지고 실행되어야 한다. 또한 인사이동은 조직목적을 달성하고 종업원의 직무만족이나 생산성 향상 또는 복지차원에서 실행되어야 한다.

1) 적재적소의 원칙

조직은 조직의 목적을 달성하기 위하여 한정된 인적자원을 최대한 활용할 수 있도록 종업원 개인의 성격과 능력을 고려하여 인력의 최적화를 실행하고자 한다. 그리고 개인도 자신의 능력을 최대한도로 활용하기 위하여 성격과 능력에 상응하는 직무나 직위를 원하고 있다. 따라서 적당한 인재를 적당한 직무에 배치해야 된다는 적재적소의 원칙이 준수되어야 한다. 일반적으로 기업에서는 사내공모제와 같은 방법을 활용한다.

2) 능력주의 원칙

능력주의는 연공주의에 대한 상대적인 개념으로 모든 인사제도의 기본원칙을 능력과 실력 그리고 업적을 위주로 하여 결정하는 제도를 말한다.

3) 균형주의 원칙

인사이동은 사회적인 균형과 인간관계적인 요인까지 고려해야 하며, 조직내부의 종업원들 간의 형평성도 고려해야 할 것이다. 뿐만 아니라 노사 간의 협력과 화합을 위해서는 대다수 종업원들의 의견이나 특히 노조와의 합의도출도 필요한 과정 중 하나이다.

4) 인재육성의 원칙

오늘날 서비스기업의 경영환경은 급격하게 변화하고 있으며, 이에 따라 기업 내에서 물적자원보다는 인적자원의 중요도가 중요하게 다뤄지고 있다. 인적자산회계의 관점에서 우수한 핵심인재가 영입되면 자산이 증가하게 되고, 핵심인재의 유출이 발생하거나 종업원간의 갈등이 생기면서 인적자산이 감소하게 된다고 본다.

최근에 인간 성취동기의 중요성이 인식됨에 따라 인재육성주의가 더욱 중요시되었고, 이른바 초일류기업들은 기업 나름대로 인재 상을 정립하고 훌륭한 인재의 영입과 더불어 인재육성에 대한 인재양성전략을 세우고 있다.

제2절 배치전환

1. 배치전환의 의의

인사이동 중에서 배치전환이란 서로 다른 직무 간에 수평적인 이동을 의미한다. 따라서 배치전환이란 종업원이 새로이 담당할 직무가 임금수준이나 지위, 위신, 소요기능 및 권한과 책임의 면에서 종전의 직무와 별다른 차이가 없는 수준에서 수평적으로 인사이동을 하는 것을 말한다.

이러한 배치전환은 종업원들로 하여금 적재적소의 원칙에 의한 최대한의 직무 만족을 줄 수도 있고, 각종 경험을 쌓게 하여 경력개발에 도움을 줄 수 있을 뿐만 아니라 직무상 부적격자를 다른 직무로 이동시킴으로써 조기해고를 방지할 수 있는 좋은 점이 있다.

그러나 다른 직무로 자주 이동시킴으로써 만능공은 될 수 있지만 전문가가 되기 어렵고, 또한 새로운 직무를 담당하게 되어 여기에서 스트레스로 심신의 장애를 받을 수도 있으며, 새로운 직무를 담당하게 됨으로써 이에 적응하기 위한 시간과 경비의 낭비요인도 발생할 수 있는 것이다.

미국이나 영국과 같은 선진국들에서는 모든 직종에 있는 사람들이 계속 같은 직무를 담당하게 되어 수년 후에는 모두가 그 분야에서 전문가가 됨으로써 개인적인 성과증진이나 조직에 공헌도가 높아진다는 것이다. 따라서 모든 조직에서 각각 업무담당자들이 전문가가 되도록 인사이동 및 배치전환이 필요하다.

2. 배치전환의 목적

1) 직무요건의 변화에 따른 배치전환

조직에서 노동력을 부분적으로 저장하기 위한 방법으로서 직무요건의 변화에 따른 배치전환을 말한다. 예를 들어, 조직업무의 확대나 축소, 부문 간의 업무조정, 공장의 증설이나 이전, 부서 등의 신설과 같은 조직구조의 개편, 신제품의 개발, 생산설비와 생산방법의 변경, 판매시장의 확대 등에 따른 배치이동이다.

2) 인적자원 최적 활용을 위한 배치전환

특별한 목적이 없이 조직유효성을 추구하기 위해서 배치전환을 고려할 수 있고, 종업원들의 교대근무나 근로생활의 질의 향상을 위한 직무재설계에 의한 배치전환도 고려할 수 있다.

3) 교육훈련을 위한 배치전환

각 조직에서는 구성원의 다양한 지식, 기술, 경험을 축적할 수 있도록 장기적, 계획적으로 교육훈련을 시키게 된다. 조직의 전략과 목적에 따라 구성원의 능력을 향상시키기 위한 교육훈련을 할 때 필연적으로 배치이동이 나타나게 되는 것을 말한다.

4) 강등, 징계를 수반하는 배치전환

종업원이 업무상 과실에 의하여 징계나 처벌을 받아야 할 경우, 강등이나 징계에 의하여 다른 직무로 배치이동을 하는 경우가 이에 해당된다. 그러나 표면상 나타나는 이유와는 다르게 이러한 배치이동은 바람직스럽지 못한 것이라고 할 수 있다.

5) 고용조정을 위한 배치전환

구조조정을 할 때 정리해고나 일시해고 또는 명예퇴직과 같은 현상이 많이 나타나고 있다. 이러한 것은 고용을 재조정하기 위한 배치전환을 말한다.

일반적으로 우리나라에서는 구조조정이라고 하면 일률적으로 축소 구조조정만 생각하는 경우가 많은데 조직의 특성상 특정부문 특히 IT분야와 같은 급성장하는 부문에는 확대 구조조정을 해야 할 것이다. 그런데 구조조정이라고 하면 무조건 축소 지향적인 구조조정만 생각하는 경향이 많다.

3. 배치전환의 유형

1) 이동범위별 유형

이동범위별 유형에는 부서 간 이동과 기업 간 이동을 볼수 있는데 첫째, 부서 간 배치이동은 생산부, 영업부, 관리부, 기획부서별로 이동하게 되는 것을 말한다. 그러나 생산부와 영업부 등 업무내용이 이질적인 것이 많기 때문에 이런 경우에는 사전에 교육훈련이 필요하기도 하다. 또한 최근 기업들이 팀조직을 추진함에 따라 부서간 이동이 아니라 팀 간 이동이 되는 경향이 많아지고 있다.

둘째, 여러 개의 회사를 거느린 그룹기업인 경우 우수인력을 활용하기 위하여 타 회사의 유사한 직무로 배치전환 하는 경우가 있는데, 이러한 경우는 주로 관리직 분야에서 많이 나타난다.

2) 이동목적별 유형

(1) 생산 상황에 따른 배치전환

기업 활동과정은 '구매 · 생산 · 판매과정'으로 되어 있다. 이 생산 과정에서 보면 경기변동요인에 의하여 경기상승기와 경기하강기에는 생산량이나 매출액에 큰 변동이 있을 수 있다. 이 때 생산 활동부서와 판매활동부서는 인력이 남아돌거나 모자라는 현상이 나타나게 되어 이러한 인력을 조절하기 위한 배치전환이 필요하게 된다. 또한 제품이 계절적 요인에 의하여 성수기와 비수기가 심하게 나타날 경우에도 이와 같은 배치이동이 필요하게 된다.

(2) 인원대체를 위한 배치전환

전반적인 경제 불황이나 조업단축이 필요할 때 보통 선임자를 보호하기 위하여 유사한 다른 부서로 배치전환을 하고 경력이 짧은 종업원을 대체시킴으로써 전종업원을 보호하는 차원에서 배치전환을 하게 된다.

(3) 만능 종업원 양성을 위한 배치전환

이것은 한 종업원이 여러 가지 직무를 담당해 봄으로써 멀티플레이어(multi player)를 양성하기 위한 배치전환이다. 이러한 배치전환은 주로 소규모 기업에서 많이 나타나며 조직의 탄력성을 유지하기 위해서 행해진다. 그리고 전반적인 현황을 파악하게 하여 장래 합리적 의사결정을 할 수 있는 경영자양성을 위한 목적으로도 행해진다.

(4) 교대근무를 위한 배치전환

한 사업장에서 1일 2교대 내지 3교대를 하는 경우에 보통 1주단위로 시간대를 달리하여 근무하도록 하는 배치전환을 말하며, 근로기준법 제55조에서는 심야작업에 근무할 경우에는 통상임금의 50/100 이상을 가산하여 지급하여야 한다고 규정하고 있다.

(5) 구제적 배치전환

종업원이 최초의 직무배치가 적당치 않았거나 감독자나 동료간에 불화로 갈등이 심각하거나, 나이가 너무 많거나, 본인의 건강상태나 사고기록으로 보아 재발 위험성이 있거나, 단조로운 작업으로 인한 권태감을 감당하기 어려워 본인이 원하는 등 여러 가지의 사유로 인하여 배치전환을 하게 되는 것을 말한다. 이것은 기업의 목적도 중요하지만 종업원을 보호하는 차원에서 실행되어져야 바람직하다고 볼 수 있다.

제3절 승진관리

1. 승진의 의의와 중요성

승진(promotion)이란 조직 내에서 개인이 현재 수행하는 직무보다 상위 직무로 수직적으로 이동하는 것을 말한다. 여기에서 보다 상위 직무란 기능의 확대, 권한과 책임 및 위신의 증대, 임금의 증가, 활동영역의 확대, 상사의 통제와 감독의 감소, 감독업무의 증대, 작업조건과 작업환경의 향상, 사회적 지위의 향상 등이 따르게 된다. [그림 7-2]는 승진의 정의와 의미를 그림으로 표시한 것이다.

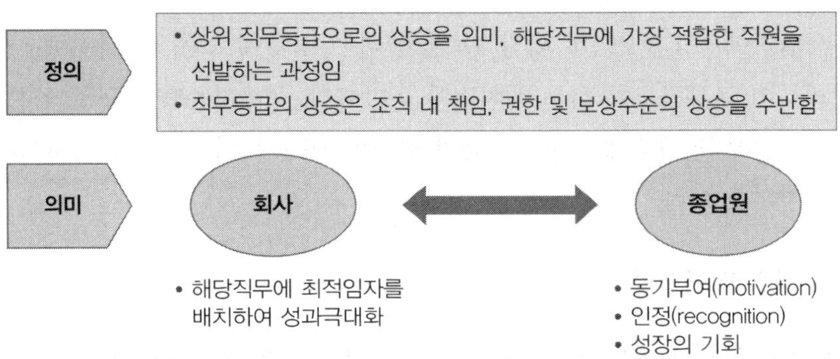

자료 : 김인범 · 신현관(2009), 리더가 꼭 알아야 할 실전 인사관리, 중앙경제평론사, p. 154.

[그림 7-2] 승진의 정의와 의미

과거 기업들은 인사정체문제 때문에 많은 어려움을 겪으면서 혈연, 지연, 학연 등 특수연고관계를 중시하였고, 특히 연공주의에 의하여 승진을 시키는 것이 일반화 되어 있었다. 또는 조직의 업무수행 상 필요하지는 않지만 승진을 시키기 위하여 새로운 자리나 조직계층을 만들거나 일을 위해서가 아니라 사람을 위해서 자리를 만드는 등의 일들이 반복되었다.

우리나라 기업에서의 승진문제는 대부분의 종업원들이 많은 관심을 가지고 있으며, 승진이 중요하게 인식되는 이유는 다음과 같다.

첫째, 개인이 조직에서 보다 높은 자리로 올라간다는 것은 자기 자신이나 가족 및 주위 사람들로부터 인정감을 보장해 주기 때문이다. 즉 자신의 체면을 유지하기 위해서는 무엇보다 직위나 직급이 중요한 것이다.

둘째, 승진은 개인에게 권한의 증가를 가져온다.

셋째, 승진은 보상의 증가를 가져다준다. 승진이 되면 임금의 상승이 따르고 임금의 상승은 인간욕구의 충족과 생활의 질을 높일 수 있는 중요한 도구가 된다.

넷째, 승진은 개인에게 성장욕구의 충족을 가져다준다. 승진을 하게 되면 현재 수행하고 있는 직무보다 도전적이고 수준이 높은 직위를 부여받기 때문에 자신의 잠재능력을 발휘할 수 있는 기회가 부여된다.

다섯째, 승진은 대부분의 경우 기업조직으로부터의 인정받고 있음을 나타내는 것으로, 종업원들로 하여금 조직 내부에서의 심리적 안정감을 가져다준다.

이와 같이 승진은 종업원들의 자아발전의 욕구를 충족시키기 때문에 모든 서비스기업의 공통된 관심사가 아닐 수 없다.

2. 승진정책과 승진원칙

1) 승진정책

승진청책은 인사철학에 의하여 결정되는 것이다. 인사철학은 경영이념 또는 경영신념이라고 할 수 있는데, 인간존중이나 고객중시와 같은 훌륭한 경영철학에 근거한다. 인사철학에 의한 승진정책에서 가장 중요시해야 할 것은 기본방침이 연공주의냐 아니면 능력주의냐 하는 명확한 기준이 설정되어야 한다.

(1) 연공주의

연공서열주의 승진제도는 종업원의 근속년수, 연령, 학력, 성별 등의 연공서열적 속인요소를 중심으로 승진을 결정하거나 승진의 우선권을 부여하는 제도로서 속인주의 승진제도라고도 한다. 이 제도는 직장 내 종업원의 근속년수나 연령 증가에 따라 종업원 개개인의 업무수행능력과 숙련도가 신장되며, 조직에 대한 충성심도 증가하게 된다는 기본적 사고에 바탕을 둔 승진제도로서 우리의 전통적 기업문화에 영향을 크게 받았다고 볼 수 있다. 이러한 연공서열주의 승진제도는 지금까지 우리나라 기업의 중심적 인사처우제도로 정착되어 왔으며, 기업 내 경영 질서의 유지발전 및 조직의 안정, 고용의 정착화, 근로자의 일체감 조성, 충성심 증대 등에 크게 기여해 왔다고 볼 수 있다.

〈표 7-1〉 연공주의와 능력주의의 비교

구분	연공서열주의 승진제도	능력주의 승진제도
합리성 여부	– 비합리적 기준	– 합리적 기준
사회행동의 가치 기준	– 전통적 기준, 정의적 기준	– 가치적 기준, 목적적 기준
사회문화적 전통	– 가족주의, 종신고용제, 유교사상, – 집단주의 장유서열관, 동양사회, – 운명공동체적 풍토	– 개인주의 단기고용제 – 능력서열관, 서구사회 – 이익공동체적 풍토
직종 · 계층	– 일반직종 – 하위계층	– 전문직종 – 상위계층
승진기준	– 사람중심	– 직무중심
승진요소	– 근속년수, 연령, 학력, 성별, 경력	– 직무수행능력, 업종 또는 성과
승진제도	– 연공승진제도	– 직계승진제도
장단점	– 집단중심의 경영질서 형성 – 승진관리의 안정성 – 연공기준의 객관화	– 개인중심의 경쟁질서의 형성 – 승진관리의 불안정 – 능력평가의 객관성 확보곤란

자료 : 저자작성

그러나 한편 연공서열주의 승진제도는 종업원의 능력개발 의욕의 감퇴 및 경쟁력의 저하, 무사안일 주의적 기업풍토의 조성, 조직의 경직화 등의 현상을 초래하기 쉬운 단점이 있다. 〈표 7-1〉 연공주의와 능력주의를 비교한 것이다.

(2) 능력주의

능력주의 승진제도는 기업 내 종업원의 직무수행능력과 업적을 기준으로 상위직위 또는 상위직급에의 승진을 결정하는 인사처우제도로서 오늘날의 신인사제도의 중심을 이루고 있다. 이러한 능력주의 승진제도의 효과적 도입을 위해서는 우선 기업 내 각 직무내용 및 수행요건에 기초한 종업원의 직무수행능력 및 성과에 관한 공정한 평가가 이루어져야 하며, 이를 위한 기업의 공정한 인사평가시스템의 정비와 적절한 승진기준의 결정이 선행되어야 한다. 무엇보다 기업 내 각 직무요건에 적합한 종업원의 직무수행능력에 대한 정확한 평가가 이루어져야 하며 특히 종업원 현재의 능력평가는 물론 미래의 잠재적 능력에 대한 평가까지도 실시되어야 할 것이다. 이는 능력주의 승진제도의 정착을 위한 선행적 과제이다.

이와 같은 능력주의 승진제도는 기업 내 각 종업원의 능력개발의 촉진 및 근로자의 동기부여, 인사처우의 공정화, 경쟁력 제고 및 조직 활성화 등에 기여할 수 있는 장점이 있는 반면, 개인주의사고 심화에 의한 협동심의 감퇴, 종업원 상호간의 위화감 조성, 직무능력평가의 공정성 확보가 어렵다는 등의 단점이 있다.

(3) 절충주의

절충주의 승진제도는 종업원의 학력, 근속년수, 연령, 성별 등의 속인적 연공요소와 기업 내의 직무수행요건에 적합한 직무능력 및 업적 등의 속직적 능력요소를 절충하여 상위직급 승진을 결정하는 제도라 할 수 있다. 이러한 절충형의 승진제도는 연공서열주의와 능력주의를 절충한 제도로서 양 제도의 단점을 보완하며 장점을 살려갈 수 있는 이점이 있다.

우리나라의 많은 기업에서는 종업원의 학력, 근속년수, 경력 등의 속인적 요소를 토대로 하여 근무태도와 근무능력, 성과의 평정, 승진시험의 성적, 교육훈련의 결과, 기타 관련인사기록 등의 직무적 요소를 종합 평가하여 승진을 결정하는 절충형의 승진제도를 택하는 추세이다.

2) 승진원칙

경영이념이나 조직특성 그리고 조직이 처한 환경 등에 따라 승진제도는 여러 가지의 형태로 나타날 수 있겠으나 이러한 제도나 각종 규정도 기본원칙이 구축되어야 할 것이다. 일반적으로 승진원칙에는 적정성의 원칙, 공정성의 원칙, 합리성의 원칙 등을 열거할 수 있다.

(1) 적정성의 원칙

승진은 권한과 책임의 확대, 보상의 크기를 결정해 주기 때문에 모든 개인들에게 매우 중요시되는 문제이다. 따라서 누구에게나 적정한 승진기회나 승진대상이 부여되어야 하는 것이고, 또한 누구나 자기의 능력을 발휘하여 조직에 기여하고 공헌할 수 있는 적절한 기회를 부여할 수 있도록 하는 승진정책을 각 조직은 마련하여야 한다.

종업원들은 누구나 자기의 승진에 대해서 관심을 가지고 있기 때문에 자기가 소속하고 있는 조직의 승진제도나 승진방침에 대하여 큰 관심을 가지게 되는 것이다. 따라서 조직에서는 적정성의 원칙에 의한 승진정책과 승진제도를 설정해야 한다. 그러나 우리나라의 전통적인 사회조직에서 보면 혈연, 지연, 학연 등에 의한 적정성의 원칙을 저해하는 요인들이 상당히 많았다.

(2) 공정성의 원칙

공정성의 원칙은 승진기회를 조직구성원들에게 공정하게 분배하였느냐 하는 원칙이다. 공정성의 개념은 '사회비교이론' 이라고 하는 '공정성 이론'을 기초로 하여 설명할 수 있다. 공정성 이론에 의하면 공정성이란 자신과 타인의 output/input의 비율을 비교해 봄으로써 그 비율이 같으면 공정성이 지각되고 그 비율이 다르면 불공정성이 지각된다고 하는 이론이다.

따라서 공정성이란 상대적인 것이 되기 때문에 이것이 잘 지켜지지 않을 경우에는 조직 내 구성원들 간에 갈등의 원인이 된다. 즉 공정성의 원칙이 지켜지지 않는 가운데 승진되었다면 그 사람은 주위 사람들에게 떳떳한 태도를 취할 수 없으며 인간관계와 협동관계가 저해될 수 있는 것이다.

(3) 합리성의 원칙

합리성의 원칙은 조직목표를 달성하는데 있어서 무엇은 어떻게 공헌하고 또 조직이 필요한 개인의 능력이 무엇인지가 합리적이라야 한다는 것이다. 즉 조직의 목표와 개인의 목표의 일치하는 정도가 합리적이라야 된다는 것이다.

그러나 우리나라에서는 조직의 목표가 비합리적인 경우가 많고 특히 경영의 목표가 생산성 향상과 합리성의 추구인데 우리나라의 기업조직들에서 일반적으로 행하고 있는 경영은 합리적이라기보다는 오히려 비합리적인 경우가 많다.

이와 같이 우리나라에서는 조직목적과 경영자체가 비합리적인 경우가 많기 때문에 승진정책도 조직목적과 경영목적에 관계없이 비합리적으로 이루어지는 경우가 많다.

3. 승진유형

1) 직계승진

직계승진이란 직무 중심적 능력주의에 입각한 승진유형으로 현재의 직위보다 상위직급으로 이동되는 것을 말한다. 합리적인 직계승진이 이루어지기 위해서는 직무분석과 직무평가 그리고 직무자격요건 등이 합리적으로 이루어져야한다.

기업조직에서는 일반적으로 직원 · 주임 · 대리 · 과장 · 차장 · 부장 · 이사 등으로 직계가 설정되어 있다. 그러나 직계승진은 상위직급이 공석이 있어야 가능하다. 이와 같은 각 직급의 정해진 인원, 즉 정원이 결정되어 있는데 이것은 보통 조직표상에 나타나는 정원을 말한다.

어떤 조직에서 승진하고자 하는 대상인원이 많고 상위직급에 결원이 발생하지 않아 승진이 유보되거나 지연되는 현상을 승진정체 현상이라고 한다. 이러한 승진정체 현상이 나타나면 그 승진대상자들은 사기가 저하되거나 아니면 유능한 인력이 타 조직으로 유출되어 조직은 경쟁력을 상실하게 된다.

2) 자격승진

자격승진은 연공주의의 장점과 능력주의의 장점을 적절하게 절충시키면서 합리성을 가미시킨 승진제도를 말한다. 이것은 직계승진과는 달리 권한과 책임의 증대와는 직접적인 관계가 없이 속인적 요소인 근속연수, 학력, 연령 등에 따라 상급직위로 승진시키는 것인데, 여기에는 신분자격승진과 능력자격승진이 있다.

(1) 신분자격 승진

신분자격승진은 근속연수, 근무상황, 학력, 기본급, 등 개인의 형식적인 자격요건에 따라 승진시키는 제도이다.

(2) 능력자격 승진

능력자격 승진은 현재 담당하고 있는 직무가 요구하는 자격요건과는 직결되지 않으나 개인이 보유하고 있는 지식, 기능, 태도 등의 능력에 기준을 두고 평가하는 승진제도이다.

(3) 대용 승진

대용 승진제도란 승진정체현상으로 인하여 발생하는 사기저하나 우수인력의 유출을 방지하기 위하여 권한과 책임, 직무내용 등에는 큰 변동이 없이 명칭적 · 형식적으로 승진시키는 제도이다. 이는 실질적인 승진과는 다르지만 임금, 복리후생, 사회적 신분상승 등 간접적이고 부수적인 혜택을 받을 수 있다.

이와 같은 승진제도는 침체된 조직분위기의 쇄신과 종업원의 사기앙양, 체면과 위계를 중시하는 한국적 문화풍토에서는 효과적일 수 있는 것이다.

(4) 조직변화 승진

조직변화 승진은 OC(organization change)승진이라고도 한다. OC승진이란 승진정체현상으로 발생하는 사기저하와 유능한 인재의 유출 등을 방지하고 조직분위기를 쇄신하기 위하여 조직의 계층을 새로이 만들거나 아니면 조직계층을 축소하고 그에 따른 권한과 책임을 확대하여 주는 방법과 조직확대와 같은 조직구조의 변화를 통하여 승진을 시키는 제도이다.

제8장

인사고과

제8장 인사고과

제1절 인사고과의 개요

1. 인사고과의 의의와 목적

일반적으로 직무수행평가, 성과평가, 인사평정 등과 동일한 용어로 쓰이는 인사고과(performance appraisal)는 종업원이 기업의 목적 달성에 얼마나 기여하고 있는지 혹은 기여할 수 있는지에 대한 기업의 평가활동을 의미한다. 따라서 앞서 언급된 직무평가(job evaluation)가 직무의 가치를 평가하는 것인 반면 인사고과는 직무수행자를 평가하는 차이가 있다. 인사고과와 인적자원관리와의 관계는 [그림 8-1]과 같다.

여기서 중요한 것은 인사고과란 자연인으로서의 직무수행자에 대한 평가가 아니라 직무와 관련한 직무수행자, 즉 직무수행자의 성과, 태도, 능력 등을 평가하는 것이다.

일반적으로 인사고과는 종업원이 기업의 목적 달성에 얼마나 기여하고 있는지에 대한 평가인 성과고과와 종업원이 기업의 목적 달성에 얼마나 기여할 수 있는지에 대한 평가인 능력고과로 구분된다. 능력고과는 다시 능력고과와 태도고과로 구분된다.

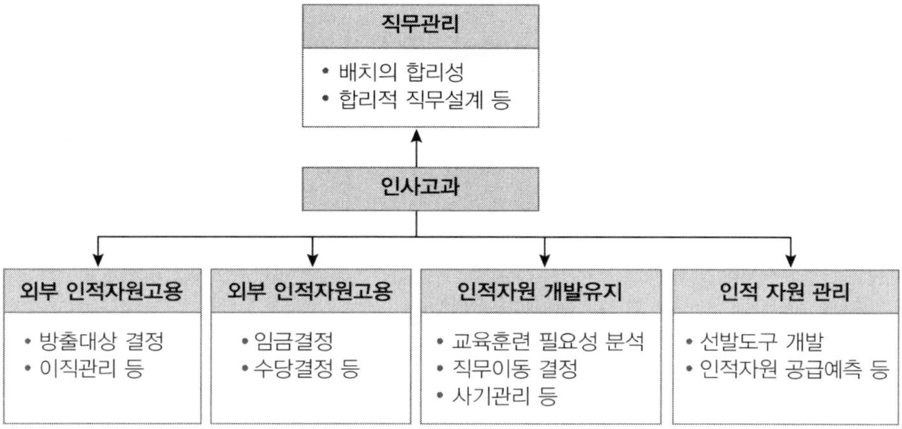

자료 : 박경규(2001), 신인사관리, 홍문사, p. 252. 수정 · 보완.

[그림 8-1] 인적자원관리와 인사고과

성과고과는 이미 발휘된 업적을 평가한다는 의미에서 업적고과 혹은 발휘업적고과라고도 불리며 능력고과는 종업원이 보유, 발휘할 수 있는 잠재적 업적을 평가한다는 의미에서 보유업적고과라고도 한다.

인사고과는 인적자원관리의 모든 과정에 중요한 기초가 된다. 예를 들어, 인사고과는 인적자원 확보에 중요한 정보를 제공한다. 오랜 기간에 걸쳐 축적된 성과고과는 바람직한 종업원, 즉 성과를 창출하는 종업원에 대한 정보를 제공할 수 있다. 다시 말해서 인사고과는 직무수행자의 자격요건과 직무성과의 관계를 알려줌으로써 인적자원 확보의 중요한 기초자료가 된다. 또한 인사고과, 특히 성과고과는 인적자원 보상에 매우 중요한 기초자료를 제공한다. 인사고과 결과의 활용이 [그림 8-2]에 인사고과의 위치와 영향으로 표시되어 있다. 성과고과의 본질적 목적은 종업원이 기업의 목적달성에 기여한 정도를 평가하여 이에 대한 보상을 결정하는 기초로 삼는 것이다. 목적달성에 기여한 정도가 큰 종업원들에게는 높은 임금과 승진 등의 보상을 제공하고 그렇지 못한 종업원들에게는 낮은 임금과 징계 등을 결정한다.

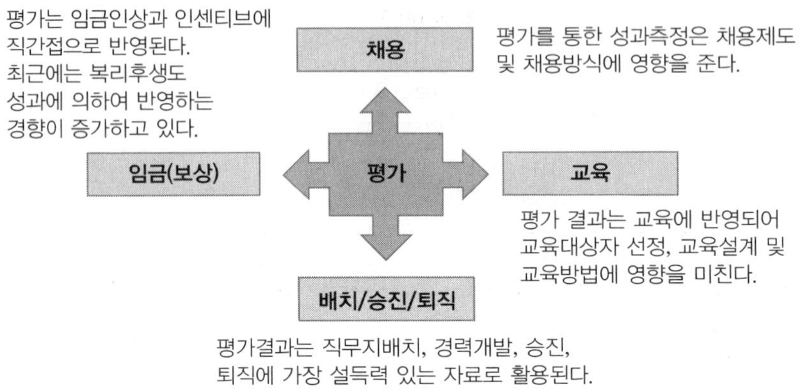

자료 : 저자작성

[그림 8-2] 인사고과의 위치와 영향

2. 인사고과 시스템의 기준

인사고과의 목적을 효과적으로 달성하기 위해서는 타당성, 신뢰성, 수용성, 신뢰성과 같은 기준을 갖추어야 한다.

1) 타당성(validity)

평가가 타당해야 한다는 말은 인사고과의 목적에 맞도록 평가가 이루어져야 한다는 뜻인데, 그러기 위해서는 고과요소 선정이 고과목적과 일치해야 된다. 인사고과를 하는 목적이 보상을 위함인지 교육개발을 위함인지 이동배치를 위함인지를 분명히 하고 그것을 위한 고과요소를 선정하여 관리를 해야 할 것이다.

인사고과의 타당성을 증대하기 위해서는 첫째, 목적별로 고과하여야 한다. 고과의 목적은 임금책정, 교육 · 훈련, 승진 · 이동, 동기유발 등 여러 가지가 있을 수 있는데 시의적절한 목적에 맞는 요소를 찾아내어 평가해야 한다.

둘째, 고과집단의 세분화이다. 회사의 전체 종업원을 고과하기 위한 공통 항목도 필요하지만 때로는 직종별, 직급별로 세분화하여 각 집단에 알맞은 차별화된 고과요소를 적용해야 할 것이다.

2) 신뢰성(reliability)

일단 고과요소가 정해지면 그 요소들을 얼마나 정확하게 측정하느냐가 중요한 문제이다. 오류와 편견에 주의하여 평가하기 위해서는 고과제도의 개선과 고과자의 교육이 필요하다.

신뢰성 증대 방안으로는 첫째, 상대고과와 절대고과를 상황에 맞춰 적절하게 사용해야 한다. 교육훈련의 필요성을 파악하기 위해서는 절대고과를, 승진대상자 선발을 위해서는 상대고과를 사용하면 평가오류를 줄일 수 있다.

둘째, 고과결과를 공개해야 한다. 고과결과를 피고과자에게 피드백시키면 그 평가가 고과자의 개인적인 감정이나 연고에 따라 편파적으로 행해지지 않았음을 어느 정도 입증할 수 있다.

셋째, 인사고과를 다면평가로 실시해야 한다. 여러 사람이 평가하여 최고점과 최하점을 빼고 나머지 점수만 합산하여 사용한다면 신뢰성은 높아진다.

3) 수용성(acceptability)

인사고과의 제도, 절차, 결과에 대해 피고과자들이 인정하지 않는다면 그 역시 무용지물이 될 뿐만 아니라 종업원들의 불만이 높아지기도 한다. 그러나 고과제도나 절차가 합리적이며 공정하다고 느껴지면 피고과자인 사원들은 그 결과에 쉽게 승복하고 고과결과에서 지적된 내용을 받아들이면서 자기 행동을 반성하고 개선하려고 힘쓸 것이다.

수용성을 증대시키기 위하여는 첫째, 종업원이 참여하여야 한다. 고과요소를 선정할 때나 고과방식을 만들 때 종업원들은 참여시키고 이를 공개해야한다.

둘째, 교육 · 훈련이 병행되어야 한다. 종업원들이 이해 못하는 부분이나 새로운 제도는 교육을 통해 설명하고 정확한 평가를 할 수 있도록 고과자들을 훈련시켜 여러 가지 고과오류가 발생하지 않도록 한다.

4) 실용성(practicability)

실용성은 유형 · 무형의 비용이 많이 들기 때문에 인사고과로 얻는 이득이 더 많아야 한다는 것이 실용성의 문제이다. 실용성을 증대시키기 위해 [그림 8-3] 인사고과의 관리기준인 타당성, 신뢰성, 수용성, 실용성 등을 평가해서 상황에 적합한 투자를 하고 평가의 분별력을 높여야 한다.

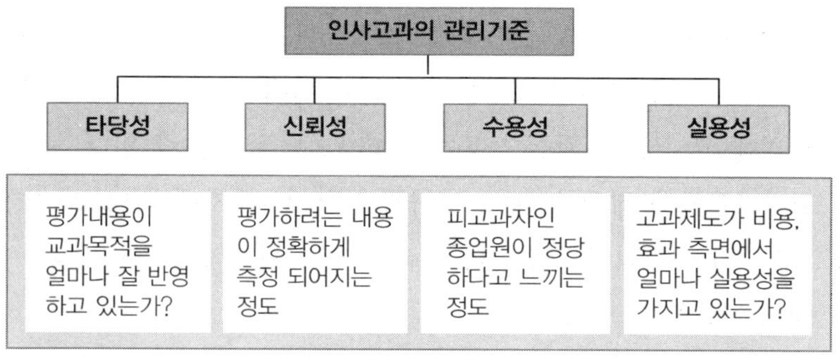

자료 : 저자작성

[그림 8-3] 인사고과의 관리기준

제2절 인사고과의 방법

1. 인사고과 평가의 주체와 시기

1) 인사고과 평가의 주체

고과자(rater)란 정해진 인사고과의 방법과 절차에 따라 피고과자를 평가함으로서 인사고과를 하는 사람을 의미한다.

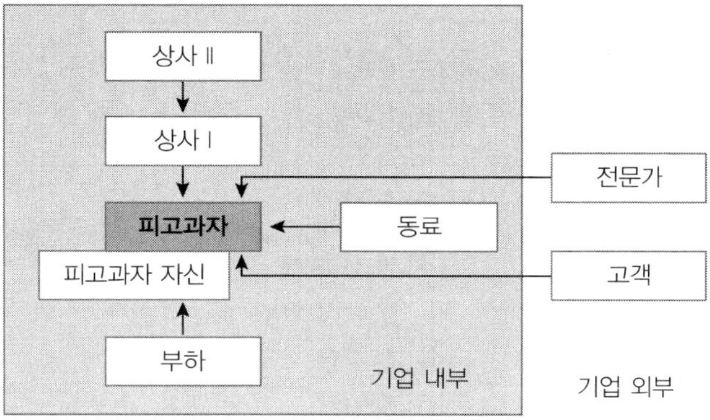

자료 : 이수광 · 이재섭(2003), 서비스산업의 인적자원관리, 대왕사, p. 327.

[그림 8-4] 인사고과의 평가주체

인사고과에 있어서 고과자는 매우 중요한 의미를 지닌다. 왜냐하면 누가 고과자가 되는가에 따라 인사고과의 신뢰성, 수용성 등이 달라질 수 있기 때문이다. [그림 8-4]에는 인사고과의 평가주체를 표시하고 있다.

고과자는 크게 내부 고과자와 외부 고과자로 구분할 수 있다. 인사고과의 신뢰성을 확보하기 위한 고과자 선정에 있어서 가장 중요한 기준은 누가 고과내용에 대한 정확한 정보를 지니고 있는가하는 것이다. 만약 고과내용에 대한 정보를 충분히 갖지 못한 사람이 인사고과에 임한다면 인사고과의 신뢰성을 낮아질 수밖에 없다. 따라서 인사 고과자의 선정에 있어서 첫 단계는 피고과자에 대하여 충분한 정보를 갖고 있다고 판단되는 사람을 탐색하여 선정하는 일이다. 예를 들어, 직무태도에 관한 인사고과, 즉 태도고과의 경우 피고과자의 직무태도에 관한 가장 정확한 정보를 지니고 있는 사람은 아마도 동료직원이 될 것이다. 고객만족을 전략적 목표로 설정한 서비스기업의 성과고과의 고과자로는 소비자가 적절할 것이다. [그림 8-5]는 인사고과의 절차이다.

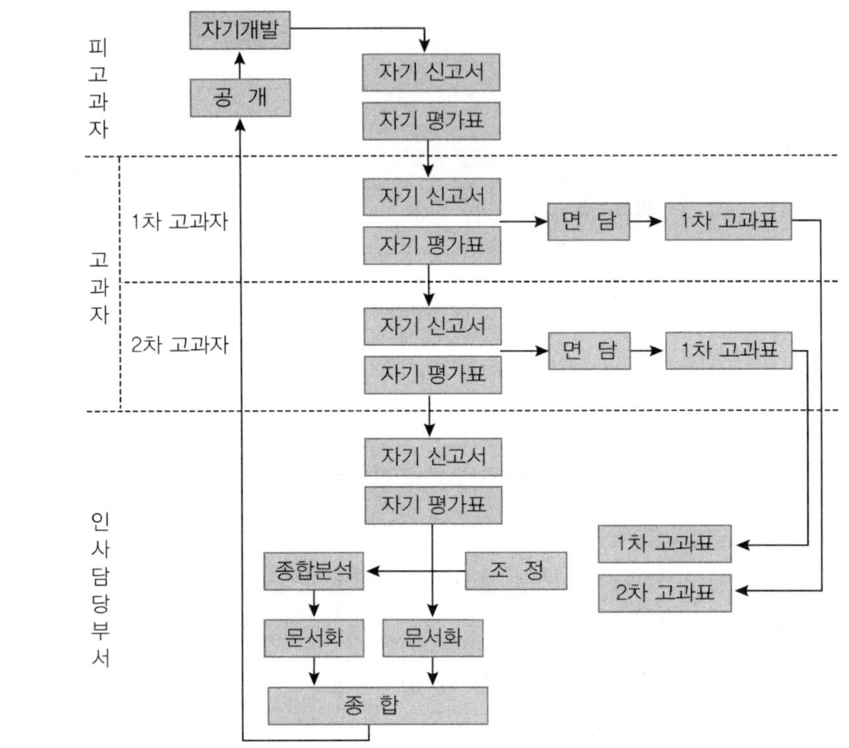

자료 : 원종표(2001), 인사고과관리 실무편, 신용보증기금, p. 31.

[그림 8-5] 인사고과의 절차

2) 인사고과의 시기

고과를 일 년에 한 번 하느냐 수시로 하느냐의 결정은 수익 · 비용 측면에서 생각해 볼 일이다. 과거처럼 연말에만 정기적으로 한다면 평가에 소요되는 시간과 비용의 낭비를 줄일 수는 있지만 한 번만으로는 정확한 인사고과를 측정하기 어렵다.

더욱이 능력이나 태도를 년 단위로 평가하는 것은 평가 목적 등에 비추어 적절하지 않기 때문에, 성과평가를 위한 정기적인 인사고과와 병행하여 인사고과의 필요가 제기될 때마다 인사고과를 실시하는 것이 이상적이다. [그림

8−6] 인사고과의 시기를 표시하고 있다. 예를 들어, 입사 직후 배치 직전, 전환 · 승진 · 이동 배치 시, 교육 · 훈련 참가자 선발 시, 보너스 · 인센티브 책정 시, 상급자 교체 시 등의 필요가 있을 때, 임금을 비롯한 보상의 크기를 조정해야 할 때 등 다양한 경우에 인사고과의 필요와 이에 따른 인사고과의 실시가 요구된다.

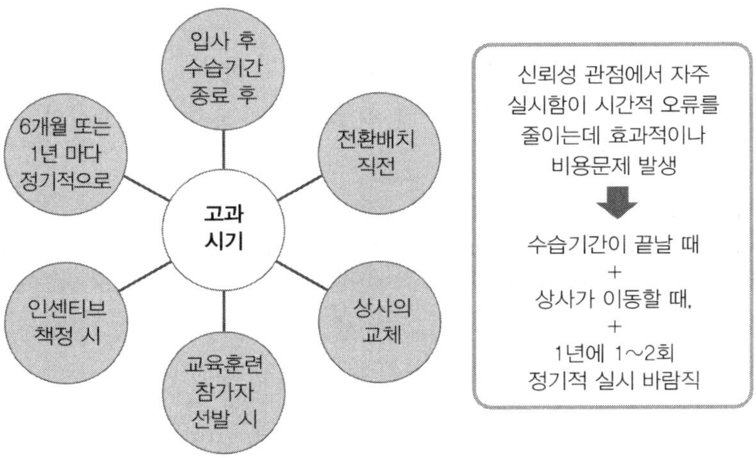

자료 : 저자작성

[그림 8−6] 인사고과의 시기

2. 인사고과 방법

1) 전통적 방법

(1) 관찰법

고과자가 피고과자의 일하는 모습을 관찰하는 방법으로, 다른 어느 최신 기법보다 정확한 결과를 도출할 수 있다. 예를 들어, 종업원들이 업무시간에 불필요하게 증권거래 사이트를 접속하여 실시간으로 확인하고 있는지, 또는 메신저를 사용하여 업무 이외의 일로 누군가와 메시지를 주고받고 있는지 등을 관찰할 수 있다.

(2) 서열법

서열법(ranking method)는 피고과자의 성과, 능력 및 태도 등 고과내용을 비교하여 상대적 순위를 부여하는 방법이다. 〈표 8-1〉은 서열법의 한 예이다. 고과요소별로 평가하여 각 요소별로 서열을 매기지만 요소들 간의 가중치를 어떻게 배분하느냐에 따라서 서열이 뒤바뀔 수 있기 때문에 주의해야 한다.

〈표 8-1〉 서열법의 예

구분	현재능력	잠재력	태도	업적	순위합계	최종순위
피고과자A	3	3	4	4	14	4
피고과자B	1	2	3	2	8	2
피고과자C	4	1	1	1	6	1
피고과자D	2	4	2	3	11	3

자료 : 이학종(2001), 전략적 인적자원관리, 세경사, p. 439. 수정 · 보완.

(3) 평정척도법

평정척도법(rating scale method)은 서열법 중 대인비교법과 유사한 방법이지만 대인비교법이 서열을 매기는 반면 평정척도법은 사전적 기준에 근거하여 등급을 매긴다. 즉 성과, 능력, 태도 등 구체적인 고과내용에 따라 고과요소를 선정하고 사전적으로 고과요소별로 등급화된 기준에 따라 피고과자를 고과하는 방법이다. 〈표 8-2〉는 평정척도법의 한 예이다. 점수가 등급별로 부과되어 서열법의 단점을 피할 수 있으나 고과자의 관대화, 가혹화 오류 등을 피하기 어렵다.

〈표 8-2〉 평정척도법의 예

평가요소＼척도	1등급	2등급	3등급	4등급	5등급
외국어 능력	매우 뛰어남 □	뛰어남 ☑	보통 □	떨어짐 □	매우 떨어짐 □
고객 응대력	요구수준에 부족 □	요구수준에 약간 부족 □	요구에 충족 □	요구에 초과충족 ☑	요구에 완전충족 □
컴퓨터 활용능력	매우 뛰어남 □	뛰어남 □	보통 □	떨어짐 □	매우 떨어짐 ☑

자료 : 이수광 · 이재섭(2003), 서비스산업의 인적자원관리, 대왕사, p. 332. 수정 · 보완.

(4) 체크리스트법

체크리스트법(checklist method)은 성과, 능력, 태도 등 구체적인 고과내용과 관련된 표준행동(standard behavior)을 제시하고 표준행동을 이행했는지의 여부 및 어느 수준으로 이행했는지를 평가하는 방법이다. 〈표 8-3〉이 체크리스트법의 예이다.

〈표 8-3〉 체크리스트법의 예

고과요소 : 리더십		
가중치		
4	■	부하들에 대해 공정한 인사를 한다
4	□	부하들 신망이 두텁다
2	■	문제에 부딪치면 결단력 있게 해결 한다
2	□	다른 부서장들과 좋은 관계를 갖는다
1	■	부하들의 감정까지 읽으면서 통솔 한다
5	■	부하들로부터 실력이 있다는 평을 많이 듣는다
총점 : 12점(4+2+1+5)		

자료 : 저자작성

2) 현대적 방법

(1) 행동기준고과법

행동기준고과법(BARS, behaviorally anchored rating scale)은 중요사건법과 평정척도법을 혼용하여 보다 정교하게 보완함으로써 고과결과의 신뢰성과 타당성을 높이기 위한 인사고과기법이다.

직무수행과정에서 나타나는 중요한 행동을 추출하여, 피고과자의 해당행동을 추정함으로써 피고과자를 고과하는 기법이다. [그림 8-7]은 행위기준고과법의 예를 표시한 것이다.

(2) 목표관리법

목표관리법(MBO, Management By Objective)은 스스로 목표를 세우고 이를 달성하려고 노력할 때 보다 높은 수준의 성과를 창출할 수 있다는 전제에서 부하 직원으로 하여금 스스로 목표를 세우게 하는 경영관리기법의 하나이다. 이러한 목표관리법은 스스로 세운 목표를 기준으로 종업원을 평가한다는 관점에서 인사고과기법으로도 활용된다. 〈표 8-4〉는 직위에 다른 목표관리법의 예를 표시한 것이다.

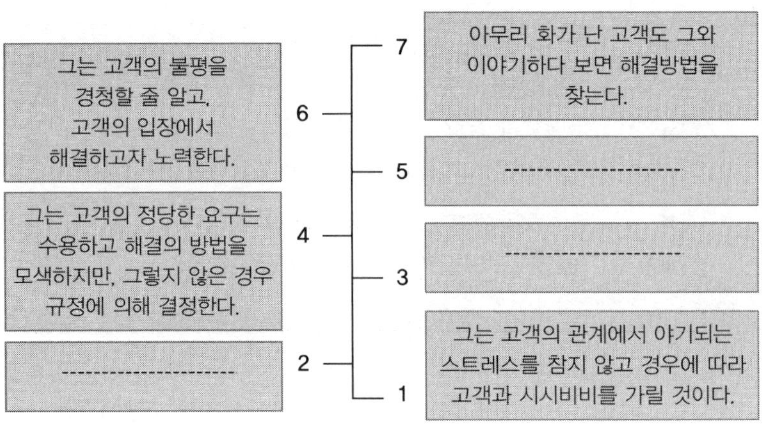

자료 : 이수광 · 이재섭(2003), 서비스산업의 인적자원관리, 대왕사, p. 337. 수정 · 보완.

[그림 8-7] 행위기준고과법의 예

〈표 8-4〉 목표관리법의 예

직 위	목 표
회계 이사	1월1일까지 판매에서의 악성부채손실을 5%에서 3%로 감소 6월1일까지 컴퓨터 도입을 통해 회계직원수의 10% 감축
관리정보 시스템 이사	1월1일까지 각 이용센터의 보고서에 "고용자산수익" 추가 6월1일까지 준비된 보고서 출력량의 20% 감소
인사 관리자	1월1일까지 사무직원의 이동률을 20%에서 10%로 감소 6월1일까지 고충절차에 감독직 훈련 프로그램에 관한 계획과 도입완료
생산 관리자	1월1일까지 불량률을 6%에서 3%로 감소 6월1일까지 생산계획 일정의 만기일 충족률을 90%에서 95%로 증가
연구개발 관리자	총 비용예산 150,000달러의 범위 내에서 6월1일까지 제품에 관한 설계 및 완료 오는 12개월 내에 시장테스트를 위해 두 개의 신제품 제공

(3) 평가센터법

평가센터(assessment center)는 장소가 아니라 특정 평가 팀이 승진대상, 선발대상을 평가하기 위해 마련한 평가방법들의 집합이다. 평가센터법으로 피고과자의 의사소통 방식, 업무배분 능력, 부하활용 능력, 판단능력, 적응력과 인내력, 스트레스 관리능력, 갈등해결 방식 등을 주로 관찰한다.

이 방법은 피고과자가 소유하고 있는 능력과 특기 등을 찾아내는 데는 유용하지만 그동안의 업무실적을 알아내기는 어렵다. 하지만 측정하고자 하는 고과요소를 다방면에 걸쳐서 여러 명의 고과자가 동원되어 평가하기 때문에 측정의 정확도가 매우 높다.

3) 다면평가제도

(1) 다면평가의 개념

지금까지 대부분의 인사 평가는 상사가 부하에 대한 평가권을 독점하고 있는 상태였다. 그 결과평가의 일관성 및 명확한 상하 관계의 유지 등 긍정적인 측면도 있지만, 주관적인 평가가 이루어지는 등 평가의 납득성을 저해하는 문제점도 나타나고 있다. 예를 들면 상사가 부하사원을 능력보다는 상황(승진 시기 등)이나 연고에 얽매여 관대하게 또는 가혹하게 평가하는 등 목적고과나 이미지 고과라는 왜곡된 현상이 자주 발생하였다. 이러한 전통적인 하향식 인사 평가 방식의 한계를 극복하고 다양한 고과자의 시각을 통해 평가의 납득성을 제고시킬 수 있는 평가 방법이 바로 다면평가이다. 다면평가란 직속 상사뿐 만 아니라 동료, 부하, 고객 등 여러 사람이 여러 각도에서 피고과자의 전체적인 모습을 파악하기 위하여 평가하는 것으로, GE에서는 이를 '360도 평가'라고도 한다.

(2) 다면평가의 도입 목적

다면 평가 제도의 도입에 따른 긍정적인 효과는 크게 3가지로 요약할 수 있다.

첫째, 동료나 부하 사원이 피고과자(상사, 동료)에 대해서 평소 관찰을 통해 느낀 점을 평가를 통해서 전달하고 피고과자는 이를 수용하는 과정을 통해 상하간, 부서간에 원활한 커뮤니케이션이 이루어져 조직 활성화를 도모할 수 있다는 점이다.

둘째, 평가 결과를 통해 부하나 동료로부터 자신의 장 · 단점을 피드백 받을 수 있어서 자기역량 강화에 도움을 받을 수 있다는 점이다. 이러한 평가 자료를 토대로 피고과자의 직속상사는 피고과자가 자신의 장점을 보다 더 잘 발휘하여 조직 목표를 효과적으로 달성할 수 있게 제반 환경을 지원할 수 있고, 단점에 대해서는 이를 보완하고 개선할 수 있도록 육성 프로그램에 반영할 수 있는 것이다.

셋째, 평가 과정에 부하나 동료가 함께 참여함으로써 직속 상사가 부하 사원을 일방적으로 평가하는데서 나타날 수 있는 부작용을 최소화할 수 있으며 이를 통해 평가의 납득성을 제고할 수 있다는 점이다.

결국 다면 평가제도는 동료, 부하, 고객 등 다양한 각도에서 자신을 재발견하도록 유도하고 평소에 상사와 부하간, 동료간, 부서간 서로 관심을 갖게 함으로써 친밀한 조직 문화를 만들어 나가는데 궁극적인 목적이 있는 것이다.

(3) 다면평가의 요소

다면평가는 기존의 하향평가와 함께 동료에 의해 행해지는 동료평가(또는 상호 평가), 부하에 의한 상향(리더십) 평가, 고객 평가로 구성된다. 서비스기업에서 수행하는 업무 수행 패턴의 변화로 팀 작업, 동료 간, 부서 간 협력 업무가 증대됨에 따라 동료 평가의 중요성이 커지고 있다.

동료 평가는 평가의 초점과 평가의 전제 조건을 명확히 이해하고 실시해야 한다. 동료 평가의 초점은 누구의 능력이나 업적이 부서 성과에 가장 큰 기여를 하였는가, 누구의 행동이 부서 업무분위기를 우호적으로 만드는데 기여하였는가 등에 두어져야 한다. 이와 아울러 동료 평가가 효율적으로 이루어지기 위해서는 다음 사항들이 고려되어야 한다.

첫째, 평가 대상자의 과업과 업무 목표를 동료들은 정확히 알고 있어야 한다.

둘째, 동료들은 피고과자의 성과를 관찰, 평가할 수 있도록 피고과자의 업무와 관련된 전문 지식을 어느 정도 보유하고 있어야 한다.

셋째, 동료들은 성과 결과에 대한 정보와 행동을 관찰할 수 있는 기회를 충분히 가져야 한다. 결국 동료 평가는 함께 업무를 수행하는 구성원 상호간에 평가를 실시, 그 결과가 본인에게 전달됨으로써 본인의 장/단점 파악 및 능력 개발에 활용될 뿐만 아니라, 기존의 하향 평가의 보충자료로 활용됨으로써 평가의 신뢰성을 제고시킬 수 있는 것이다.

상향(리더십) 평가는 하위자가 직속 상사를 평가한 자료를 통해 상사의 향후 업무 수행 및 조직 관리, 부하 사원의 지도/육성 등 필요한 능력을 개발할 수 있게 하는 것이다. 특히 팀제가 확산되고 있는 현실에서 팀장의 리더십 역량이 매우 중요하다. 그러므로 팀장에 의해 직접 통솔받는 팀원이 팀장의 리더십을 관찰, 평가한 결과를 제공하게 되면 팀장의 역할 정립 및 리더십 역량 배양에 도움을 줄 수 있는 것이다.

리더십을 평가할 때에는 스스로 자기 업무를 충실히 수행해 내고 있는가의 여부, 부하의 지도/육성 여부, 담당 팀의 활성화 여부 등을 기본조건으로 하여 각

각 세부 평가항목을 만들어 평가를 할 수 있다.

고객 평가는 대내외 고객을 대상으로 업무 활동을 전개하는 경우, 자기 업무 수행을 통해 고객에게 제공된 결과물(output)의 가치를 고객이 얼마나 만족하고 있는지를 평가하는 것이다. 영업 부서는 외부 고객이 고과자가 된다. 그러나 고객 평가는 외부의 고객만을 고과자로 하는 것이 아니다. 스탭 부서 사람의 업무는 라인에게 제반 서비스를 제공하는 것이므로 라인이 고객이 되어 평가한다. 고객 평가를 처음 실시할 경우는 주로 대외 고객의 접점 부서인 영업, A/S에서부터 시작하여 점점 고객 범위를 사내 고객으로 넓혀가는 것이 바람직하다.

(4) 다면평가의 성공적인 관리방안

다면 평가 제도가 성공적으로 운영되기 위해서는, 특히 상향 평가나 동료 평가가 제대로 이루어지기 위해서는 아래와 같은 몇 가지 사항을 명백히 해야 한다.

첫째, 평가의 익명성이 철저히 보장되어야 한다. 평가를 하는 부하 사원이나 동료들이 자신의 신분이 해당 피고과자에게 노출되지 않는다는 확신이 없을 경우 솔직하고 진지한 평가를 기대할 수는 없기 때문이다.

둘째, 고과자들의 의식이 성숙되어야 한다. 평가 의식의 성숙을 위해서는 지속적이고 체계적인 고과자 교육이 절실히 필요하다. 왜냐하면 평가에 대한 정확한 이해가 수반되지 않으면 주관적인 평가에 치우쳐 구성원간 갈등을 일으킬 소지가 있기 때문이다. 따라서 종업원들에게 다면 평가 제도의 취지, 실시 방법, 활용 방법 등에 대해 교육이 필요하다. 또한 평가는 진정으로 피고과자의 능력 개발을 도와준다는 깊은 애정에서 출발해야 한다는 것을 지속적으로 전파하는 것이 필요하다.

셋째, 다면 평가의 결과는 반드시 본인에게 피드백 되어야 한다. 왜냐하면 이 제도의 목적이 다양한 위치에 있는 사람의 평가를 통하여 피고과자의 능력 부족 부분을 명확히 파악하여 개선시키는 것이기 때문이다.

넷째, 목표 설정과도 연관성을 갖도록 해야 한다. 예를 들면 변화와 혁신 추진

부분이 미흡한 것으로 평가 결과가 나왔다면 이에 따른 구체적인 개선 목표를 설정하도록 하여 그 부분에 대해 개선 활동들이 전개되도록 한다. 그리고 일정 기간이 지난 후 다시 그 향상 여부에 대해 평가하여 균형잡힌 능력 개발이 이루어질 수 있도록 해야 한다.

제3절 인사고과의 문제점과 변화방향

1. 인사고과의 문제점

1) 현혹효과(halo effect)

현혹효과는 한 분야에 있어서의 피고과자에 대한 호의적 또는 비호의적인 인상이 다른 분야에 있어서의 그 피고과자에 대한 평가에 영향을 미치는 것을 말한다. 이는 피고과자의 어느 특성에 대해 '대단히 우수하다'는 인상을 받게 되면 다른 특성들도 '대단히 우수하다'고 평가해버리는 경향을 말한다. 피고과자가 평소에 매우 적극적인 사람이라면 평가를 할 때 적극성뿐만 아니라, 책임감도 있어, 일도 잘 할 수 있고, 협조성도 있다고 평가해 버리는 경향이 있다. 또 반대로 어느 특성이 '부족하다'는 인상을 갖게 되면 다른 특성들도 '부족하다'고 평가해 버리는 경향도 쉽게 나타난다.

오류를 방지하기 위해서는 첫째, 피고과자에 대한 선입견, 편견을 버려야 한다. 즉 인상과 선입관을 배제하고, 결과와 사실을 객관적으로 인식할 수 있도록 해야 한다. 둘째, 분석평가를 실시한다. 셋째, 대상이 되는 피고과자에 대해 평가요소별로 평가를 한다. 넷째, 사실에 입각해서 평가를 하는 등의 마음가짐을 갖는 것이 중요하다. 마지막으로 평가 요소의 선택을 적절히 하는 것으로, 평가

항목을 줄이거나 여러 고과자가 동시에 평가하는 다면평가의 활용이 필요하다.

2) 상동적 태도(stereotyping)

현혹효과가 피고과자의 한가지 특성에 근거한 것인데 비해, 상동적 태도는 피평가 자들이 속한 집단의 한 가지 범주에 따라 판단할 때 나타날 수 있는 오류이다. 즉 그들이 속한 집단의 특성에 근거하여 사람을 판단하는 경향을 말한다. 예를 들면 '한국인은 매우 부지런하다', '흑인은 운동신경이 뛰어나다'라고 하는 것 등이다.

상동적 태도는 오늘날 조직의 사회적 지각에 영향을 미친다. 경영자, 감독자, 노조위원, 여성 근로자, 컴퓨터 프로그래머, 엔지니어 등에 대한 상동적 태도가 존재한다. 이러한 범주에 있는 사람들이 갖고 있을 특별한 특성이 있다고 생각한다. 그러나 중요한 것은 실제의 특성과 사람들이 기대하는 특성은 많은 차이가 있다는 사실이다. 즉 엔지니어라고 해서 모두 냉정하고 합리적인 것은 아니며, 인적자원관리 담당자라고 해서 모든 조직구성원들을 행복하게 해주는 마음씨 좋은 사람은 아니라는 것이다.

3) 관대화 경향(tendency of leniency)

관대화 경향(tendency of leniency)은 '피고과자의 실제 업적이나 능력보다 높게 평가하는 경향'으로 개념적으로 정의되며, 이와 반대로 실제보다 낮게 평가하는 경향을 엄격화 경향(strictness tendency 또는 severity tendency)이라고 한다.

관대화 경향이 발생하는 원인은 여러 가지가 있는데, 첫째, 상사와 부하 간 부정적인 경과를 회피하기 위한 것과 고과자의 인상관리를 위한 것, 둘째, 고과자의 개인적인 요인(심리상태 및 특성), 셋째, 고과자와 피고과자간의 관계요인 및 피고과자에 대한 책임정도 등에 따라 영향을 받는다. 그러므로 관대화 경향을 방지하기 위한 방안으로는 첫째, 구체적인 사실에 의거하여 평가를 하며, 둘째, 평가요소를 통해 평가를 하며, 셋째, 절대평가를 실시하며, 넷째, 직무수행 과정이 평가대상이 된다는 원칙을 재확인하고 사적인 관계에 대한 감정을 제거하며, 다섯째, 고과자에게 평가점수에 따른 인원비율을 설정하여 전체 평가결과가 중간점수를 기준으로 정규분포가 되도록 요청하며, 여섯째, 고과자에 대한 체계적인 훈련 등을 들 수 있다.

4) 중심화 경향(central tendency)

중심화 경향(centeral tendency)은 '피고과자들을 모두 중간점수로 평가하려는 경향'을 말한다. 이 오류는 고과자가 잘 알지 못하는 평가차원을 평가하는 경우, 중간점수를 부여함으로써 평가행위를 안전하게 하려는 의도에 의해 이루어지는 오류라고 할 수 있다. 중심화 경향의 발생 원인으로는 첫째, 고과자가 평가에 자신이 없는 경우, 둘째, 고과자의 피고과자에 대한 분석이 이루어져 있지 않은 경우, 셋째, 평가기준이 애매 모호한 경우 및 평가방법에 대해 회의적이거나 피고과자를 잘 알지 못하는 경우 등이 있다.

중심화 경향을 방지하기 위한 방법으로는 첫째, 고과자에 대해 인사평가의 구조, 평가요소 및 평가방법을 이해시키는 것, 둘째, 고과자에 대한 평소의 지도를 통해 특성을 파악하는 것, 셋째, 분포제한을 두는 것 및 평가척도를 세분화해서 평가점수의 분산을 고안하는 것 등을 들 수 있다.

5) 논리적 오류(logical errors)

논리적 오류는 고과자의 평소 논리적인 사고에 얽매여 임의적으로 평가해 버리는 경우를 말한다. 이는 각 평가요소 간 논리적인 상관관계가 있는 경우 비교적 높게 평가된 평가요소가 있으면 다른 요소도 높게 평가하는 경향을 말한다. 예를 들어, '지식이 많은 사람은 이해력도 많다'라고 평가한다거나, '영업 실적이 높은 사람은 절충력이 강하다'라고 평가하는 경향을 말한다.

현혹효과가 고과자 개인의 특성에 의한 평가상의 오류인데 반해, 논리적 오류는 고과자가 각 평가요소간 논리적으로 일치된다고 생각하는 데서 생기는 오류이다. 이러한 논리적 오류는 다음과 같은 방법에 의하여 제거할 수 있다. 첫째, 추상성이 높은 요소나 의미내용이 중복되는 요소에 의하여 평가하는 평가양식들을 설계하지 말고 객관적으로 관찰 가능한 사실을 평가하는 방법을 사용한다. 둘째, 요소에 대한 정의와 설명을 충분히 한다. 특히 유사한 요소가 있을 경우에는 그 착안점의 상이를 명확히 한다. 셋째, 고과자는 인사평가의 운용기준을 반드시 지키며 주관적인 판단이나 추측에 의하여 평가해서는 안 된다. 넷째, 유사한 평가요소에 대해서는 가능한 한 시간을 두고 평가를 한다.

6) 근접오류(proximity errors)

인사평가표상에서 근접하고 있는 평가요소의 평가결과 혹은 특정 평가시간 내에서의 평가요소 간의 평가결과가 유사하게 되는 경향을 근접오류라고 부른다. 시간적인 근접오류의 예로서는 능력평가를 하고 난 후에 곧바로 업적평가를 하게 되면 상당한 시간이 경과된 후에 평가하는 것보다 유사한 평가결과가 나오게 될 가능성이 있다. 즉 시간적으로 근접해 있으면 앞의 결과에 영향을 받기 쉽다는 것이다.

7) 연공오류(seniority errors)

피고과자의 학력이나 근속연수, 연령 등 연공에 좌우되어서 발생하는 오류를 의미한다. 예를 들어, 학력이 대졸자와 국졸자가 있을 때 전자는 더 높게 평가해 버리는 경향을 말한다. 육체적 노동을 요구하는 일과 같이 업무의 성격에 따라서 그 반대의 경우도 있고, 또한 문화적 차이에 의해 서구의 경우 반대의 경우가 일반적으로 발생하고 있다. 이러한 연공오류는 특히 우리나라의 근무평정에 있어서 많이 발생하는 오류의 하나이다.

8) 시간적 오류(recency errors)

시간적 오류란 고과자가 피고과자를 평가함에 있어서 쉽게 기억할 수 있는 최근의 실적이나 능력중심으로 평가하려는 데서 생기는 오류를 말한다. 일부 피고과자들은 이러한 오류경향 때문에 인사평가시기가 다가오면 고과자에게 특히 잘 보이려고 노력하는 것을 흔히 볼 수 있다.

이러한 오류는 중요사건법이나 목표관리법(MBO), 부정기적인 평가 등을 통해 줄일 수 있다. 또한 고과자가 평가수첩에 의하여 평소에 기록하게 하는 방법도 유효하다.

9) 이미지 평가 오류

이것은, 부하에 대한 선입관이나 이미지로 평가해 버리는 경향을 말한다. 예를 들면, '피고과자 A씨는 원래 업무에 대한 지식이 풍부하기 때문에, 이번에도 높은 실적을 올렸을 것이다'라고 평가해 버리는 오류를 말한다. 이미지 평가를 방지하기 위해서는 이미지가 아닌 구체적인 사실에 의거한 행위를 평가한다. 즉 구체적인 '행위의 선택'을 위해 평소 고과자의 지도 · 육성 노트의 활용이 도움이 된다.

10) 극단화 오류

극단화 오류는 평가가 평가 단계의 최상위, 혹은 최하위에 집중해 버리는 경향을 말한다. 이를 방지하기 위해서는 중심화경향을 지나치게 의식하지 말아야 하며, 결과와 행동 및 사실에 기초를 두고 평가하는 방법과 평가단계의 선택을 정확히 하는 방법이 있다.

11) 대비 오류(contrast error)

대비 오류는 직무 기준과 직무 능력 요건이 말한 절대기준이 아닌, 자신에 기준을 두어, 자신과 부하를 비교하는 경우를 말한다. 이러한 오류를 방지하기 위해서는 직무기준(업무목표)과 직무 능력 요건에 비추어 평가를 해야 하며, 고과자 훈련을 통해 판단기준을 통일하도록 해야 한다.

2. 인사고과의 변화방향

1) 인재육성형 인사고과

인사고과의 활용은 크게 두 가지로 구분해 볼 수 있다. 하나는 처우면이고, 다른 하나는 육성면에서의 활용이다. 종전까지는 주로 승진, 승격, 상여금 등 처우면에 치중되어 있었다면 지금부터는 능력개발과 교육훈련, 배치전환에 중점을 두는 고과체계로 이행되어야 할 것이다.

2) 다목적 인사고과

인사고과 실시에 관한 규정을 보면 거의 대부분의 기업들이 인사관리 전반에 활용한다고 명문화해 놓고 있다. 그러나 실제로 운영실태를 분석해 보면 승진, 승격에 주로 이용하고 있으며 다른 부문에의 이용을 저조한 편이다. 최근 인적자원에 대한 중요성이 날로 높아지고 연공주의에서 능력주의로 변화되고 있으므로 인사고과의 활용목적도 다양하게 변모되어야 한다.

첫째, 종업원의 능력이나 업적 공헌도를 객관적인 기준으로 평가하여 공평하고 공정한 인사처 우를 실현하기 위해 승진, 승격, 승급, 상여금에 활용되어야 하고 둘째, 종업원의 능력이나 적성을 분석 평가하여 적재적소의 배치를 실현하기 위해 배치 이동에도 활용되어야 하며 셋째, 현재 혹은 장래의 직무수행능력과 본인의 능력발휘도나 신장도를 비교하여 교육훈련의 필요성 여부와 계발에 필요한 것을 파악하기 위해 교육훈련, 능력개발, 육성에 활용되어야 한다.

3) 인사고과와 보상체계의 연계강화

임금관리를 통해 종업원에게 근로의욕을 고취시키고 임금의 만족도를 높이기 위해서는 무엇보다도 개인 간의 공정성을 확립할 필요가 있다.

현재 대부분의 기업의 경우 임금의 대부분이 베이스업에 의해 집단적으로 결정되거나 근속에 의한 자동호봉승급 내지는 비고과 상여금 형태로 지급되는 등 개인의 능력이나 공헌도, 성과가 반영되지 못하고 있다. 이처럼 고과승급제나 고과상여금제가 기업내에 정착을 못하고 일률적으로 적용되고 있어 국제경쟁력을 약화시키는 하나의 요인으로 작용하고 있을 뿐만 아니라 임금의 동기유발 효과도 지극히 미흡한 실정이다.

근로자의 근로의욕을 향상시키고 열심히 노력하고 땀흘린 자에게 적절한 보상이 돌아갈 수 있도록 인센티브 체계를 정립하여 인사고과와의 연계 속에서 임금이 개인별 능력 업적에 따라 주어질 수 있도록 평가제도가 운영되어야 할 것이다. 최근 임금체계를 직능급으로 개편한 기업들의 경우 별 무리없이 고과승급제와 고과상여금제를 도입하고 있음을 직시해 봐야 할 것이다.

4) 목적별 인사고과

대부분의 기업들은 직급별 혹은 직종별로 인사고과표를 구분해서 인사고과의 활용목적에 관계없이 운영하고 있다. 인사고과를 효과적으로 운영하기 위해서는 활용목적에 따라, 계층에 따라, 직능에 따라 고과요소나 기준 및 절차를 달리 해야 한다.

즉 임금을 주기 위한 기초자료로 인사고과를 이용하려 할 때는 종업원의 잠재력보다 현실적인 기여도에 중점을 두어야 하며, 승진이나 교육훈련 등의 기초자료로 이용하려 할 때는 종업원의 잠재능력에 중점을 두어 평가해야 할 것이다.

또한 인사고과는 계층별로 평가의 중점을 달리 해야 한다. 즉 작업층에서는 기능이 중시되기 때문에 기능중심의 작업능력 항목을, 관리층에서는 판단 및 통솔능력 중심의 관리능력 항목이 강조되어야 한다.

직능별로도 평가중점을 달리하여 생산 및 판매의 라인직종에는 양적인 것을, 연구 기획 스텝 직종에는 질적인 것을 중시해야 할 것이다. 이외에도 경영의 목적이 성장 위주냐 안정 위주냐에 따라서도 평가기준을 달리해서 전자의 경우는 시장점유율 내지 총매출액 신장률 증가에 중점을 두고, 후자의 경우는 부가가치율 증가 혹은 재무의 안정률 증가에 중점을 두어야 한다.

이상과 같이 인사고과는 획일적으로 실시할 것이 아니라 활용목적과 계층별, 직능별로 그 기준과 방법이 다른 목적별 고과가 이루어질 수 있도록 각각의 구분된 속성에 따라 기대내용을 설정하여 이에 적합한 고과표를 확립할 필요가 있다.

5) 쌍방향 인사고과

인사고과는 위에서 아래로 해야 된다는 권위주의적인 고정관념 때문인지 현재 대부분의 기업에서는 상사에 의한 부하의 일방적인 고과가 행해지고 있다. 더욱이 그 결과를 본인에게는 알리지도 않고 평가가 잘못되었다 하더라도 그것을 해결할 수 있는 기회가 주어져 있지 않다. 이러한 것들이 인사고과에 대한 불신감을 증폭시키는 하나의 요인이 되고 있다. 따라서 인사고과를 통해 종업원들의 능력개발을 적극적으로 지원하고 자발적인 성과향상 노력을 유도할 수 있도록 고과자와 피고과자가 같이 참여할 수 있는 평가제도가 지향되어야 한다.

인사고과에 종업원을 참여시키는 방법에는 두가지가 있을 수 있다. 하나는 피고과자 자신에게 1차 고과권한을 부여하는 자기고과이고, 다른 하나는 목표에 의한 관리를 도입하는 것이다. 이러한 제도를 도입하게 되면 자기고과와 상사고과를 비교하면서 면담을 하는 가운데 평가에 대한 이해와 인식을 보다 높일 수가 있고 상사와 부하와의 커뮤니케이션을 가짐으로써 상호신뢰 관계를 높일 수가 있게 될 것이다. 또한 본인 스스로가 평가함으로써 책임의식을 높이게 되고 자기의 능력발휘나 목표달성을 위해 자기계발의 노력을 하게 될 것이다. 그러나 자기고과가 자칫 진실성이 결여되고 관대하게 평가한다든가 하는 경우에는 그 실효성이 의문시되기 때문에 피고과자에 대한 교육이 철저하게 뒤따라야 할 것이다. 이와 같이 상사는 지도자, 조언자 입장에서 부하를 지원해 주고 목표를 달성할 수 있도록 도와주는 역할자로서 부하의 능력을 개발하고 육성, 활용하는데 적극적인 자세를 취해야 한다. 즉 과거의 권위에 의존하여 압력을 가하고 판단을 내리던 상사의 역할로부터 도와주는 역할로 바뀌어야 한다. 이렇게 함으로써 인사고과에 대한 이해와 신뢰성을 유지할 수가 있을 것이다.

6) 공개주의

현재 많은 기업들이 인사고과 결과를 피고과자에게 알리지도 않고 있을 뿐만 아니라 고과내용 자체에 대해서도 주지시키지 않는 기업이 있다. 인사고과는 비공개로 해야 된다는 인식이 지금까지 우리나라를 비롯해서 전통사회에서 많이 주장되어 왔다.

그러나 최근 인사고과의 목적이 상벌위주에서 개발위주로 바뀜에 따라 공개주의를 주장하는 경향이 강하게 나타나고 있다. 공개로 할 것인가, 비공개로 할 것인가에 대해서는 논란의 소지가 많으나 단순히 선별사정의 논리가 아닌 육성의 논리에 입각한 인사고과를 지향한다면 공개되어야 마땅하다. 평가결과 내용을 피드백도 하지 않고 또 반성의 기회를 주지 않는 상황에서는 능력개발이 이루어질 수 없다.

7) 운영적 측면

인사고과에는 하드웨어 측면과 소프트웨어 측면의 두 가지가 있다. 전자는 인사고과의 규정, 요령, 고과기준, 고과표 양식 등 누가 보더라도 알 수 있도록 설계된 제도적 측면을 말하고. 후자는 고과자의 평가기술, 평가시각, 고과자 상호간의 기준통일 등 눈에 보이지 않는 운영적 측면을 말한다.

우리나라 기업의 경우 이제까지 인사부 스텝에 의한 고과제도, 즉 하드웨어에 대한 체계화의 노력과 배려는 많이 해온 듯하다. 그러나 아무리 제도가 완벽한 것이라 할지라도 고과자가 올바른 인사고과관을 갖지 못하고 평가를 하게 되면 인사관리의 유용한 기초자료로서 활용할 수가 없을 것이다.

인사고과를 운영하는 관리자의 육성 훈련이 부족했던 것이 우리나라 기업의 취약점이라 할 수 있다. 인사고과의 활용목적이 다양해지고 능력개발을 지향하는 인사고과, 구체적인 기준에 의한 절대고과 등이 보급되게 되면 소프트웨어 측면의 고과자 훈련이 절대적으로 중요할 것으로 보여진다. 이는 인사고과의 중요성에 대해 실무자들이 제도적 측면보다는 운영적 측면이 중요하다고 답변한 데서도 찾아볼 수 있다.

8) 현장중심

우리나라의 경우 인사권한이 중앙에 집중되어 있어 일선 관리감독들의 역할이 상대적으로 줄어들고 있다. 이로 인해 일선 관리감독자들이 인사관리를 자기 자신의 책임 하에 실시하고자 하는 자각이 결여되어 있는 듯하다.

이와 같은 문제점을 해결하기 위하여서는 고과계열을 단순화하여 1차고과자(직속상사)에게 최종 고과권을 위양하는 것이 관리자로서의 역할을 올바로 자각하게 하고, 기업 내 교육훈련(OJT)을 통한 부하의 능력을 개발 · 육성하는 것이 효과적이라 여겨진다. 따라서 앞으로는 고과자와 피고과자가 업무계획과 능력개발 목표의 수립단계에서부터 실직적인 면담을 통해 업무의 방향을 설정, 공유하고 그 수행과정을 관리할 수 있도록 하는 현장중심의 인사고과가 뿌리를 내려야 할 것이다. 이를 위해서는 목표관리에 의한 업적고과가 적극 검토되어야 할 것이다.

제9장

보상관리

제9장 보상관리

제1절 보상의 개요

넓은 의미의 보상(reward)은 본질적으로 종업원이 서비스기업의 목적 달성에 기여한 공헌(contribution)의 대가가 종업원에게 제공되는 경제적 및 비경제적 가치를 의미한다. 경우에 따라서는 보상이 종업원의 공헌을 자극할 목적으로 제공되기도 한다.

기업이 종업원에게 제공하는 보상의 종류는 매우 다양하다. 보상은 [그림 9-1]과 같이 경제적 보상(economic reward)과 비경제적 보상(non-economic reward)으로 구분된다.

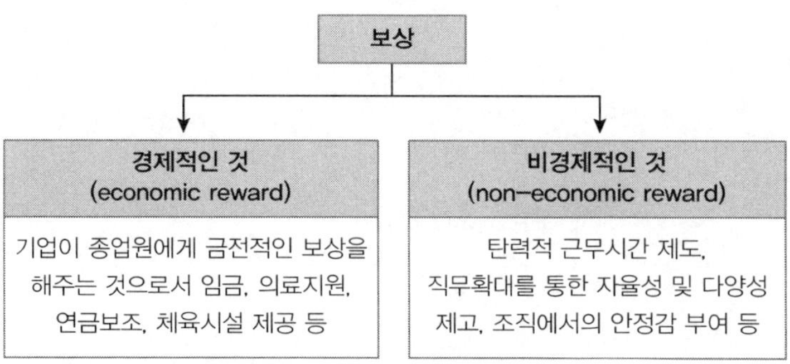

자료 : 이학종(2001), 전략적 인적자원관리, 세경사, p. 461. 수정 · 보완.

[그림 9-1] 보상의 분류

먼저 외재적 보상(extrinsic reward)이라고도 불리는 경제적 보상은 다시 임금, 수당 등 직접보상과 각종 복리후생의 간접보상으로 구성된다. 한편 내재적 보상(intrinsic reward)이라고도 불리는 비경제적 보상은 경력 상의 보상과 사회 · 심리적 보상으로 이루어진다.

보상제도의 근본 목적은 기업의 전략적 목표, 즉 비전을 달성하기 위한 중요 수단으로서의 역할이 있다. 기업이 추구하는 목표 달성을 위해 요구되는 구성원들의 바람직한 행동을 촉진하고, 이를 통해 궁극적으로는 개인과 조직의 성과향상을 도모하는 것이라 하겠다. 이러한 보상의 중요성에 대해서는 많은 기업들이 공감하고 있으며, 성과향상에 기여할 수 있는 다양한 보상제도를 설계 · 운영하기 위해 노력하고 있다.

그동안 국내 기업들은 성과주의 문화의 정착을 위해 꾸준히 노력해 왔다. 그 결과 많은 기업에서 연봉제가 급여체계의 기준으로 자리 잡았고 이익분배제(profit sharing)나 인센티브제 등 성과에 따른 금전적 보상제도를 도입하는 기업들도 크게 늘어났다. 성과에 따른 금전적 보상을 종업원 동기부여 및 기업성과향상에 가장 효과적인 방법이라고 판단했기 때문이다.

하지만 최근에는 금전적 보상의 효과에 대한 비판적 의견도 많이 제기되고 있다. 성과에 따른 금전적 보상이 종업원들에게 진정한 동기부여를 제공하는지 경영에 대한 신뢰나 기업 성과의 상승으로 연결되는지에 대한 의문이 늘고 있는 것이다. 기업마다 추구하는 전략, 처해있는 경영환경, 가용자원규모 및 내부 여건, 조직문화 등 고려해야 할 많은 특수한 요인들이 존재하기 때문이다.

모든 기업에 일률적으로 적용되는 보편화된 보상제도는 없으나, 한 가지 분명한 사실은 보상은 회사 구성원들의 열정과 몰입을 유도하고 동기부여 할 수 있는 방향으로 설계되어야 한다는 것이다.

제2절 직접보상

1. 임금의 개념

임금의 사전적 의미는 '고용자와 피고용자와의 계약에 의하여 성립된 노동용역의 보수(報酬)'를 말하며, 우리나라 근로기준법상 임금은 '사용자가 근로의 대가로 근로자에게 임금, 봉급, 기타 여하한 명칭으로든지 지급하는 일체의 금품'이라고 정의되어 있다. 또한 이와 유사한 개념으로 급여, 월급, 봉급, 급료 등의 다양한 용어들이 사용되고 있으나 내용은 동일하다고 할 수 있다.

임금은 임금액과 임금제도의 두 가지가 합하여진 것이며 임금액은 내용을 임금제도는 그 형식을 말한다고 할 수 있다. 노동 · 용역 · 보수의 크기를 의미하는 임금수준은 보는 입장에 따라 의미가 달라진다. 종업원의 입장에서는 임금이 소득으로서 생활비의 유일한 원천이기 때문에 보다 많이 받기를 원하며 최소한의 생활을 보장할 수 있는 생활급임금을 요구한다. 기업의 입장에서는 임금이 비용으로서 생산에 필요한 지급항목인 노무비가 되기 때문에 보다 적게 지급하기를 바라며, 생산성이나 능률에 견주어 결정해야 한다는 능률급 임금이나 생산성 임금을 주장한다. 또한, 국민경제의 입장에서는 임금이 경제순환에 있어서 구매력이나 가격으로서의 중요성을 지니고 있기 때문에 임금수준이 너무 높거나 너무 낮아도 어려운 문제를 야기하게 되므로 기업과 종업원 양자의 상충된 욕구를 조정할 수 있도록 하고 명확한 정립이 요구된다.

지나친 고임금은 종업원의 생활수준을 높일지는 모르나 기업의 노무비 증가로 이윤폭의 감소나 지급능력이 저하되어 생산축소가 일어날 뿐만 아니라 생산원가가 높아지는 원인이 되기도 한다. 또한 소득수준 향상에 의한 수입증가로 도리어 종업원의 실업을 초래할 위험성이 있다. 반대로 지나친 저임금은 기업가에게는 유리할지 모르나 노동의욕을 상실하게 하고 노동력의 재생산을 불가능하게 하여 인적 자원의 유지와 개발에 큰 차질을 가져올 것이 분명하다. 저임금은 특히 과잉생산 상태 하에서는 유효수요 부족으로 나타나 불황을 야기시킨다. 따라서 임금이 기업의 지급능력이나 노동생산성을 장기에 결쳐 상회하거나 하회해도 문제가 일어나므로 소득으로서의 임금, 비용으로서의 임금, 구매력이나 가격으로서의 임금이 국민경제적 차원에서 균형관계를 유지하도록 하여야 한다. 임금의 균형관계는 [그림 9-2]에 나타나 있다.

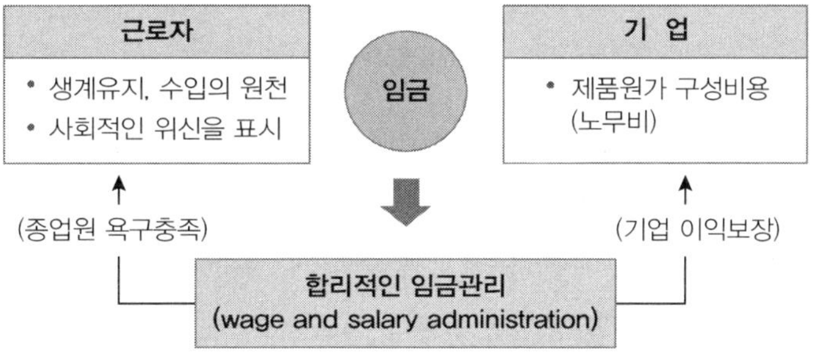

자료 : 저자작성

[그림 9-2] 임금관리의 의미

2. 임금의 성격

1) 생계비와 비용

종업원의 입장에서 보면 임금이란 노동의 대가로 받는 임금소득으로 생활을 유지하고 최소한의 생활을 유지하기 위한 실질구매력이 유지되기를 바란다. 따라서 임금이란 생계비로서의 성격을 갖으며 이런 경우 생계비에 대한 합리적인 측정이 무엇보다 중요하다. 그러나 기업이나 경영자의 입장에서 보면 제품하나당 제조비용에 임금이 포함되기 때문에 비용관리의 대상으로 임금관리가 중요한 요소가 된다.

2) 노동의 대가

종업원이나 경영자 모두 동일한 관점에서 볼 수 있는데, 종업원의 입장에서는 노동을 제공할 의무를 지게 된다는 뜻이며, 경영자의 입장에서는 제공된 노동을 사용하는 권리가 있는 대신 그 대가로 임금을 지불할 의무를 갖는다는 의미를 주기 때문에 서로 권리와 의무의 관계에 있으며 노사간에 관계를 결제하는 수단이라고 할 수 있다.

3) 성과배분

종업원과 경영자는 협력을 바탕으로 생산의 증대를 통하여 조직의 성과를 높이게 된다. 이는 다시 공정한 분배과정을 거쳐 다음과정의 확대 재생산을 위한 근로유인의 원천이 된다. 문제는 성과를 어떻게 정확하게 측정하여 이를 기여의 정도에 따라 합리적이고 공정한 분배원칙을 정하여 이를 실현하느냐가 중요하다.

4) 국민소득분배와 수요재원

국민경제의 관점에서 만약에 임금수준이 실질적인 생산수준을 능가하게 되면 이는 과다소득이 되고 수요가 공급보다 많아져서 소위 '인플레이션(inflation)'을 초래하게 된다. 반대로 임금수준이 실질생산수준보다 낮으면 과소소득이 되어 '디플레이션(deflation)이나 경기침체'의 원인이 될 수 있다. 따라서 장기적으로 볼 때 임금수준은 그 나라의 실질생산성과 균형이 맞아야 함을 말해주고 있다.

5) 노동력 수급가격

임금은 노동의 수요와 공급이 교차하는 점에서 임금수준과 고용량이 결정되는데 노동의 공급이 수요량보다 많으면 임금이 낮아지는 경향을 보이고 반대로 수요가 공급보다 많으면 임금이 높아지는 경향을 보인다.

6) 교섭가격

임금과 근로조건의 결정은 지불하는 입장과 받는 입장이 자율적으로 합의, 즉 교섭을 통하여 서로 합의되는 대로 낙착된다. 그럴 때에 양쪽에서 가장 큰 설득력을 갖는 것이 임금이다.

3. 임금관리의 기능과 내용

임금은 크게 노동력 관리분야에서 우수한 노동력을 획득하게 하고 고용한 노동력의 안정적 유지와 근로의욕의 자극과 근로능력의 질적향상을 기하게 한다.

또한 사회질서의 확립 및 유지관리를 위한 경영모럴의 향상과 근로자의 생활유지 향상, 가계수입의 안정, 노사관계를 원활하게 하는 등 인사관리의 모든 영역에 파급 및 연계되고 있다.

따라서 경영에 있어 임금이 합리적이어야 하는 명제는 임금액과 임금제도, 임금체계, 임금형태, 임금결정방법, 사내격차(초임금, 승급) 등의 제 문제를 포함하고 있으나 이것은 인력관리체계에서 보면 노동능력관리, 노동력 보존관리, 경영사회에서의 인간관계관리, 노사관계관리 등의 근로관리 전 부문에 직결되므로 임금관리가 인력관리의 업무 중에서 가장 중시되는 이유가 된다.

임금을 공정하게 책정하고 관리의 효율성을 높여 합리적으로 유지하기 위해서는 임금관리의 목표와 임금수준 및 결정요인, 임금격차, 임금체계, 임금형태 등의 임금내용과 시책이 수반되어야 한다. 임금관리의 기능, 내용 및 시책은 〈표 9-1〉에 표시되어 있다.

〈표 9-1〉 임금관리의 기능, 내용 및 시책

분야	인적자원관리의 기능	임금관리의 내용 · 시책
노동력관리	① 양질의 노동력 조달 (채용관리)	- 초임금 임금베이스가 사회적인 수준을 유지하거나 또는 보다 상회해야 함
	② 노동능력의 질적 향상 (교육훈련관리)	- 교육, 자기개발에 따른 능력향상을 반영할 수 있는 승급제도가 수반되어야 함(자격승진/승격)
	③ 근로자의 유지 확보 (근로조건의 관리)	- 각 계층에 있어서 최저생계비 이상의 생활을 유지 위한 임금액이 필요함 - 임금수준이 일정액 이상으로 과다한 잔업을 종업원 스스로 바라지 않을 정도로 일정한 임금보장이 필요함 - 생활문제로 가정에서 분쟁이 발생하거나 노동재해가 발생되지 않을 정도의 임금수준과 적절한 대부금제도가 필요함
	④ 작업의욕의 자극	- 각종 자극적 임금제도가 필요함
경영사회질서의 확립 및 유지관리	① 경영모럴의 형성 (경영에 대한 신뢰감)	- 임금수준이 다소 낮아도 동일 규모의 사회수준이 되든가 그 이상이어야 함 - 수입이 안정(임금체계에 있어 고정수입부분 비중이 클 것)되어야 함 - 불투명한 경영사회 질서의 평가에 있어서도 적합한 임금체계(예를 들면 연공급 등의 고려)가 있어야 함 - 승급 · 상여평가의 공정성이 확보되어야 함
	② 종업원간의 원활화	- 임금의 개인격차에 대해 종업원의 입장에서 본 적정한 균형(임금격차구조)이 유지되어야 함
	③ 노사관계의 원활화	- 임금인상이 사회적 균형이 있어야 함 - 기업의 생산성향상이나 주주배당 등과의 균형이 있어야 함 - 이익증감과 상여는 균형이 있어야 함 - 노후생활보장을 위한 퇴직금제도 · 기업 연금제도 등이 필요함

자료 : 원종표(2007), 임금관리 및 관련규정, 신용보증기금, p. 7.

4. 임금수준

1) 임금수준의 의의

임금수준(wage level)이란 기업 전체의 임금의 평균수준을 의미한다. 즉 일정 기간 동안 기업 내 종업원에게 지급되는 평균 임금액(지급임금총액/종업원 수)을 의미한다. 경영자 측면에서는 종업원 일인당 노무비를 의미하며, 종업원 측면에서는 임금의 크기와 관련된 것으로 생활수준의 상대적 지위를 의미하기도 한다.

기업이 종업원에게 보상하는 임금수준은 인적자원관리 전 분야에 매우 중요한 영향을 미친다. 적절한 임금수준은 첫째, 기업 외부로부터 유능한 인적자원을 유인하며, 둘째, 종업원들의 근로의욕 및 직무만족 등과 같은 인적자원 유지에 긍정적인 영향을 미치고, 셋째, 유능한 종업원을 기업에 머물게 하는 등 매우 바람직한 기능을 수행하는 반면에 적절치 못한 임금수준의 그 반대의 결과를 가져온다.

따라서 합리적인 임금수준의 결정을 위해서는 여러 측면에서의 신중한 고려가 요구된다. 서비스기업 입장에서 임금수준은 기업의 경쟁력, 특히 가격경쟁력을 좌우하는 중요한 비용요인임과 동시에 종업원들에게 동기를 부여하여 기업의 목적달성에 공헌하게 하는 성과창출요인이기도 하다.

2) 임금수준의 결정

기업에 있어서 임금수준의 결정은 여러 측면에서의 신중한 고려가 요구된다. 서비스기업의 입장에서 임금수준은 기업의 경쟁력, 특히 가격 경쟁력을 좌우하는 중요한 비용요인이기 때문에 임금수준결정에 관리자가 반드시 고려해야하는 몇 가지 요인이 있으며 이를 임금수준의 결정요인이라고 한다. 이 결정요인에 대하여 학자에 따라 다르게 지적되고 있으나, 일반적으로 그 관점을 '생계비', '기업의 지불능력', '사회일반의 임금수준' 세 가지로 나누어 볼 수 있다.

(1) 생계비 수준

임금은 종업원의 생계와 노동 재생산의 근간이 되며, 사회 전체적인 측면에서 보면 사회를 유지 · 발전시키는 전제 조건이 된다. 따라서 임금은 종업원과 가족구성원의 기본적인 생계를 유지하고, 노동을 재생산할 수 있는 수준까지 보장해야 한다. 즉 생계비는 임금수준의 하한선 역할을 한다.

(2) 기업의 지불능력

한 기업이 종업원에게 임금으로서 지급하는 인건비는 우선적으로 그 기업의 지불능력 내에서 이루어져야 한다. 그러나 이때 기업의 지불능력이라고 하는 것은 단순히 기업의 보상으로 지불할 수 있는 최대한의 재정적 능력이 아니라 기업이 안정된 성장을 계속할 수 있는 전제조건 하에서 종업원의 표준생계비를 기준으로 하여 정해진 인건비를 지불할 수 있는 기업의 능력을 말하는 것이다.

① 생산성기준

첫째, 부가가치기준 분석방법은 부가가치 중에는 인건비가 포함되어 있는데 부가가치에 대한 인건비 비율을 '노동소득분배율'이라 하는데, 이것을 과거 5~10년 간의 자료를 분석하여 계산하며 안정적 평균치가 되어야 한다. 기업의 지불능력 상한은 당기의 부가가치액에 노동소득분배율을 곱한 액수가 된다.

둘째, 매출액기준 분석방법으로 임금총액이 매출액에서 차지하는 비율을 분석하여 임금지불능력을 파악하는 방법이다. 매출액에 대한 임금총액, 즉 매출액에서 차지하는 인건비 비율이 안정적이라면, 매출액 노동생산성의 증대는 결국 전체적인 임금 가용액을 증대시키면서 임금지불능력을 확대시키는 것을 알 수 있다.

② 수익성 분석

기업의 수익성을 분석하여 임금지불능력을 파악하는 방법으로는 수익성 분석, 원가구성분석, 매출 총이익 분석방법을 들 수 있는데, 손익분기점이란 총원가, 즉 고정비(fixed cost)와 변동비(variable cost)의 합계와 매출액이 같게 되는 점으로 이 손익분기점에서의 임금액은 기업이 손실을 보지 않고 지급할 수 있는 임금의 최대지급능력수준임을 알 수 있다. 이 손익분기점 분석방법에서 인건비에 영향을 미치는 것은 매출액과 총비용, 즉 손익분기점수준이므로 기업예산의 변동이 생길 가능성은 여전히 있다. 원가구성분석에 의한 지불능력의 파악이란 기업의 과거 자료를 토대로 수년간 전체원가구성요소 중 인건비비율을 계산하여 인건비 지불능력의 관점에서 임금수준을 결정하는 방법이다.

(3) 사회일반의 임금수준

임금은 인력의 확보 및 종업원의 사기향상과 직결되어 있는 까닭에 보상이 다른 제반 요건을 충분히 감안하여 합리적으로 결정되었다고 하더라도 같은 지역, 같은 업종의 임금수준, 즉 시장임금수준과 균형을 취하지 못하고 낮은 수준을 유지하고 있다면 필요한 종업원을 획득하기는 불가능할 것이고 생산성의 향상은 더욱 기대하기 어려울 것이다. 그래서 임금은 그 수준의 결정에 있어서 반드시 사회일반의 임금수준을 고려해야 하는데, 특히 동종기업간의 임금수준균형은 더욱 큰 의미를 갖는 것이다. 그러나 사회일반의 임금수준이라고 하는 것은 기업의 지불능력을 반드시 고려하여 결정되어야 한다.

이상의 세 가지 요인을 바탕으로 임금수준을 결정할 때 상한선을 기업의 지불능력으로 하되 종업원의 생계비 수준이 하한선이 되고 타사수준 등의 사회적 균형의 문제가 양자의 조정요인으로서 그 중간에 위치하게 하는 것이 가장 바람직한 임금수준결정의 구조라고 할 수 있다.

3) 임금수준의 조정

임금수준은 일반적으로 물가수준 변동, 연공이나 인사고과 결과 등에 따라서 매년 조정이 이루어진다. 조정이란 상향조정, 즉 임금인상을 말하는 것으로 조정의 방법에는 승급, 베이스 업(base-up : 기본급 인상) 등의 방법을 통해 이루어진다.

승급은 동일직급 내에서 임금수준의 변화이므로 종업원이 담당하고 있는 직무와 직능의 질은 변하지 않고 기능이나 능력이 향상되어가기 때문에 발생하는 것으로 임금수준의 상승폭은 크지 않다.

승격은 직무나 직능의 질이 향상된 것을 이유로 해서 행해지는 것으로 담당하는 작업내용의 향상과 직위의 사회적 위치의 상승을 수반하는 것을 의미한다. 승격은 동시에 급여수준의 향상을 수반하는 것으로서 승급과 달리 매년 실시되는 것은 아니며 흔히 승진과 관련되어 실시된다.

베이스 업은 연령, 근속년수, 직무수행능력이라는 관점에서 동일 조건에 있는 자에 대한 임금의 인상으로 해당기간 중 기업의 경영성과를 반영하여 이루어진다.

5. 임금체계

1) 임금체계의 의의

임금체계(wage structure)는 임금 구성과 동일한 의미이며 개별임금을 결정하는 임금항목결정 기준을 말하며, 개인 간의 임금격차를 가장 공정하게 설정함으로써 종업원들이 이를 이해하고 납득하며, 동기가 유발되도록 하는 것이 그 내용의 중심이 된다. 임금의 체계는 [그림 9-3]에 표시되어 있다.

임금은 '기준 내 임금'과 '기준 외 임금'으로 구분하는데, '기준 내 임금'이란 정상적인 작업조건 환경에서 일하는 종업원의 정상적 근로기준(시간)에 대해서 지급되는 것으로, 임금체계 구성의 기준이 되는 부분이다. 여기서 기준은 각종 수당이나 상여금, 퇴직금과 같은 금전적인 가치만을 고려하는 것이 아니라 승진, 승급제도나 복리후생 등과 같은 비금전적인 가치까지도 고려되어지는 것이다. 따라서 임금의 체계 중에서도 기준임금이 어떠한 방식으로 결정되는가 하는 문제가 임금체계의 핵심을 이루게 된다.

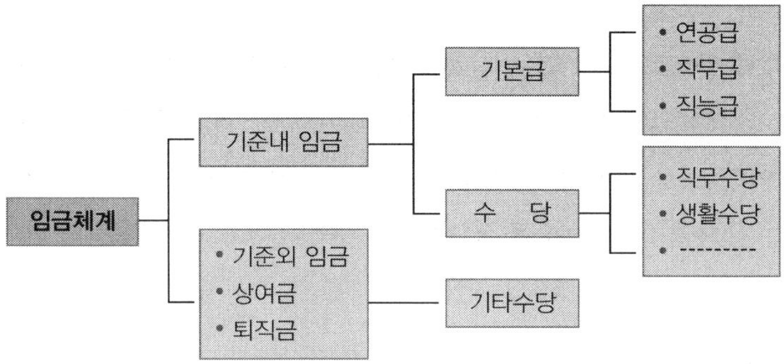

자료 : 김윤태(2008), 호텔 외식산업 인적자원관리, 대왕사, p. 303.

[그림 9-3] 임금의 체계

이에 대하여 '기준 외 임금'은 부가급의 형태로서 종업원의 정상적인 노동의 범위(시간적, 장소적)를 벗어난 부가적 노동에 대해 지급되며 수당과 상여금 등을 들 수 있다. 초과 근로임금(혹은 시간외 수당)이나 특별근로임금(휴일수당) 등을 그 예로 볼 수 있다. 다시 말해서 시간 외 근로, 휴일근로, 일직, 숙직 등에 대해서 초과근로임금이 지급되고, 위험한 작업과 심야의 작업 등에 대해서는 특별근로임금이 지급된다. 상여금(bonus)제도는 일정기간에 걸쳐 기업의 성과에 공헌한 보수로서 변동 지급되는 임시적인 것이라 할 수 있다.

2) 임금체계의 결정요인

(1) 필요기준

필요기준은 개별임금을 결정함에 있어 종업원이 실제 필요로 하는 생활비를 반영하는 결정기준이다. 최저생활이 안되거나 근무지에 따라 생활비의 격차가 발생하는 경우 보상차원에서 가족수당이나 학자금보조수당, 그리고 인플레이션 시의 물가수당 등을 지급하는 것을 예로 들 수 있다.

(2) 능력기준

기업조직이 필요로 하고 있는 현재 또는 미래에 담당해야 할 능력을 결정하는 요소(학력, 경력)들을 감안하여 책정 지급되는 것을 말한다. 능력기준을 적용할 때의 능력이란 조직상의 어떤 범위의 직책을 수행할 구체적인 능력으로 이해하여야 하고, 학력을 포함하여 조직 내에서 유용하다고 평가되는 능력이 임금에 반영될 때 이를 능력급 체계라고 한다.

(3) 직무기준

담당직무기준의 임금체계는 종업원의 담당하는 직무내용에 따라 결정되는 것이다. 실제로 이 기준을 적용하는 직무급체계에서는 직무별 대응능력의 소지여부를 엄격히 심사하여 적격자를 배치하는 것을 가장 중요한 원칙으로 적용해야만 한다.

(4) 성과기준

업적기준의 임금체계, 성과급체계는 개개인의 성과를 측정하여 성과에 비례하는 임금을 지급하는 것을 말한다. 업적기준의 문제점은 승급, 승진에 있어 직무의 변동이나 능력수준의 변동과 관계없이 지난 기간 동안의 업적을 반영하는 경우가 많다는 것이다.

(5) 자격기준

자격기준 또는 자격급은 자격제도를 바탕으로 한 임금체계로서 직능급을 제도화한 것이다. 엄밀한 의미에서 직능급의 또 다른 유형이다. 자격급은 기업 내 종업원의 자격취득기준을 설정해 놓고 그 자격취득에 따라 임금지급에 차이를 두는 제도이다. 임금체계를 결정하는 요인은 [그림 9-4]에 표시되어 있다.

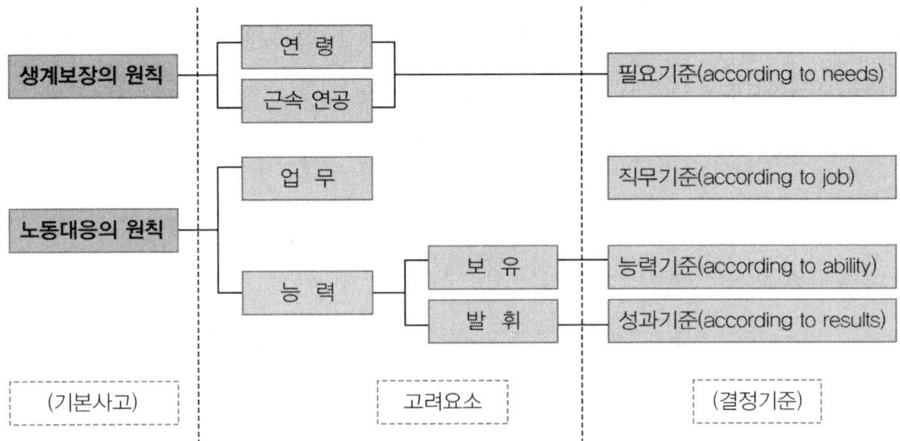

자료 : 저자작성.

[그림 9-4] 임금체계의 결정요인

3) 임금체계의 종류

기업이 임금을 통하여 종업원들에게 적절한 보상을 제공하고 성과창출 의지를 자극하기 위해서 반드시 고려해야 할 점은 임금이 공정해야 한다는 점이다. 임금수준, 즉 경쟁 서비스기업과의 비교는 물론 기업 내 다른 종업원들과의 비교에서도 공정하여야 임금의 공정성이 확보될 수 있다. 이를 흔히 내적 공정성(internal equity)라고 하는데 만약 이러한 공정성이 확보되지 않는다면 기업이 임금을 통하여 이루려는 목적을 달성하기 힘들다. 예를 들어, 아무리 임금 수준이 높다고 하여도 옆의 종업원과 비교했을 때 불공정한 임금수준이라고 지각한다면 기업이 의도하는 근로의욕 향상은 달성하기 어려울 수밖에 없는 것이다.

임금의 내적 공정성은 바로 종업원 개인 간 배분을 중심으로 한 임금시스템(pay system) 문제라고 할 수 있다. 즉 임금 총액을 기업 내 종업원들 간에 어떻게 배분하느냐 또는 어떻게 배분해야 종업원들이 공정하다고 느껴서 근로의욕이 향상될 수 있느냐 하는 문제인 것이다.

공정한 임금체계를 위한 배분의 기준은 크게 직무 가치와 종업원 가치, 그리고 결과 가치로 구분할 수 있다. 이는 각각 직무급 임금체계, 연공급 임금체계, 성과급 임금체계로 나타난다. 직능급 임금체계는 직무급과 연공급의 절충적 임금체계이다. [그림 9–5]는 배분기준과 임금체계를 표시하고 있다.

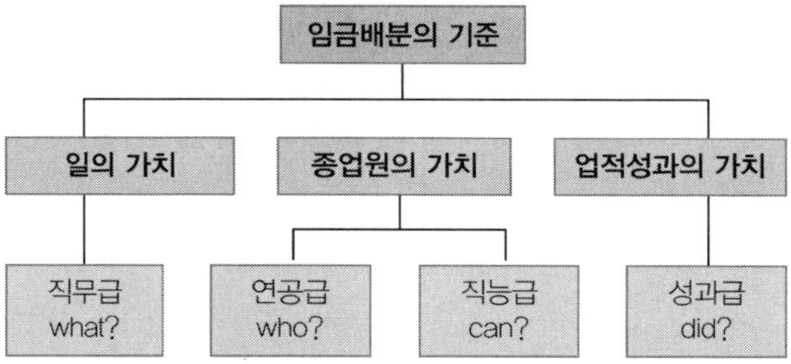

자료: 권용만 · 신형재(2008), 인적자원관리론, p. 318, 수정 · 보완.

[그림 9–5] 배분기준과 임금체계

먼저 직무급은 직무의 가치에 따라 임금을 배분하는 임금체계이다. 높은 직무가치를 지닌 직무를 수행하는 종업원들에게는 높은 임금을 제공하고, 그렇지 않는 직무를 수행하는 종업원에게는 낮은 임금을 지급하는 것이다. 이와 달리 연공급은 직무의 가치가 아니라 종업원의 가치를 임금배분의 기준으로 삼는다. 따라서 학력, 근무연수 등 종업원의 연공서열에 따라 임금이 달라진다. 성과급은 직무수행의 결과인 직무성과(job performance)를 기준으로 배분하는 임금체계로 높은 성과를 보인 종업원에게 높은 임금을 지급하는 체계이다. 마지막으로 직능급은 종업원의 직무수행 능력에 따라 임금을 지급하는 임금체계이다. 따라서 직능급은 직무의 가치와 종업원의 가치를 동시에 적용하는 절충적인 임금체계라고 할 수 있다.

(1) 연공급

임금이 근속년수를 중심으로 변화하는 것으로 기본적으로는 생활급적 사고

원리에 따른 임금체계라고 할 수 있다. 연공급은 근무한 연수와 능력과 업적이 같다는 논리로써 근대화 초기 임금의 절약과 노동인력의 이동의 방지를 위하여 채택되어 사용되었다. 채용 시 개개인의 학력차이를 전제로 설정된 초임급을 출발점으로 하고, 그 이후는 연공이나 근속년수의 상승에 따라 임금이 상승하게 되는 임금체계로써 초임급은 비교적 낮게 책정되고 근속년수에 비례하여 점진적으로 임금이 상승하는 정기승급제도를 통하여 승급이 행하여진다.

그러나 연공급은 기계화 · 정보화와 교육수준의 향상 등으로 근속연수와 숙련 · 성과와의 관계에 변화가 나타났으며, 산업화의 과정에서 어느 정도 직무와 직무수행자에 대한 노하우(know how)와 직무평가 · 인사고과에 대한 노하우를 축적하게 되었으며, 임금수준의 전반적인 상승으로 생계비 보장의 수준을 넘어서는 등 환경의 변화로 논리적 근거를 상당부분 상실하고 점점 그 비중이 작아지고 있다.

연공급제도는 고용안정 및 노동력의 정착화, 근로자 생활보장 및 기업에 대한 귀속의식 확대, 과도한 경쟁을 피할 수 있어 팀워크 유지에 유리, 배치전환이나 이동 등에 대하여 융통성이 높음, 직무나 상위직급에 적용용이, 근속 및 충성심과 임금을 결부시켜 질서 확립과 사기유지 가능 등과 같은 장점을 가지고 있어 우리나라와 같이 유교적인 문화에서 효과적이라는 장점이 있다.

그러나 동일노동에 동일임금의 원칙이 지켜지지 않고, 소극적이고 무사안일한 근무태도의 야기, 기업의 인건비부담이 가중, 경영환경 변화와 능력주의 중시, 신인사정책에 불합리, 전문기술인력 확보에 장애요인으로 작용하는 등의 단점도 가지고 있다.

(2) 직능급

직능급은 직무수행과 관련하여 종업원이 보유하고 있는 직무수행 능력을 기준으로 임금을 결정하는 방법이다. 따라서 직능급은 '일'에 대한 임금인 직무급과 '사람'에 대한 임금인 연공급을 통합한 '일을 하는 사람'에 대한 임금의 개념이라고 할 수 있다.

일반적으로 직무분석을 실시하고, 직무평가 결과에 따라 계층별로 직무수행능력을 정의한 후에 종업원들을 평가하고 등급화하여 그 결과를 토대로 임금의 차이를 두고 있다.

이러한 직능급은 직무의 내용이 아니라 '직무수행능력'을 중심으로 한 임금체계이기 때문에 직무의 표준화가 충분치 못한 상황에서도 사용이 가능하다. 또한 능력이 있는 종업원에게 높은 임금을 지급함으로써 능력주의 임금관리를 실현할 수 있으며, 승진정체를 해결하는 좋은 수단으로 활용할 수 있어서 종업원의 성장욕구를 자극하거나 충족시킬 수 있다.

그러나 직무수행 결과로서 얻어지는 성과에 기준을 두는 것이 아닌 능력을 평가하는 잠재적 성과에 기준점을 두는 논리적 모순을 가지고 있다. 또한 직능급 실시의 전제로서 합리적인 직무수행 능력 등급의 구분과 종업원 능력에 대한 정확한 평가가 시행되어야 하지만 시간과 비용이 많이 소요되고, 적용가능한 직무가 제한적이라는 한계를 가지고 있다.

따라서 현재 우리나라의 경우 학력, 연공, 근속에 의한 연공급과 직급 혹은 직책의 위상도 고려하고 직무적 요소와 속인적 요소를 종합적으로 고려하여 결정하는 혼합결정급이 대부분이다.

(3) 직무급

직무급은 직무의 상대적 가치에 따라서 임금을 결정하는 임금체계이다. 따라서 직무의 상대적 가치를 평가하기 위해서는 직무의 내용과 직무수행자의 자격요건을 토대로 해당직무의 상대적 가치를 결정하는 과정인 직무평가가 반드시 전제되어야 한다.

직무급은 직무가 무엇인가에 의하여 임금을 결정한다는 점에서 속인적 임금인 연공임금과 대치되며 직무수행 능력의 격차에 따라서 임금의 격차를 결정하는 이른바 직능급과도 다르다. 따라서 직무급은 직무수행에 필요한 능력과 근로자가 현재 갖고 있는 능력이 일치하는 적정배치가 전제되어야 한다. 능력이 있어 일을 잘 수행하면 가치 있는 일을 맡게 되어 임금이 상승하고 능력이 없으면 가치가 낮은 일을 수행하게 되어 임금이 낮아진다. 그러므로 직무급 임금체계는 능력주의적 보상체계의 전형적인 형태라고 할 수 있다

직무급은 임금을 노동의 대가라는 임금의 원칙에서 볼 때 가장 타당한 형태라고 할 수 있으며, 임금을 노동의 질과 양에 따른 명확한 기준 위에서 결정함으로써 임금결정의 자의성을 배제할 수 있다. 또한 근로자가 느끼는 노동의 상대적 박탈감을 감소시켜 주고, 임금의 공정성을 높여준다.

직무급의 장점으로는 동일직무에 동일임금이 지급되므로 개인별 임금격차에 대한 불만이 해소되고 능력주의의 풍토가 조성되고, 직무 가치의 합이 기업의 목적달성의 정도를 의미한다는 관점에서 합리적인 임금체계라 할 수 있다. 또한 불합리한 인건비 상승을 억제하고 인건비 효율성 제고 측면에서 긍정적으로 받아들여진다.

그러나 직무급은 직무평가 및 직무분석 등이 선행되어야 하는 등의 그 절차가 복잡하고, 직무가 표준화되어 있지 않고 연공중심의 풍토에서 오는 저항감이 강할 때에는 그 적용이 곤란하다는 단점이 있다.

따라서 성공적인 직무급의 실시를 위해서는 다음과 같은 전제조건이 뒷받침되어야 한다. 첫째, 직무분석과 직무평가의 선행으로 직무급이 성공적으로 이루어지기 위해서는 직무의 표준화와 직무가치의 객관적인 평가가 전제되어야 한다. 이를 위하여 합리적인 직무분석과 직무평가가 선행되어야 한다.

둘째, 연공서열급의 탈피로서 직무급은 동일직무에 동일임금의 지급이라는 사고방식에 입각하여, 기존의 연공서열주의를 탈피하는 것이 무엇보다 중요하다.

셋째, 직무가 가장 낮은 가치로 평가되더라도 종업원의 생계비 이상을 유지함으로써 노동재생산이 가능하여야 한다.

넷째, 노동관행의 정착으로 직무평가 및 직무급에 대하여 노사당사자가 납득하는 합리적인 노사관행이 이룩되어야 하며, 노사가 신뢰하는 조직분위기가 요구된다.

(4) 자격급

자격급은 기업 내의 종업원의 자격취득기준을 정해 놓고 그 자격취득에 따라 임금의 차이를 두는 제도이다. 자격급은 직능급과 같이 직무급과 연공급의 양면을 절충시킨 것으로 이는 직능급처럼 종업원의 직무수행능력의 종류와 정도에 따라 등급이 구분된 임금이다. 즉 자격급은 직능급을 좀 더 확대시켜 제도화시킨 형태로 기업 내에 자격취득 제도를 도입하고, 그 자격취득자에게 그에 해당하는 임금을 명시함으로써 종업원에게 심리적 안정을 얻게 하여 장래의 임금액을 예정하고 기대하게 함으로써 종업원의 근로의욕과 성취의욕을 자극하여 성과로의 연결을 유도한다.

따라서 자격급의 실시를 위해서는 일차적으로 자격기준을 설정하는 것이 중요하다. 자격기준을 설정하기 위해서는 직능의 전문화가 선행되어야 하며, 그에 따른 사내 자격별 임금기준을 어떻게 설정하느냐에 따라 그 효과성이 달라질 수 있다.

4) 임금형태

임금형태란 임금을 계산하여 지불하는 방식을 말하며 이는 임금수준의 결정과 임금체계의 결정과 함께 매우 중요한 대상이 된다. 따라서 기업의 경영자는 임금형태를 채택함에 있어서 기본적으로 첫째, 종업원의 노력에 상응하는 적정한 보수를 지급해야 하고, 둘째, 기업의 업적에 따라 임금을 공정히 산정해야 하며, 셋째, 종업원의 능률향상을 통해서 임금을 증가시키고, 넷째, 종업원의 생활과 노동력의 재생산을 고려한다는 원칙을 가지고 있어야 한다.

(1) 임금형태의 분류

기업의 임금정책에 있어서 임금형태는 임금수준의 결정, 임금체계의 구성과 더불어 매우 중요한 대상이 된다. 임금형태는 특히 종업원의 작업의욕의 향상과 직접적으로 관련되는 것으로 임금의 계산 및 지불방법에 관한 것이며 임금체계와는 별개의 것이다. 다시 말하면 임금체계가 임금의 구성내용을 의미하는 데 비하여 임금형태는 임금을 종업원에게 계산 지급하는 방식을 말한다. [그림 9-6] 는 임금형태의 분류이다.

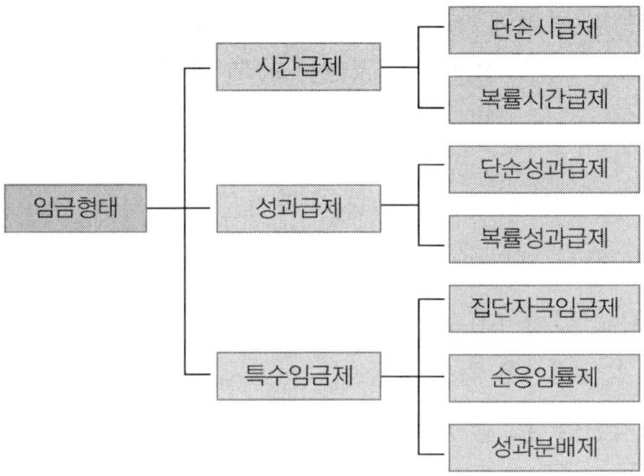

자료 : 원종표(2007). 임금관리 및 관련규정, 신용보증기금, p. 14.

[그림 9-6] 임금형태의 분류

임금형태 중에서 가장 중심이 되는 것은 시간급제(time payment)와 성과급제(output payment)이다. 이 양자는 서로 상반되는 것처럼 보이나 시간급제에 있어서 일정시간에 대한 임금과 성과급제에 있어서 제품단위당의 임금 사이에는 밀접한 상호관계를 갖고 있는 것이며, 노동량 또는 생산량과 임금과의 결부가 직접적인가 간접적인가의 차이에 의하여 구별된다. 그 이외의 특수임금제는 이 시간급제와 성과급제의 미비점을 보충하기 위한 형태에 지나지 않는 것이다.

① 시간급제

시간급제란 수행한 업무의 양과 질에는 관계없이 단순히 근로시간을 기준으로 해서 임금을 산정하여 지급하는 방법으로 성과급제와 함께 가장 대표적인 방식이다. 시간급제는 노동자의 입장에서 보면 일정액의 임금이 확정적으로 보장되어 있다는 것이 장점이다. 또 기업의 견지에서는 근로일수나 근로시간수가 산출되면 임금계산에 관한 업무는 간단히 처리될 수 있으므로 임금산정의 간편성과 공정성을 기할 수 있고, 제품 생산에 시간적 제약을 받지 않으므로 품질의 불량을 방지할 수 있는 장점이 있다. 반면에 작업수행의 양과 질에 관계없이 임금이 지불되므로 근로자를 자극할 수 없어 작업능률이 오르지 않는다는 것과 단위시간당의 임금계산이 용이하지 않다는 등의 단점이 있다.

② 성과급제

일명 실적급제라고도 하며 노동성과를 측정해서 측정된 성과에 따라서 임금을 산정하여 지급하는 제도이며, 임금은 성과와 비례한다. 왜냐하면 작업수행에 소요된 작업시간은 고려하지 않고 작업성과의 수량만 계산하여 이에 일정한 임율을 적용하여 임금계산을 하기 때문이다. 이 제도에서는 임금수령액은 각자의 성과에 따라 증감된다. [그림 9-7]은 성과급의 개념도이다.

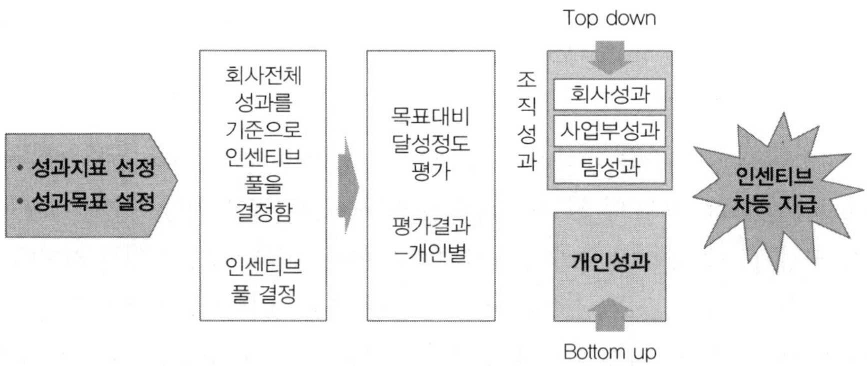

자료 : 김인범 · 신현관(2009), 리더가 꼭 알아야 할 실전 인사관리, 중앙경제평론사, p. 144.

[그림 9-7] 성과급의 개념

성과급제의 장점과 단점은 다음과 같다. 성과급제에 있어서는 작업성과와 임금이 정비례하므로 근로자에게 합리성과 타당성을 제공해주며, 작업능률을 크게 자극할 수 있고, 따라서 생산성제고, 원가절감, 근로자의 소득증대에 효과가 있다. 또한 직접 노무비가 일정하므로 시간급제보다 원가계산이 용이하다는 등의 장점이 있다. 반면 작업량에만 치중하므로 품질에 문제가 발생할 가능성이 있고, 기계설비의 소모가 심하다는 등의 단점이 있다. 그러므로 실제로 성과급제의 임금형태를 채택하는 경우에는 그 생산과정이나 대상 작업이 이에 합당한 전제조건을 갖추고 있어야 한다.

첫째, 생산단위의 측정이 가능할 경우

둘째, 작업자의 노력과 생산량과의 관계가 명확할 경우

셋째, 직무가 표준화되어 있고 작업의 흐름이 정규적일 경우

넷째, 생산의 질이 생산량보다 덜 중요하거나 그 질이 일정할 경우

다섯째, 각 작업자에 대한 감독을 철저히 할 수 있는 경우

여섯째, 경쟁적이어서 사전에 단위생산비 중 노무비가 결정되어 있을 경우 등이 전제되어야 할 것이다.

③ 특수임금제

첫째, 집단자극제는 근로자 개인을 중심으로 임금을 책정, 지급하는 것이 아니라 일정한 근로자 집단 별로 임금을 산정 지급하는 제도이다. 장점으로는 기술차이가 나는 근로자도 손해가 없으며 작업배치 시 작업의 난이도에 따른 불만을 예방하며 집단 내의 팀워크가 조성되고 협동심이 유발된다. 단점은 개개인의 기능과 노력차이가 무시되며 성과변경 시에 그 원인의 분석이 어렵다.

둘째, 순응임률제는 주어진 여러 가지 조건이 변할 때는 거기에 순응하여 임금율도 자동적으로 변동 · 조정되도록 하는 제도로서 일종의 변동임률제도이다. 여기에는 생계비 순응임률제, 이익순응임률제, 판매가격 순응임률제 등이 있다.

셋째, 이익분배제는 기본적 보상 이외에 각 영업기마다 결산이익의 일부를 종업원에게 부가적으로 지급하는 제도이다. 이 효과로는 노사 간에 신뢰가 생기며 종업원의 주인의식을 기대할 수 있으며 장기근속을 장려할 수 있다. 그러나 성과의 측정이 결산기에 이르러야 하기 때문에 능률의 자극이 어렵고 성과증가의 원

인이 노동기여도 보다 사회적 환경과 자본기여도의 영향이 큰 경우가 일반적으로 많고 회계처리를 자의적으로 조정할 우려를 가지고 있다.

5) 연봉제

(1) 연봉제의 개념

연봉제란 학자에 따라 다양한 정의를 내리고 있으나 말 그대로 임금총액에 영향을 주는 능력이나 업적평가를 하여, 그것을 기초로 연간임금 베이스로 계약하여 임금을 지급하는 능력 중시형 임금제도를 말한다. 따라서 이러한 연봉제는 기본연봉과 업적연봉의 배분비율, 기본연봉의 결정기준에 따라 다시 다양한 유형으로 구분이 가능하여 연봉제를 도입하고 있는 기업 간에도 반영의 방법과 내용면에서 상당한 차이가 있을 수 있으나, 일반적으로 연공급제와는 정기 승급의 유무, 금액결정 기준에서 근본적으로 다르다고 할 수 있다.

(2) 연봉제의 본질

① 임금의 개별화

연봉제의 기본적 특질은 개인별로 임금이 차별화되어 있는 것에 있다. 즉 개인마다 회사와 일대일로 임금협상을 하고 계약에 의해 해마다 임금의 액수가 달라진다. 이런 임금계약은 평가시스템에 의하여 개인별 평가를 전제로 한다. 또한 개인별 평가는 능력이나 업적에 기초를 두고 있다. 이때 임금개별화를 추진하는데 애로사항은 일일이 개별적인 평가를 하여야 하며 개별적인 설득과 협상을 하여야 하는 데 있다. 임금개별화는 승진, 승급의 차등화, 기본급의 차등화, 상여금의 차등화 등을 통하여 추구하게 된다.

② 연간단위의 임금총액

연봉제가 궁극적으로 추구하는 것은 개별 종업원의 연간 임금총액을 성과와 연동시키는 일이다. 여기에서 핵심은 총액개념으로 정하고 별도의 지급방법을 정하여 분할 지급함으로써 연간 총계약급여(연봉)를 지급한다. 따라서 속인적 요소에 의하여 결정되는 연공급제와는 달리 어떠한 명목으로 받느냐는 것은 그리 중요하지 않다. 다만 최종적으로 회사에 대한 기여와 공헌도가 어느 정도인가에 따라 노동력의 수요와 공급에 따른 시장원리로써 임금총액을 결정지으려는 것이 연봉제의 본질인 것이다. 그러나 복리후생비처럼 연봉의 총액에 가산되지 않는 경우도 있으나 일부 회사에서는 여러가지 복리후생 프로그램을 미리 정하여 놓고 종업원이 필요에 따라 선택하는 카페테리아식 복리후생제도를 통하여 복리후생비 역시 임금총액에 포함시키는 경우도 있을 수 있다.

③ 계획성

임금의 개별화나 연간단위 임금총액의 계약만으로도 연봉제의 골격이 갖추어진 경우라 할 수 있으나, 연봉제 실시의 근본적인 목적은 인사관리의 합리화를 통하여 인건비 계획을 세우고 이 계수의 관리를 실현함으로써 경영의 합리화를 이루는데 있다고 할 수 있다. 따라서 계획성과 관련된 기본적인 관리체계에서 다루어야 할 것은 직능자격제도와 연봉제, 그리고 평가시스템에 의한 목표관리제도이다.

(3) 연봉제의 특징

연봉제는 다음과 같은 몇 가지 특징을 가지고 있다. 첫째, 연봉제는 성과급의 일종이다. 임금 결정에 있어 직무급은 종업원이 수행하는 직무의 특성에 따라, 연봉급은 종업원의 연령, 성별, 근속년수 등 개인적인 속성에 의해 이루어지는 반면, 성과급은 종업원이 수행한 업무성과의 결과에 의해 임금이 결정되는 것이 원칙인데 연봉제는 이 성과급의 일종이다. 그러나 우리나라의 경우 성과 외에도 능력이나 공헌도 등도 포함되는 경우가 있다.

둘째, 연봉제는 개별성과급이다. 연봉제는 단체협약에 의한 승급이 아니라 개인 대 회사 간의 개별계약에 의해 이루어지며, 집단으로 발생한 성과에 의해 결정되는 집단성과 배분제도와는 달리 개인별 성과에 기초함이 원칙이다.

셋째, 연봉제는 1년간 받을 총액을 일정기간 관찰된 성과를 기초로 정한다. 이는 임금지급방식에서 시급, 일급, 월급과 다르며, 그때그때의 생산량이나 판매액에 따라 급여가 결정되는 인센티브제도와도 구별된다.

넷째, 연봉제는 미래의 성과가 높아질 것을 기대하는 동기부여형 임금체계다. 직무급이나 연공급과 같이 일정한 기준에 따라 고정적으로 임금수준이 결정되는 것이 아니라, 노력하면 노력한 만큼 대가가 더 따른다는 기대감을 주도록 동기부여를 기초로 하는 임금체계이다.

다섯째, 개인이 받는 연봉총액의 결정은 평가에 의해 이루어진다. 특히 인사고과와 같은 평가시스템에 기초하게 된다. 따라서 평가의 공정성과 정확성이 매우 중요한 이슈이며, 연봉관리에서 평가제도는 곧 성공적 운영의 전부라 해도 과언이 아니기 때문에 평가관리의 체계화와 정립이 절대 필요하다.

(4) 연봉제 시행의 장단점

연봉제 도입의 장점으로는 첫째, 근무의욕 고취와 도전정신의 함양이 도모된다. 연봉에는 능력과 실적이 직결되어 있으므로 능력주의와 실적주의를 통해 제도적인 보상관리로 동기를 부여함으로써 의욕적으로 근무할 수 있게 한다. 또한 연봉제는 자신의 능력과 업적이 곧 임금으로 표현된다는 생각 때문에 도전적인 근무자세를 유지하여 조직 활성화와 사기앙양을 유도할 수 있다.

둘째, 과감한 인재등용이 용이하다. 특히 국제적인 비즈니스가 필요한 전문직과 하이테크 기술자 등을 확보하기 위해서는 통용력이 적은 연공급으로 적용하여 업무의 예외발생이나 조직 내 위화감을 조성하기보다는, 국제적으로 통용되는 연봉제를 적용하여 총액개념의 임금수준으로 명확히 정하여 이해가 쉽도록 하고 인재를 확보하는 것이 용이할 수 있다.

셋째, 경영감각의 배양과 생산성향상을 들 수 있다. 임원뿐 아니라 중간관리자 등에게도 연봉제를 도입하여 개개인에게 경영자에 준하는 책임감을 부여하고 자신과 부서목표를 달성하기 위한 노력을 하게 할 수 있다. 즉 달성한 업무성과와 연봉과를 연계시켜 목표의 수립과 달성 및 실천 그리고 결과평가에 따른 경영감각 등을 제도적으로 배양하여 생산성 향상을 도모하게 할 수 있다.

넷째, 임금관리가 용이해진다. 현행 대부분의 연공급 임금체계는 기본급, 제수당 및 상여금으로 구성되어 있어 임금체계가 대단히 복잡하고, 상여금은 고정급으로 지급하여 임금의 동기유발이 상실된 상태이다. 또한 임금인상 방법 역시 임금교섭에 의한 베이스 업(base-up)과 승호봉 인상으로 이원화되어 있어 임금관리가 복잡하다. 그러나 연봉제를 도입하는 경우 복잡한 임금체계와 임금지급구조를 단순화시켜 임금관리가 용이해지므로 임금관리의 효율성이 증대된다.

다섯째, 상사와 부하 간의 의사소통이 원활하여진다. 연봉제 대상자는 매년 스스로 자신의 업무목표를 세우고 이를 상사와의 면담을 통해 확정한 후 정기적으로 그 달성정도를 평가받게 된다. 따라서 연봉제 대상자는 목표수립과 업무수행과정 및 평가시점에 상사와의 면담을 통하여 자신의 의견을 충분히 밝히고 상사로부터 조언을 구할 수 있어 상하 간의 의사소통이 원활하여 질 수 있다.

이와는 반대로 연봉제는 다음과 같은 단점을 가진다. 첫째, 우리나라 고유의 사회문화적 전통인 장유유서 의식과 선임자 우대원칙과의 갈등이 있을 수 있다

둘째, 평가결과의 공정성, 객관성문제가 발생될 수 있기 때문에 조직원이 동의하는 평가시스템이 정착되어야만 한다.

셋째, 업무에 있어 단기간의 업적주의로 흐르거나 실패를 두려워하며 연봉액이 감액되는 경우는 사원의 사기가 저하될 수 있다.

넷째, 종업원 상호간의 불필요한 경쟁심을 유발하여 위화감을 조성하거나 부하육성을 경시하는 역효과도 예상할 수 있다.

다섯째, 업무의 업적을 외형으로만 평가하려는 왜곡현상이 발생되어 업적평가가 상대적으로 어렵거나 완료기간이 장기적으로 요구되는 연구직 등 화이트칼라의 의욕저하가 있을 수 있다.

여섯째, 연봉제는 노동법이 규정하는 근로시간의 경과에 따른 임금산정과는 다르게 업적이나 성과에 따라 임금이 결정되므로, 기존 노동법과 마찰을 빚어 다양한 법적 다툼을 야기할 수 있다.

일곱째, 연봉제를 통하여 지나치게 성과에만 집착한다면 노동 강도를 강화시

켜 근로자의 건강이나 창의력을 저해할 우려가 있으며, 업무태도에 더욱 소극적이 될 우려가 있다.

(4) 연봉제의 성공조건

연봉제를 성공시키기 위해서는 여러 가지 조건이 필요하다. 우선 연봉제를 도입하기 전에 도입하는 목적이 뚜렷해야 한다. 뚜렷한 목적 없이 연봉제를 도입할 경우에는 성공할 확률이 낮아지기 때문이다.

연봉제의 도입 목적은 경영환경의 변화, 회사의 경영방침, 임금관리 등의 면에서 충분한 검토가 이루어져야 한다. 때로는 종업원의 인건비를 감소시킬 목적으로 연봉제를 도입하는 경우가 있는데 그것은 위험한 발상일 것이다. 왜냐하면 연봉제로 인한 임금의 막연한 감소는 종업원에 대한 동기부여를 저해하고 회사에 충성심을 약화시키는 요인이 될 것이기 때문이다. 또한 연봉제는 모든 종업원들에게 일률적으로 적용할 수 있는 것은 아니다. 만약 개인별 업무성적 및 근무실적의 구분이 뚜렷하지 않다면 연봉제의 도입이 어려울 것이다. 따라서 연봉제의 도입이 용이한 직무분야는 종업원 개인별로 업무상 역할 및 책임이 분명할 경우에 해당된다.

첫째, 직무분야로는 관리직, 전문직 및 기술직, 영업직 등에 적합하고 일반사무직 혹은 생산직 종업원에게는 적용하기 곤란한 점이 있다. 연봉제 도입의 성공요인으로는 합리적이고 투명한 평가가 전제되어야 한다. 연봉제의 대부분은 얼마나 정확하게 평가하느냐에 달려 있다. 종업원의 성과를 임금인상에 반영하여 그에 대한 동기를 부여하고 기업 및 조직의 성과를 높이기 위한 제도이므로 종업원에 대한 평가가 공정하고 객관적인 차원에서 누가 보더라도 합당하다는 생각이 들도록 해야 한다. 특히 인사고과에 대한 평가문항 및 평가방법 등이 투명하지 못하다면 연봉제에 대한 성공은 불가능할 것이다. 그리고 평가자는 늘 공정하게 한다는 생각을 갖고 인사고과의 오류를 줄이기 위해 노력해야 할 것이다. 연봉제를 성공시키기 위해서는 다른 회사의 사례 등을 모방하기 보다는 자신의 회사에서 다루는 업종 및 기업문화 등을 면밀히 살피어 연봉 운영시스템을 충실히 해야 할 것이다.

둘째, 연봉제를 실행함에 있어서 우리나라의 문화적 풍토를 충분히 감안해야 한다. 왜냐하면 동양적 경영문화와 집단적 시스템을 고려하지 않는다면 연봉제의 성공은 역시 어려울 것이기 때문이다. 연봉제를 상대적으로 실행하기가 용이한 서구의 경영문화는 본래부터 개인의 창의성을 중요시하고 종업원 간의 경쟁원리를 바탕으로 하였다.

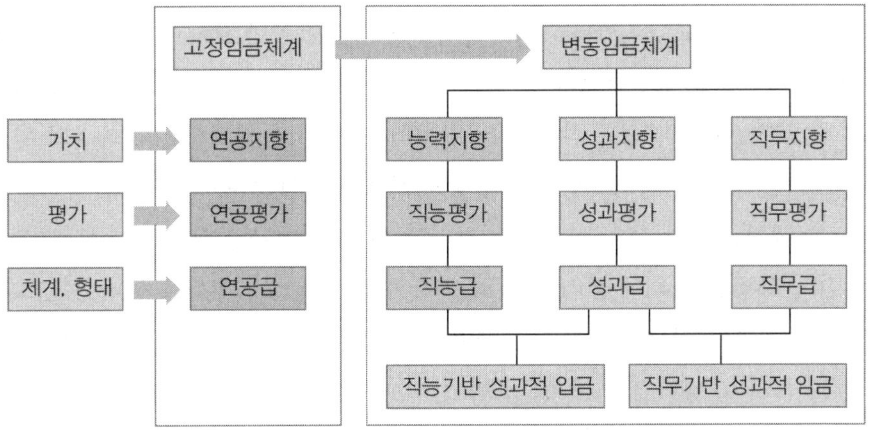

자료 : 저자작성.

[그림 9-8] 향후 임금체계의 변화

마지막으로 연봉제의 도입은 너무 성급히 도입하기보다는 마치 상품의 라이프 사이클(product life cycle)처럼 도입기, 성장기, 성숙기, 정착기 등을 차례로 거치면서 종업원들의 사고와 균형을 맞추어 나가는 것도 필요할 것이다. 고객을 만족시켜야 기업의 번영이 가능하듯이 종업원을 만족시켜야 조직발전 및 기업발전이 가능할 것이다. 현재 많은 기업들이 연봉제를 도입하거나 그렇게 하려는 의사가 높고 노사 간 임금 및 단체협상 시 연봉제에 대한 논의가 이루어지고 있는 것은 그만큼 연봉제에 대한 인식이 형성된 것으로 보인다. 향후 임금체계는 [그림 9-8]에와 같이 변동임금체계로 변화되게 될 것으로 예상된다.

제3절 간접보상

1. 복리후생의 개념

복리후생은 일반적으로 임금이나 근로조건과 무관하게 종업원의 편익(benefit)을 제공하기 위하여 기업이 추가적으로 제공하는 보상으로 정의되고 있다. 앞서 언급된 임금과 수당과는 달리 복리후생은 종업원의 노동력 제공과 직접적인 관계없이 종업원의 경제적 안정과 생활의 질을 향상시키기 위해 지급되는 일종의 간접보상의 형태를 띠고 있는 것이다. 따라서 직접보상은 성과주의 원칙에 근거하는 반면에 복리후생은 공동체 원칙에 근거한 것이라고 할 수 있다.

노동부에서는 일반적으로 '근로복지라고 하면 임금이나 근로조건 등과 같은 기본적 근로조건 이외에 부가적 내지 부차적 근로조건의 개선을 통하여 근로자의 복지증진을 목적으로 하는 모든 정책이나 활동을 의미 한다'라고 하였다.

따라서 복리후생이란 광의적으로는 실시주체가 복리후생의 객체인 근로자와 그 가족의 생활안정과 생활수준의 향상 등을 목적으로 실시되는 제 시책 및 활동으로서 볼 수 있고, 협의로는 기본적 근로조건이외에 부가적으로 근로자와 그 가족의 생활안정과 생활수준 향상을 목적으로 근로조건을 보완하는 것이라고 볼 수 있다.

그러나 광의적으로 해석하면 국가의 대부분의 정책이나 제도의 효과가 미치는 부분이 근로자뿐만이 아니라 국민전체의 복리와 무관하지 않기 때문에, 복리후생을 구체적으로 표현하는 경우에는 일반적으로 기업이나 노동조합이 실시하는 협의의 개념으로 사용한다.

2. 복리후생의 기능과 중요성

기업의 복리후생은 경영목적을 달성하는 수단으로 출발된 것이었다. 그러나 급속한 산업화와 더불어 노동력에 대한 가치판단 기준이 변화함으로써, 인간존중의 경영이 필요하고 종업원들의 다양한 욕구충족을 위한 대책과 복리후생이 갖는 기능 효용성이 인정되면서 많은 관심이 집중되기 시작하였다.

복리후생이 종업원에게 주는 이익은 첫째, 일하는 기쁨을 얻고 생활하는 즐거움을 누릴 수 있으며, 둘째, 경제적 급부에 의하여 생활의 안정과 정신적 충족을 얻으며, 셋째, 경영에 대한 참여 기회가 확대되어 기업 방침이나 실정을 올바로 이해할 수 있다.

반면 사용자 입장에서는 첫째, 근로의욕의 증진으로 생산성의 향상과 원가절감 효과가 있으며, 둘째, 결근, 지각, 이직, 재해 등이 감소하고 노동력확보 및 유지가 용이하며, 셋째, 기업 내 인간관계가 개선되어 종업원과 기업 간의 공동체의식을 형성할 수 있으며, 넷째, 기업의 방침이나 실정을 설명하고 올바로 이해시킬 수 있으므로 원활한 경영을 기할 수 있다.

최근 우리나라에서도 종업원들이 인간다운 생활 즉 삶의 질 향상의 욕구가 높아지고 다양화되고 있으며, 단체교섭의 대상항목 중에서도 노동조합이 집중적으로 복리후생을 둘러싼 요구사항이 많으며 그 내용도 구체화되는 추세이다.

이에 따라 기업의 입장에서 보면 복리후생은 노사관계의 안정은 물론 그 효과가 기업의 지속적 존립과 발전에도 크게 기여할 수 있게 하므로, 중요성을 인식하고 복리후생에 관련한 투자를 증가시키거나 종업원을 직접 대상으로 하는 노무관리의 일환으로써 주요업무로 시행되어지는 경우가 많다.

3. 복리후생의 유형

1) 법정복리후생과 법정 외 복리후생

복리후생은 개별기업 또는 자본이 주체가 되어 그 종업원과 가족의 복지증진을 위해서 행하는 각종 시책, 시설, 서비스의 종합적 체계를 의미하며, 복리후생은 일반적으로 기업이 복리후생 실시 의무여부에 따라 크게 '법정복리후생'과 '법정 외 복리후생'으로 나누어진다.

법정복리후생은 주로 법률로써 의무화한 4대 사회보험(산재보험, 고용보험. 국민연금, 건강보험)의 기업부담 부분이며, 법정 외 복리후생은 기업이 단체교섭의 규정 또는 독자적으로 실시하는 경제적 급부로써 법률로는 규제하지 않는다. 따라서 협의적인 복리후생은 일반적으로 법정 외 복리후생을 의미한다.

2) 법정 외 복리후생

(1) 주택관련 시설 및 제도

주택관련 시설 및 제도라 함은 시설로써 사택, 기숙사, 임대주택 등을 건립하거나 종업원이 주택마련을 위한 주택조합지원, 아파트의 건립이나 주택구입 및 전월세자금 지원 및 대부, 융자알선 이밖에 주택수당의 지급이나 주택용지의 분양지원 등 주거관련 시설과 급부 또는 종업원의 내 집 마련을 지원하는 것을 말한다.

주택은 개인생활의 요소로서 근본적으로 종업원 개인이 해결해야 할 문제이지만, 현재 우리나라의 주택사정으로는 기업 또는 개인의 노력만으로는 이를 쉽게 해결하기에는 법상, 제도상 제약사항도 많을 뿐 아니라 경제적 부담도 무겁다. 따라서 다수인에게 골고루 혜택을 주기에는 한계가 있다.

그러나 기업차원에서 기숙사나 임대주택을 확충하고 장기적으로 이용할 수 있도록 노력하고 있다. 국가나 지방자치단체도 근로자 복지아파트의 건립확대와 주택구입자금의 융자, 세제혜택 등을 통하여 무주택근로자의 내 집 마련의 지원을 사회정책의 일환으로 보강하여 주어야 할 것이다.

(2) 경제시설 및 제도

경제시설 및 제도에는 급식, 구매, 통근, 육아, 피복지원, 가사원조 등이 포함되며 이들은 종업원에 대한 근무와 생활편의를 도모하기 위한 시설이나 부가적 급부의 성질을 갖는 것으로 복리후생에서 일반적으로 보편화되어 있는 경우가 많다.

① 급식시설 및 제도

급식시설이라 함은 근무 중인 종업원의 급식을 위한 시설로서 식사만이 아니라 종업원의 영양 및 위생과 밀접한 관계가 있고 경제적인 면으로도 그 비중이 크다.

② 구매시설 제도

이는 기업 내에 매점이나 소비조합을 설치하고 종업원들이 양질의 생활용품을 저렴하게 구입할 수 있게 하거나, 자사제품의 할인 또는 할부로 판매하여 종업원 가계의 물품구매에 편익을 주고자 설치된 시설과 운영제도를 말한다.

③ 통근시설 제도

통근시설이라 함은 종업원들이 직장에 출퇴근에 통근버스를 운영하여 복잡한 출퇴근 시 교통난을 경감시켜 주는 것을 의미한다. 그러나 자가운전자들이 많은 현실을 감안할 때 자가 차량에 대한 주차문제를 해소시켜 주거나 차량유지비의 보조, 차량보험 가입지원 등도 유용하게 시행할 수 있다.

④ 육아시설 제도

육아시설이란 기업 내에 종업원의 자녀를 위하여 탁아소나 유치원을 설치 · 운영하여 가사와 직장 일을 병행하기 어려운 주부인력의 육아부담을 해소시켜 주고 자녀들에게도 전문적인 육아나 교육지도를 받게 하는 제도이다. 종업원 본인이나 자녀의 학자금을 기업이 부담 또는 융자하여 교육비 부담을 경감시켜 주는 내용도 포함된다.

⑤ 피복지급 제도

종업원이 업무에 필요한 작업복, 작업화, 및 안전장구 등을 기업 측의 부담으로 제공하여 주는 것으로서 많이 보편화되어 있는 제도이다. 예를 들면 항공사에서 제공하는 유니폼, 가방 등이 이에 해당된다.

⑥ 공제·금융제도

공제 · 금융제도는 사회보험이나 사회보장제도가 미비한 우리나라에서는 사회보장을 보충하고 종업원의 가정경제의 기반을 조성하여 주는데 중요한 역할을 한다고 볼 수 있다. 이는 종업원이 집단생활에 있어서 공동체의식을 강화시켜 주고 긴급생활자금이 필요할 때나 경조사를 당했을 때 필요 이상으로 물질적 정신적 부담을 가지지 않도록 하며 종업원의 재산증식을 도모할 수 있도록 하는데 의의가 있다.

3) 보건 및 위생시설 제도

기업 내 종업원과 가정이 건전해야만 양질의 노동력을 기업에 제공할 수 있기 때문에 의료 및 보건위생시설이나 제도는 종업원의 건강하고 건전한 생활을 보장하기 위한 것이다. 질병의 치료와 예방 또는 심신의 건강유지와 관련된 일련의 시설과 제도를 말한다.

(1) 의료지원 시설 및 제도

의료시설이란 기업 내의 진료실이나 병원(계약병원 포함)과 요양소시설 등을 들 수 있다. 보통 이곳에는 전임 또는 위촉된 의사나 약사, 간호사를 두고 종업원과 그 가족의 건강검진이나 질병의 진단과 치료를 함으로써 종업원의 직장생활과 개인의 사생활에 이르기까지 건전한 심신을 유지할 수 있도록 하고 있다.

만일 장기치료를 요하는 경우에는 요양소를 이용하게 하며 질병 시에는 의료비의 보조를 통하여 충실하고 완전한 치료를 받도록 하는 것을 말한다.

(2) 보건 · 휴양시설 제도

보건 · 휴양시설이란 사내에 목욕시설, 이용실, 미용실, 휴게실 등을 설치하고 무료 또는 실비로 이용토록 하여 최소의 비용으로 위생적이고 쾌적한 기분으로 업무에 임하도록 하는 제도이다. 온천, 해변, 산간 등에 휴양소를 설치 또는 회사소유 콘도를 준비하고 종업원이 가족과 함께 이용하게 하며 휴가 시에는 휴가비를 지급하거나 체력단련비를 지급함으로써 피로를 회복하고 건강한 심신을 유지할 수 있도록 지원한다.

(3) 문화 · 체육 · 오락시설 제도

교육시설, 교양관계 시설, 체육시설 등을 총칭하는 것으로, 이 제도 및 시설은 종업원들이 인격과 정서를 함양하고 품격을 높이며, 스포츠로 건전한 심신을 단련케 하는 한편, 오락에 의해서 생활에 즐거움을 느끼고 서로 간 친목을 도모케 하는데 목적이 있다. 생활수준이 향상되고 산업화에 의한 인간성 소외현상으로 인하여 이런 제도와 시설은 중요성을 띠게 되었다.

4) 카페테리아 복리후생 제도

카페테리아 복리후생 제도란 선택형 복리후생제도로도 부르며, 회사에서 복수의 신청가능 항목을 다양하게 종업원에게 제시하고, 이용예산이나 선택권을 주는 새로운 제도이다. 카페테리아 제도는 다양한 메뉴 중에서 종업원의 선택을 우선으로 실시하는 제도로 비효율적인 복리후생비를 고객중심으로 운영하는데 있다. 급격한 경영환경의 변화만큼 종업원의 욕구대상이 변하고 있는 데 초점을 맞추고 있다.

카페테리아 복리후생 제도는 선택항목 추가형(core benefit plan)과 패키지선택형(package plan), 선택적 지출계좌형(flexible spending account)으로 나누어 볼 수 있다. [그림 9-9]는 카페테리아 복리후생 제도의 유형이다. 이러한 카페테리아 복리후생 제도는 프로그램을 개발에는 비교적 많은 비용이 소요되지만, 종업원 개개인 특성에 맞게 설계할 수 있어서 종업원의 사기제고와 동기부여 등에 보다 긍정적인 영향을 미친다.

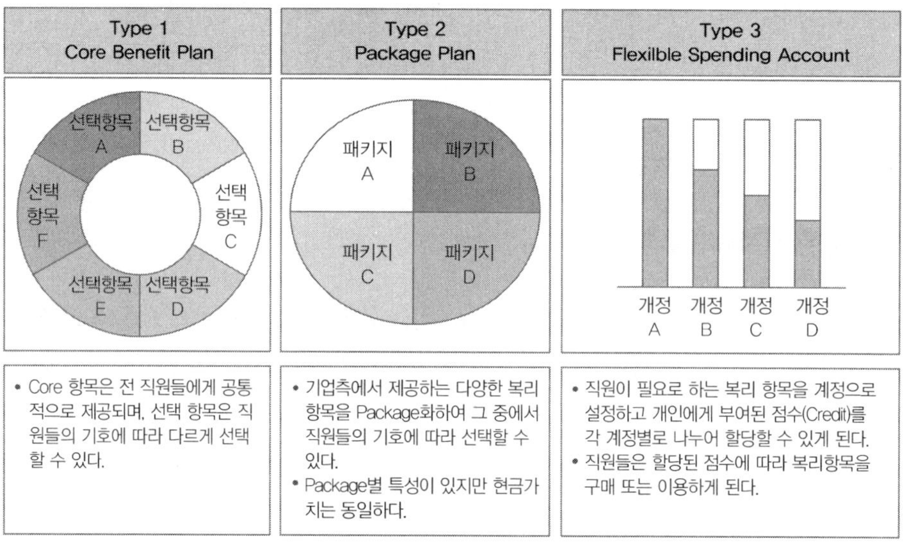

자료 : 한국경영혁신연구회, 포괄적 인사관리, http://www.seri.org/forum/costhalf/

[그림 9-9] 카페테리아 복리후생 제도의 유형

4. 복리후생의 환경변화

1) 사회환경의 변화

복리후생의 사회환경적인 측면의 변화는 첫째, 고령화이다. 현재의 우리나라 고령화의 진전속도로 보아 이미 고령화사회로 진입하였으며, 연공급이 지배적인 우리나라 기업의 임금체계를 감안하면 법정복지비의 증가를 초래하게 된다.

둘째, 고용형태와 취업형태의 다양화이다. 근래 노동시장의 유연화가 급진전되면서 우리나라 기업들이 고용조정(정리해고, 명예퇴직 등)과 취업형태가 다양화되어 고용형태별로 복지혜택을 차별화 할 경우 그 내용과 정도를 합리적으로 설정해야하는 필요성이 있다.

셋째, 법정 근로시간단축이다. 2004년 7월부터 법정근로시간이 사업장 규모에 따라 단계적으로 주당 44시간에서 40시간으로 단축되었다. 법정 주당근로시간의 단축은 기업의 복리후생비는 생산성의 증가를 수반하지 않는 경우 노동비용 증가요인이 될 수 있다. 노동비용 상승은 자연적으로 법정 외 복리후생비를 축소하려는 경향이 나타날 수 있다. 그리고 주5일제가 되면서 종업원들이 여가시간과 여가선용에 대한 관심이 증대되어 복리후생 수요의 질적 제고와 수요량을 확대시킨다.

2) 경영환경의 변화

복리후생의 경영환경적인 측면의 변화는

첫째, 세계화로 인한 무한경쟁체제로의 전환은 국제경쟁력 제고를 위해서는 비용절감이 불가피하게 되고, 이 경우 기업의 입장에서는 인건비의 절감과 함께 법정 외 복리후생 비용을 통제하고자 할 것이다.

둘째, 경쟁격화와 저성장시대를 맞이하여 연공중심의 인적자원관리에서 업적과 성과를 중시하는 인적자원관리로 전환하고 있다. 이와 같은 업적위주의 사고방식은 복리후생에도 영향을 미쳐 복리후생수당을 현금 급여에 산입하여 지급하고자 하며, 업적중심적 개별화 현상은 복리후생비에 있어서도 업적과 성과에 따른 차등을 둘 가능성도 있다.

셋째, 생활수준이 향상되고 다양성을 중시하는 신세대에게는 은혜적, 획일적인 복지제도로는 니즈(needs)에 부합되지 못할 수 있다. 그리고 종업원의 니즈의 고도화와 다양화는 라이프사이클의 다양화와 함께 기업근로복지 설계방식에 영향을 미치게 된다.

넷째, 우리나라 기업 복리후생은 남자종업원들이 가정에서 배우자와 가족을 부양하며 표준적인 라이프사이클을 밟고 정년까지 근속하는 것을 전제로 단선형의 복지제도로 설계되어 왔다. 그러나 생활수준의 향상, 경영환경에의 변화, 가치관의 변화, 여성의 사회진출 확대, 고령화 등으로 오늘날 그 전제조건인 평생직장의 개념이 붕괴되고 있다. 라이프사이클의 다양화는 복리후생비 급부의 공평성을 주장하는 종업원이 상대적으로 증대한다는 것을 의미하여 경우에 따라 공평성의 문제제기나 불평불만의 원인이 될 수 있다.

따라서 기업들은 [그림 9-10]의 복리후생 패러다임(paradigm)의 변화로 발생되는 특징들을 해결하는 방안을 강구해야 할 것이다.

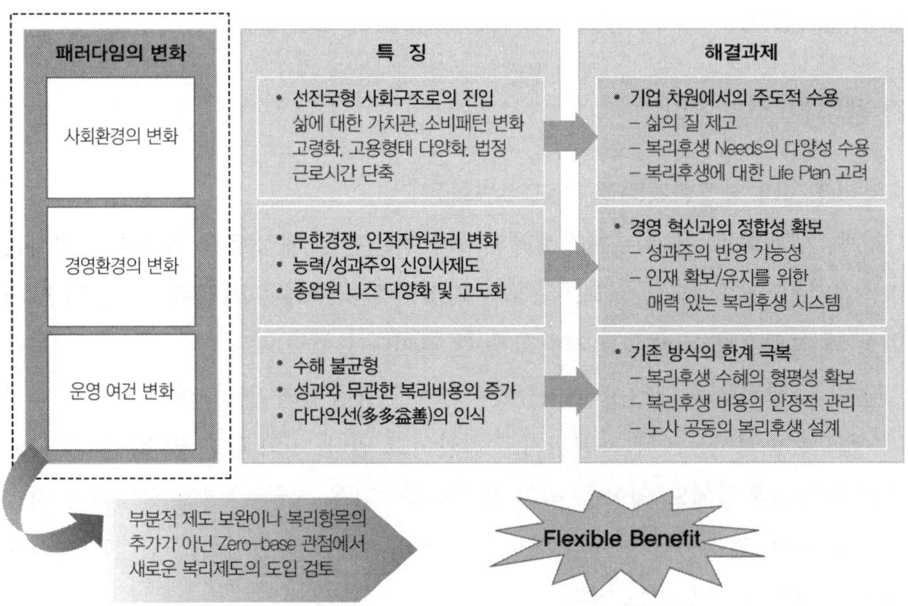

자료 : 한국경영혁신연구회, 포괄적 인사관리, http://www.seri.org/forum/costhalf/

[그림 9-10] 복리후생 패러다임(paradigm)의 변화

서비스기업 인적자원관리

제10장

안전 · 보건 관리

제1절 안전관리

제2절 보건관리

제10장 안전 · 보건 관리

제1절 안전관리

1. 안전관리의 개념

조직구성원에게 안전한 작업조건과 건전한 작업환경을 마련하고 이를 유지 · 관리하는 것은 인적자원의 유지와 보존 관점에서 기본적인 요건이고, 전략적 성과관리관점에서도 매우 중요한 기능이라 할 수 있다.

안전관리란 작업 시에 종업원의 육체적 · 정신적 건강을 보호하고 증진시키기 위해 질병과 재해의 원인을 사전에 방지하는 대책을 강구하여, 기업의 재해율을 최소화할 수 있는 대책을 수립하는 일련의 절차이다. 안전관리의 범위는 견해와 관점에 따라 다소 차이가 있지만, 일반적으로는 기업의 주요소인 물적 요소와 인적 요소를 대상으로 안전관리의 범위를 결정하게 된다.

고용 중에 발생한 사망 · 상해 · 질병 등 재해를 의미하는 산업재해는 [그림 10-1]에서와 같이 크게 직업성 질병과 통근재해로 구분되며, 직업성 질병은 다시 재해성 질병과 직업병으로 구분된다.

재해성 질병은 즉각적으로 건강상의 장애가 나타나는 재해로 사망 · 상해 등을 포함하며 직업병은 상대적으로 장시간이 경과한 후 나타나는 건강상의 장애를 말하며 통근재해는 출퇴근 및 업무상 외출 등 직무수행을 위해 이동하는 도중에 발생한 사고로 인한 건강상의 장애를 말한다.

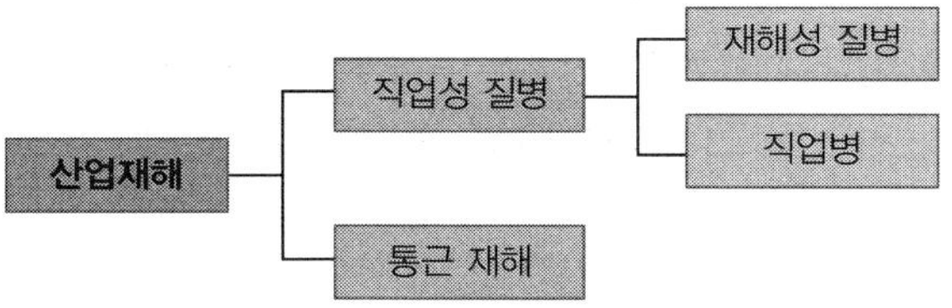

자료 : 이수광 · 이재섭(2003), 서비스산업의 인적자원관리, 대왕사, p. 292.

[그림 10-1] 산업재해의 구분

2. 재해의 원인

기업의 직무안전을 위협하는 재해의 원인은 인적 원인과 환경적 원인으로 분류될 수 있다. 인적원인은 종업원의 부주의, 흥분, 졸음, 직무수행능력의 부족 및 기타 생리적 · 신체적 결함으로 발생한 개인적인 실수를 들 수 있다. 환경적 원인은 도구나 공구, 설비, 공장, 일반 작업조건을 포함한 작업장 환경에 기인한다.

산업재해는 막대한 경제적인 손실은 물론, 비경제적 손실을 발생시킨다. 따라서 보다 체계적인 안전관리를 통해 이러한 손실을 최소화하여야 한다. 이를 위한 첫 단계가 산업재해의 원인에 대한 분석이다.

산업재해의 원인을 분석하는 대표적인 이론에는 도미노 이론과 복합요인 이론이 있다. 도미노 이론에 따르면 재해는 [그림 10-2]와 같은 일련의 과정을 거쳐 일어나게 되는데, 도미노의 마지막 단계인 재해의 발생을 최소화시키기 위한 가장 효과적인 방법은 3번째 단계인 불안전한 행동 혹은 조건을 제거하는 것이다. 이러한 불안전 행동은 사고를 초래하게 된 작업자의 행동에 대한 불안전요소를 말한다. 이러한 정의는 종종 사고의 원인이 작업자 일방의 잘못이라는 측면이지만 최근에는 작업자의 불안전한 행동을 '기준 이하의 행동이나 관습', '인간과오(human error)'로 보아 사업주의 작업관리영역이 들어감으로 대책을 세워 예방해 나가야 하는 것으로 인식되고 있다.

이러한 불안전 행동의 원인은 지식의 부족, 경험부족(미숙련), 의욕의 결여, 피로, 작업에의 부적응, 심리적 갈등에서 찾아볼 수 있다.

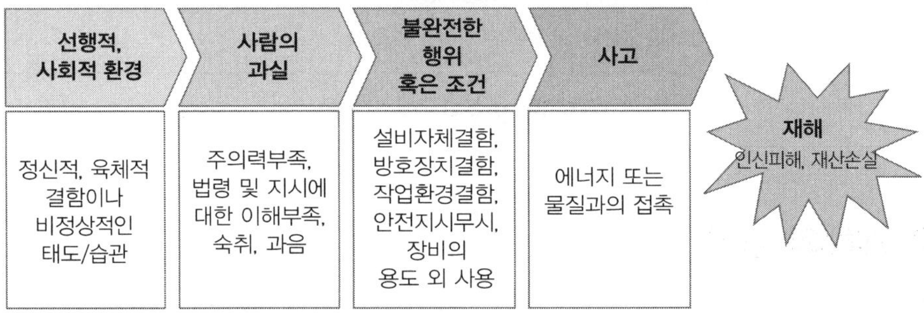

자료 : 저자작성.

[그림 10-2] 재해발생 인과관계모델

도미노이론이 불안전한 행동 혹은 조건에 집중함으로써 다른 요인들을 무시할 수 있다는 관점에서 복합요인이론은 재해와 관련된 모든 요인이 복합적으로 재해를 야기한다고 간주하고 이들 요인을 종합적으로 파악함으로써 재해를 방지할 수 있다고 본다. 이러한 재해의 원인은 다음과 같다.

- 물적 요인 : 안전장치 미비, 건물 · 시설의 결함, 기계불량 등
- 인적 요인 : 육체적 능력의 결함 등 개인적 기질, 안전규칙의 불이행 등
- 환경적 요인 : 부적절한 작업장 배치, 추위 · 더위, 협소한 작업시설 등

3. 안전관리의 접근방법

재해를 예방하고 바람직한 안전관리를 위한 서비스기업의 안전관리활동의 접근방법으로는 일반적으로 공학적 접근방법, 선발 및 배치 접근방법, 교육적 접

근방법, 현장관리 접근방법, 스태프 접근방법 등과 같이 5가지로 나누어 볼 수 있다.

1) 공학적 접근방법

공학적 접근방법은 안전관리에 있어서 가장 근본적인 방법으로써 기계 · 설비 · 도구 등 작업장의 물리적 설계와 작업절차의 설계에 있어서의 안전성을 증대하기 위해 물적, 환경적 요인에 의한 재해를 예방하고자 작업장의 물리적 · 화학적 위험요소를 제거하는 방법이다. 이는 작업장의 안전에 실질적인 성과를 가져올 수 있다.

2) 선발 및 배치 접근방법

선발 및 배치 접근방법은 선발 및 배치과정에서 성격검사 등을 통해 사고성향을 지닌 지원자들을 제외시키는 등의 방법으로, 즉 적절한 선발과 배치과정을 통해 재해를 예방하고자 하는 접근방법이다. 인적 요인에 의한 재해, 특히 종업원의 선천적 · 후천적 특성에 기인하는 재해를 예방하는데 효과적이다.

3) 교육적 접근방법

교육적 접근방법은 재해의 가장 큰 원인인 작업상의 부주의와 기계 · 기구의 불안전한 사용 등의 교육상의 문제를 체계적이고 지속적인 안전관련 교육을 통해 재해발생요인에 대한 종업원의 안전의식과 안전행위를 향상시킴으로써 재해를 예방하는 접근방법이다.

4) 현장관리 접근방법

사고성은 특히 선발 및 배치 접근방법에서와 같이 구성원들의 내적인 성격과 관련되었다고 보지 않고, 오히려 작업장에서의 심적 상태와 밀접한 관계가 있는 것으로 보아 현장관리 접근방법은 현장관리자로 하여금 안전한 작업조건과 작업행동 등 안전관리에 대한 총괄적인 책임을 부여함으로써 재해를 예방하고자 하는 방법이다. 현장에서 구성원으로 하여금 안전규율을 준수하도록 하고, 작업장의 안전을 위한 구성원의 행동을 조성하는 실무관리자의 역할을 강조하는 것이 현장관리 접근방법이다.

5) 스태프 접근방법

스태프 접근방법은 조직체의 안전관리를 전문적인 안전관리 스태프를 고용하여 재해예방을 위한 전반적인 책임을 위임하는 접근방법이다. 안전관리 스태프는 작업장의 안전한 기계 · 설비는 물론 안전절차 설정, 사고 통계와 원인 분석, 위험의 발견 및 예방, 안전관련 교육 및 훈련, 응급조치 등을 담당한다.

제2절 보건관리

종업원의 건강은 기업의 목적달성에 있어서 매우 중요한 요인이다. 육체적으로는 물론이고, 정신적으로 건강한 상태를 유지함으로써 부여된 직무에서 보다 높은 수준의 성과를 창출할 수 있으며, 이는 결과적으로 기업의 성과에 기여한다. 이렇게 신체적 고통이나 질병 없는 육체적 건강의 유지와 직무자로서 그리고 개인으로서 정신적 건강을 유지 · 관리하는 것을 보건관리라고 한다.

1. 직무스트레스 관리

서비스기업 종업원은 고객과의 직접적인 접촉으로 인한 스트레스는 제조기업의 종업원과 비교하여 그 강도는 더욱 크기 때문에 조직구성원의 스트레스 및 정신적 보건 문제는 특히 중요하다. 따라서 서비스기업은 종업원의 스트레스와 정신적 소모를 최소화하는 방법을 강구하도록 해야 한다.

직무 스트레스가 적정 수준인 경우를 제외하고는 개인, 집단, 조직에 있어서 업무의 만족과 성과에 대부분 부정적 영향을 미친다. 따라서 스트레스 관리 역시 개인 차원과 집단, 조직 차원으로 과도한 수준의 스트레스에 이르지 않도록 하는 것이 우선이라 할 수 있다.

개인적이고 비작업적인 요인에서 생기는 스트레스 요인들은 언제나 동시에 나타나며 완전히 벗어나기 힘들기 때문에 가능하면 작업현장에서 스트레스의 부정적 영향을 감소시키는 방향으로 관리되어야 한다.

조직수준에서는 과업재설계, 참여관리, 경력개발, 융통성 있는 작업계획, 목표설정과 같은 방법으로 직무스트레스를 경감시킬 수 있으며, 개인 수준에서는 조직차원에서 직무환경을 개선하여 스트레스를 어느 정도 완화하거나 감소시킬 수는 있겠지만, 스트레스는 개인이 이를 지각함으로써 발생되는 상황이므로 스트레스를 극복할 수 있는 개인의 대처방안이 모색되어야 한다. 또한 사회적 지원의 관리방안으로는 신뢰와 같은 정서적 지원, 직무의 수행지원과 같은 도구적 지원, 스스로 판단할 수 있도록 구체적인 평가정보를 제공하는 평가적 지원 등과 같은 방법이 있다.

2. 예방적 보건관리

예방적 보건관리는 작업으로 인한 조직구성원의 각종 질병과 정신적 스트레스를 사전에 방지함으로써 인적자원의 유지 · 보전은 물론 인적자원의 성과를 높이는 것을 목적으로 한다. 예방적 보건관리의 방법은 다음과 같다.

1) 주기적 건강검진

모든 병은 조기발견되어야 치료가 수월할 뿐만 아니라 치료 가능성도 높아진다. 일반적으로 몸이 불편할 때에 진단을 받는 경우가 비일비재하며, 실제로 진단 시 암과 같은 경우 병의 치료가 매우 어려울 경우가 많다. 병의 조기발견을 위해서 무엇보다 중요한 것은 주기적인 건강검진이다. 그러므로 기업은 종사원들에게 주기적인 건강검진의 기회를 제공하여 그들이 적극적으로 참여를 하도록 해야 한다.

2) 유해환경 노출억제

기술적인 측면에서 유해물질을 가능한 공정과정에서 없애고 작업장에 안전작업시설을 설치해야 한다. 최근에는 흡연에 따른 건강문제가 떠오르고 있다. 흡연은 본인은 물론 간접흡연을 하게 되는 주위 사람들에게 더욱 심각한 피해를 주는 만큼 사무실은 물론 건물 전체적으로 흡연을 금지하는 기업체가 증가하고 있다.

3) 보건교육 및 건강프로그램

건강프로그램은 종업원의 건강을 유지하고 증진시키기 위해 고안된 프로그램이다. 금연, 다이어트를 통한 체중통제, 스트레스 관리, 신체적 건강, 영양교육, 고혈압과 당뇨관리 등 다양한 프로그램이 실시되고 있다. 이러한 건강프로그램은 경영자가 건강비용을 부담하며 건강관련문제를 예방함으로써 종업원의 결근과 이직률을 낮추기 위해 마련된다. 또한 기업은 조직구성원으로 하여금 자기의 건강관리에 관심을 갖도록 지속적인 교육을 해야 한다.

서비스기업 인적자원관리

제11장

노사관계관리

제11장 노사관계관리

제1절 노사관계의 개요

일반적으로 노사관계는 노동자와 사용자, 즉 종업원과 경영자 혹은 기업의 관계를 의미한다. 따라서 노사관계관리는 종업원과 서비스기업이 바람직한 관계를 유지함으로써 서비스기업의 경영목적을 달성할 수 있도록 하는 인적자원 관리활동이라 할 수 있다. 이러한 노사관계는 관계의 형태에 따라 개별적 노사관계와 집단적 노사관계로 구분할 수 있다.

개별적 노사관계는 종업원과 기업이 동등한 계약의 당사자로서 계약을 체결하고 이에 따른 권리와 의무를 부담하는 관계를 의미한다. 그러나 현실적으로 종업원과 기업이 동등한 위치에 있기 어려우므로 종업원들은 자신들의 권익보호를 위해 노동조합을 결성하고, 노동조합으로 하여금 자신들의 집단적으로 대리하게 함으로써 기업과의 계약에서 유리한 입장에 서고자 한다. 이에 따라 기업은 종업원을 대신하는 노동조합과 계약을 체결하는 형식을 취하게 된다. 이러한 기업과 종업원의 대표인 노동조합과의 관계를 집단적 노사관계라고 한다.

개별적 노사관계는 인적자원 관리활동과 맥을 같이 하며 현실적으로 많은 기업이 종업원 개개인과 계약하는 대신 노동조합을 종업원의 대리인으로 인정하여 조합과 임금계약 등을 체결하므로 노사관계관리는 집단적 노사관계를 그 중요한 관리대상으로 한다.

따라서 노사관계의 당사자는 기업과 노동조합이 된다. 그러나 기업과 노동조합의 규모와 역할이 확장되면서 사회 전반에 미치는 파급효과가 커지게 되었다. 이에 [그림 11-1]과 같이 정부가 노사관계관리의 중요한 이해관계자로 나타나게 되었다.

정부는 노사관계와 관련된 법률적 제도를 확립하여 사회적 약자인 근로자를 보호하고 기업의 정당한 이익을 보장하고 기업과 노동조합의 분쟁의 중재를 담당하며 이를 통해 건전한 경제사회의 유지 · 발전을 도모하고자 한다.

한편 기업은 노사관계관리를 통해 노동조합과 바람직한 관계를 유지함으로써 기업의 경제적 목적을 달성하고, 사회적 효율성을 추구하며, 전체사회의 건전한 구성원으로서의 역할과 책임을 수행한다. 또한 노동조합은 조합원의 근로조건과 관계된 권익을 보호하고, 조합원의 이익을 대변하는 등의 목적을 지닌다.

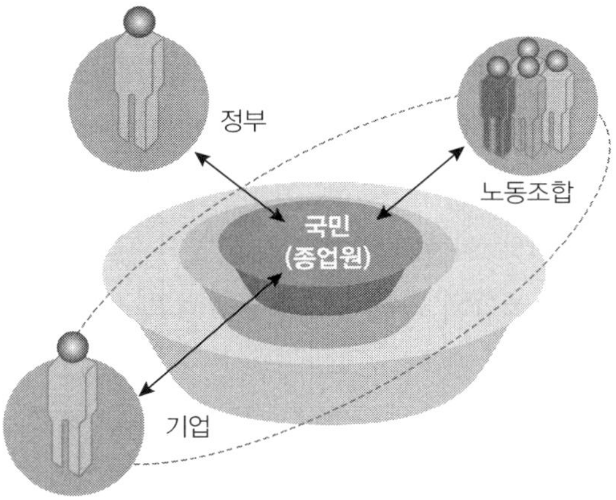

자료 : 저자작성.

[그림 11-1] 노사관계의 당사자

제2절 노동조합

1. 노동조합의 기능

우리나라의 노동조합법 제2조에는 '노동조합이란 근로자가 주체가 되어 민주적으로 단결하여 노동조건의 유지 · 개선 및 기타 경제 · 사회적 지위향상을 도모하는 조직체 또는 연합체이다'라고 규정하고 있다. 이러한 노동조합은 다음에 세 가지 기능을 수행한다.

1) 경제적 기능

경제적 기능은 노동조합의 여러 기능 중에서 가장 기본적인 기능이라 할 수 있다. 임금수준의 인상과 근로조건의 개선 등 종업원의 경제적 이익과 권리를 추구하기 위해 노동의 판매자로서 노동조합이 지니는 교섭 기능이다. 노동조합의 경제적 기능은 사용자에 대하여 직접적으로 발휘되는 노동 제공자로서의 교섭기능이며, 이것은 노동조합의 근본적이며 중심적인 기능이다.

2) 공제적 기능

공제적 기능은 노동조합의 조합원 상호 간에 수행되는 대내적인 기능이다. 즉 노동조합 내부적으로 노동조합원 간의 공제활동 기능을 의미하며 이는 노동조합의 가장 오래된 기능이다. 조합원이 질병, 재해, 사망, 노령, 실업 등으로 노동능력이 일시적 또는 영구적으로 상실되는 경우에 대비하여 일정한 기금을 마련하여 상호 공제한다. 경조사의 부조 등 초기의 공제적 기능에서 오늘날에는 병원의 설립과 요양소 및 소비조합 등의 형태로 확장 · 발전되고 있다.

(3) 정치적 기능

정치적 기능은 임금과 근로조건의 개선을 위한 노사 간의 교섭과 분쟁을 조정하고 해결하며, 노동관계법 등 종업원의 생활향상과 관련되는 법률의 제정 혹은 폐지를 위해 정부나 사회단체를 대상으로 협상을 하는 기능이다. 최저임금법의 도입, 주 40시간 근로제의 도입, 사회보험이나 사회보장의 요구 등은 노동조합의 정치적 기능을 통한 국가에 대한 요구로 나타나고 있으며, 그 범위도 점차 확대되고 있는 추세이다.

2. 노동조합의 형태

일반적으로 노동조합의 형태는 직업별 노동조합, 산업별 노동조합, 일반노동조합, 기업별 노동조합으로 구분된다.

1) 직업별 노동조합

직업별 노동조합은 어떤 산업이나 기업에 고용되어 있는가에 관계없이 직업(직종)의 공통성을 기초로 결성된 노동조합이다. 이는 역사적으로 가장 일찍이 발달한 조직형태이며, 이를 직종별 노동조합이라고도 한다.

2) 산업별 노동조합

산업별 노동조합은 하나의 산업에 종사하는 전체 근로자를 숙련도와 직종에 관계없이 산업단위로 조직된 노동조합이다. 산업별 노동조합은 교섭력과 투쟁력 크고, 교섭비용 절감되는 등의 장점이 있으나, 산업분류상의 문제가 발생하고, 단일산업 내에 직종이해가 다른 집단 존재할 가능성이 있다. 또한 산업본부와 지부 또는 분회 간의 권한과 기능조정 문제, 예를 들어, 단체교섭, 재정배분 등의 문제가 발생될 소지가 있다.

3) 일반노동조합

일반노동조합은 직종 · 산업의 구분 없이 각 근로자 특히 미숙련자를 광범위하게 포함하여 결성된 노동조합으로 일반적으로 중소기업을 중심으로 조직된다. 이 형태는 동일 공장 내의 근로자만으로는 그 수가 적고 소정의 조합자격을 얻지 못할 경우에는 동일 지역에 있는 각종 공장의 근로자가 모여서 조직을 결성하는 경우가 많다.

4) 기업별 노동조합

기업별 노동조합은 일정한 기업 노동자에 의하여 결성된 노동조합이다. 기업별 노동조합은 기업 간 경쟁이라는 현실하에서 기업의 안정과 발전을 도모하며 아울러 근로조건의 향상을 도모할 수 있다는 긍정적인 평가가 있는 반면에, 기업의 울타리 속에서 노동자의 계급적 단결을 해치며 노동자를 기업주의로 함몰시킨다는 부정적인 평가도 있다.

기업별 노동조합은 사무직을 포함한 초기 조직화가 용이하고, 단체교섭 범위가 넓으며 산업구조의 변화에 신축적으로 적응가능하며 경영진과도 일상적인 문제해결을 위한 대화가 가능한 장점이 있다. 그러나 고도로 분화된 구조로 인해 총체적인 노동운동을 위한 노조의 자원 분산, 즉 통일된 노동운동을 저해할 수 있으며 상대적인 교섭력이 약화될 수 있고, 조합이기주의와 회사이기주의의 결합가능성이 있다는 단점이 있다.

3. 노동조합의 가입방법

노동조합의 가입방법으로는 클로즈드숍, 오픈숍, 유니온숍으로 구분된다. 첫째, 클로즈드숍(closed shop)은 기업에 속해 있는 노동자 전체가 가입해야 하는 방법이다. 기업과 노동조합의 단체협약에 따라 고용주는 조합원 외에 채용할 수 없게 되므로 노동조합이 강화된다.

둘째, 오픈숍(open shop)은 노동조합의 가입이 노동자 임의로 결정되기 때문에 고용주는 노동조합의 조합원뿐 아니라 근로자를 자유로이 고용할 수 있다.

셋째, 유니온숍(union shop)은 클로즈드숍과 오픈숍의 중간 형태로 노동조합원 이외의 근로자를 자유롭게 고용할 수 있으나 일단 고용된 근로자는 일정기간이 지나면 조합에 가입하게 되는 형태의 노동조합이다.

제3절 노동조합의 활동

1. 단체교섭과 단체협약

단체교섭은 노동조합 혹은 조합원을 위하여 노동조합의 대표자가 사용자인 기업과 근로조건과 기타 사항에 대해 단체협약을 체결하는 것을 말한다. 여기서 단체협약이란 노동조합과 사용자 또는 사용자단체 간에 임금, 근로시간 등 근로조건에 관한 사항이나 기타 협약 당사자 간의 제반관심사에 대하여 단체교섭을 통하여 문서로 체결된 협정을 말한다.

단체교섭은 일반적으로 2년을 단위로 이루어지고 있으나 임금교섭은 1년마다 이루어지는 것이 일반적이다. 법에는 단체교섭을 통한 노사자치를 촉진하기 위해 사용자에게 교섭에 응할 의무를 부과하고 있으며 정당한 이유 없이 교섭을 거부할 경우는 노동위원회를 통해 교섭을 강제하는 명령을 내리거나 직접 형사처벌을 하는 부당노동행위제도를 두고 있다.

단체교섭은 대부분 기업단위 노동조합과 개별사업장의 사용자 사이에서 이루어진다. 그리고 전국단위 중앙조직인 한국노총, 민주노총, 한국경영자총협회 등은 회원조직에게 임금협상과 단체협상 교섭의 지침을 제공한다. 최근에는 산별노조가 등장하면서 산별교섭에 대한 시도가 증가하고 있다. 2000년 들어 금융, 금속, 병원 등 일부업종에서 산별교섭의 틀이 형성되었으며 2005년에는 금속 산별교섭에서 사용자단체 구성에 합의가 이루어지는 등 상당한 진전이 있었다. 그러나 아직까지는 사용자 단체 구성, 교섭구조와 방식을 둘러싸고 노사 간 갈등이 지속되고 있는 상황이다. 기업별 교섭체계에서 산별교섭으로의 전환과정에 있는 만큼, 현재는 이중 교섭으로 인한 교섭비용 과다 문제, 교섭력 불균형 문제 등이 있어 향후 노사가 함께 합리적 대안을 모색해 나가야 할 것이다.

단체교섭의 대상에 관하여는 명문 규정은 없으나 대부분 임금, 근로시간, 복지, 해고 기타 대우 등 근로조건의 결정에 관한 사항과 유니언숍, 조합비 공제, 조합활동에 관한 편의제공 등 집단적 노동관계에 관한 사항이 단체교섭에서 다루어진다. 단체협약은 원칙적으로 협약당사자인 노동조합의 조합원에게만 적용되는 것이나 사업장 단위에서 동종근로자 1/2 이상을 대표하는 노동조합과 체결한 단체협약은 당해사업장 전체근로자에게 적용되도록 법제화 하고 있으며 하나의 지역에 있어서 종업하는 동종의 근로자 3분의 2 이상이 하나의 단체협약의 적용을 받게 된 때에는 행정관청이 노동위원회의 의결을 얻어 전체 지역에 협약이 적용되도록 할 수 있다.

2. 쟁의행위와 사용자의 대응

노사 간에 단체교섭이 결렬되고 조정절차를 거친 경우에는 쟁의행위를 할 수 있으며 쟁의행위는 반드시 노동조합원 전체의 1/2 이상의 찬성으로 의결하여야 한다.

한국의 노동조합은 매우 투쟁적인 모습으로 비추어진다. 파업에 참가하는 조합원이 붉은색 조끼에 머리띠를 두르고 구호를 외치는 모습이 TV 등을 통해 비춰지면서 더욱 그러하다. 그러나 이는 다소 과장된 측면이 있다. 한국의 노동조합 조직률은 11% 수준으로 낮은 편이고, 노동조합이 있는 사업장 중 실제 파업에 참가하는 경우는 연간 300여 정도이며, 이중 파업이 매년 반복되는 사업장은 20~30개 정도에 불과하다. 또한 노사분규 건수나 불법분규 건수는 지속적으로 감소하고 있는 추세이다.

한편, 사용자는 노동조합이 쟁의행위를 하는 동안 당해사업에 종사하고 있는 근로자에게 대체근로를 명할 수 있다. 다만 사업장 밖에서 신규인력을 채용하거나 업무를 하도급 주거나 파견근로자를 채용하는 것은 금지된다. 또한 노동조합 쟁의행위로 인해 사용자가 현저히 불리한 압력을 받는 경우에는 노사 간 형평의 원칙에 기하여 그 압력을 완화하여 세력 균형을 회복하는 수단으로 직장폐쇄를 할 수 있다.

3. 노동쟁의의 조정

노사 간 단체교섭이 결렬되어 쟁의행위를 하기 전에는 의무적으로 조정절차를 거쳐야 한다. 조정은 노동위원회를 통하거나(공적 조정), 당사자 쌍방이 합의하는 제3자를 통하는 것(사적 조정) 모두 가능하나, 전국적인 조직체계를 갖춘 공적 조정이 압도적인 우위를 차지하고 있다. 또한 노동위원회는 그간 분쟁조정 기능 강화 노력을 통해 조정 성립률이 크게 향상되었다. 2005년 기준으로 평균 60%에 달하고 있다. 노동위원회는 노 · 사 · 공익위원 3자로 조정위원회를 구성하여 조정을 하는 것을 원칙으로 하며 국민의 일상생활에 밀접한 관련이 있는 공익사업의 경우에는 공익위원 3인으로 조정위원회를 구성한다. 조정기간은 일반사업 10일, 공익사업 15일이며 조정기간동안은 쟁의행위가 금지된다.

특히, 수도 · 전기 · 가스 · 병원 · 통신 · 석유 · 철도 등 필수공익사업에 대해서는 조정이 성립되지 않을 경우 노동위원회가 직권으로 중재안을 제시할 수 있으며 이 경우 쟁의행위는 금지된다. 이 경우 노사 양 당사자는 중재안을 수용하여야 한다. 필수공익사업에 대해 상황에 따라 쟁의권이 제한되는 것은 다른 나라의 경우와 유사하다.

한편, 노동위원회는 부당노동행위와 부당해고에 대한 구제사건을 심판하고 구제를 명하는 준사법적 기능도 담당한다. 당사자가 이에 불복할 때는 법원에 재판을 통해 다툴 수 있다.

제12장

이직관리

제12장 이직관리

제1절 이직의 개요

1. 이직의 의의

이직이란 한 개인이 조직에 채용되어 입사한 후 자의적이든 타의적이든 그 조직을 떠나는 것을 말한다. 인적자원관리는 조직이 필요로 하는 인력을 모집하고 채용하는 것으로부터 시작하여 종업원이 이직할 때까지의 전반적인 인력을 관리하는 것이다.

조직은 우수한 인력을 확보하고 유지시키기 위하여 훌륭한 인사관리나 승진관리도 필요하지만 이직관리도 매우 중요한 것이다. 그러나 조직은 적정수준의 이직이 없으면 융통성이나 활력소가 저하되고 노동력의 유연성이 고착화되어 경쟁력이 약화될 수도 있는 것이다. 그리고 종업원이 이직한 후에도 조직과 관계가 없는 것이 아니라 항상 관계를 유지하게 되어 조직과 이직자 간에는 이해관계자의 관계가 형성되기도 한다.

이직의 발생은 잉여 노동력을 보유하고 있는 경우에는 인력활용을 합리적으로 하여 조직 활성화의 효과를 가져 올 수 있으며, 적절한 이직의 발생은 조직 분위기의 쇄신으로 조직 활성화에 활력소가 될 수도 있다는 긍정적인 측면이 있는가 하면, 반면에 훌륭한 인재가 유출되면 인재양성에 많은 시간과 비용이 소요되며 또한 이직자에 대한 퇴직금의 지급으로 비용지출이 증가하고 동료들의 사기에 악영향을 미치는 부정적인 측면도 있다.

2. 이직의 분류

이직이란 종업원 자신이 소속된 조직으로부터 이탈함을 의미하며, 이직의 유형은 이직을 결정한 주체가 본인에 있는지, 아니면 조직에 있는지에 따라 크게 자발적 이직과 비자발적 이직으로 분류할 수 있다.

1) 자발적 이직

자발적 이직은 개인이 조직 내에서 인사원칙 등의 불만이 있거나 더 좋은 기회를 위하여 타 회사로 전직하기 위해서 또는 가정문제, 임신, 출산, 질병, 사회활동 등의 개인적인 이유로 자발적으로 이직하는 것을 말한다.

이직현상은 종업원 구성의 신진대사를 위한 활력소가 된다는 긍정적인 측면도 있지만 유능한 인재의 유출과 종업원의 사기저하 등의 부정적인 측면이 더 많다고 보아야 한다. 이러한 자발적 이직을 효과적으로 관리하기 위해서는 자발적 이직자들을 대상으로 상담을 한다거나 평소에 사기조사나 고충문제에 대하여 관심을 기울여야 한다.

2) 비자발적 이직

비자발적 이직은 종업원 자신의 자발적 의사가 아니라 구조조정이나 징계, 해고, 일시해고, 정년퇴직, 사망 등의 사유로 인하여 본인의 의사와는 관계없이 그 직장을 떠나게 되는 것을 말한다.

(1) 일시해고

주로 기업 측의 사정에 의해 일시적으로 해고하는 것을 말한다. 기업 측의 사정으로는 조직변화에 따른 직무변동, 경기침체기로 조업량을 줄여야 할 경우 또는 구조조정 등의 상황에서 일시적으로 종업원의 수를 감축시켜야 할 필요가 있을 때 나타난다. 그러나 일시해고 상태에서 모두 재고용이 되는 것은 아니며, 어떤 경우에는 영구적으로 재고용이 되지 않는 경우도 있다.

일시해고도 종업원의 입장에서는 바람직하지 않기 때문에 기업과 노조는 가급적 주당 근무시간을 단축하는 방향에서 고려할 수 있으나, 이것도 무리한 수준에서 추진하면 사기저하나 조직분위기의 와해로 부작용이 커질 수도 있기 때문에 일시해고를 할 때는 심사숙고를 할 필요가 있다.

(2) 영구해고

개인의 의사와는 관계없이 사용자측의 일방적인 결정에 의하여 근로계약을 해제하는 것을 말한다. 해고는 보통 징계에 의하여 행하여지고 있으나 해고규정과 징계사유가 분명해야 할 것이다. 왜냐하면 해고는 근로자로 하여금 생계유지와 사회적인 문제까지 발생하기 때문에 신중을 기하지 않으면 안 된다.

이러한 해고의 사유는 보통 능력이 부족하여 근무성적이 매우 불량한 경우, 질병이나 특별한 사유로 정상적인 근무가 불가능한 경우, 부정행위에 의한 행위, 경영규모의 축소로 인한 구조조정과 같은 경우, 근무태도가 지극히 불량한 경우 등이 해당된다고 볼 수 있다. 우리나라에서는 근로자에게 가혹한 해고를 제한하기 위하여 「근로기준법」에서는 '사용자는 근로자에 대하여 정당한 이유 없이 해고, 휴직, 정직, 존작, 감봉, 기타 징벌을 하지 못한다.'라고 규정하고 있다.

(3) 퇴직

취업규칙이나 단체협약의 규정에 의하여 근로자가 일정한 연령에 도달하면 고용관계가 자동적으로 소멸하게 하여 직무로부터 퇴직하도록 하는 제도이다. 이직의 절차는 [그림 12-1]에 표시되어 있다. 일반적으로 정년은 조직의 특성, 업종특성, 직무의 특성, 그리고 직위 상하관계 등에 따라 조금씩 다르게 규정하는 것이 우리 사회의 현실이다.

또한 조직이 일방적으로 종업원을 밀어내거나 강요하는 방식으로 이루어지는 조기퇴직의 경우 종업원의 강력한 반발이 발생하므로 제도적으로 합리성이 인정될 수 있는 원칙이 마련되어야 한다. 예를 들어, 연금을 계산할 때 기준년도에 5년을 추가한다거나, 연금 개시년도를 소급하여 연금을 지급하는 방법 등이 있다.

Process	사직서 제출	관리자 면담	퇴직확정	사후관리
Contents	– 종업원이 구두 또는 문서로 사직의사 표명	– 종업원의 사직 의사에 대한 개별 면담진행 (퇴직사유, 향후 진로 등 파악) – 현장관리자의 견해 밑 퇴직 면담서 작성제출	– 현장관리자의 견해 및 퇴직 면담서 분석을 통한 최종 퇴직 확정 – 필요시 면담을 통한 퇴직사유 등 보강	– 퇴직이후 개인의 지속적인 DB 관리를 통한 회사의 평생 고객화
Who	개인	현장관리자	HR팀/경영진	HR팀

자료 : 김인범 · 신현관(2009), 리더가 꼭 알아야 할 실전인사관리, 중앙경제평론사, p. 216.

[그림 12–1] 이직의 절차

제2절 이직의 원인과 관리방안

1. 이직의 원인

한국노동연구원의 연구결과에 따르면 직원들이 비록 직장에 대한 불만족하더라도 곧바로 이직행동(turnover behavior)으로 이어지는 것은 아니라고 밝히고 있다. 오히려 임금 인상수준이 기대치에 미치지 못하거나, 반복되는 업무보다는 새로운 경력과 비전이 필요한 시기가 되었다든지 하는 환경적인 요인들이 퇴사를 결심하게 만드는 결정적인 원인이라고 말하고 있다. 이직행동으로 이어질 수 있는 원인은 다음의 조직의 환경, 개인적인 상황, 행동적인 이직 징후 등과 같이 세 가지로 나누어 볼 수 있다.

1) 환경적 요인

구성원이 이직을 고민하게 되는 중요한 요인 가운데 하나는 회사와 부서가 처한 환경적 요인 때문인 경우가 많다. 우선 직장의 안정성이 낮아지게 되면 이직이 높아지는 모습을 보인다고 한다. 회사가 어려움에 처하게 되면 불가피하게 인력구조조정을 할 수밖에 없는 상황에 몰리기도 하고, 비정규직, 아웃소싱 등을 통해 인력을 확보하기도 한다. 이렇듯 직업의 불안정성이 높아지게 되면 미래에 대한 불안감으로 인해, 우수한 인력도 분위기에 휩싸여 좀 더 안정적인 직장 또는 임금이 높은 직장으로 이동하는 경우가 비일비재하다. 기업이 구조조정을 준비하거나 진행하게 되면 명예퇴직 등을 통해 기대하는 고용조정도 이루어지지만, 불가피하게 인재가 유출되는 부작용도 발생하게 된다.

둘째, 이직을 야기하는 또 다른 요인으로 동종업계의 경력직 채용 확대를 꼽을 수 있다. 경쟁기업이 경력직 채용 공고를 내면, 우리 회사의 이직 징후가 높아지는 상황이 벌어진다. 실무형 경력자, 중간 허리를 보강하기 위한 경력직 채용이 늘면서 대리, 과장급 직원들의 몸값이 높아지고 있다는 점에 주목할 필요가 있다.

셋째, 동료의 퇴직이 이직의 도화선이 되기도 한다. 직장인들은 회사에 대한 충성심(loyalty)보다는 직장 동료와의 '사회적 유대감(social tie)'이 클수록 직장생활의 만족도가 높아진다고 한다. 사회적 유대감은 동전의 앞뒷면과 같다. 동료와 함께 업무 이외에 여가 활동을 함께 보내다 보면 사회적 유대감이 형성되어 회사에 계속 다니고자 하는 의욕을 불어 넣기도 하지만, 반대로 동료가 이직하게 되면 부정적인 영향도 커지게 된다. 이러한 생각은 조직의 사기 저하로 이어지는 한편, 이직 의사가 있는 직원들에게는 '나도 이직해 보겠다'는 행동을 부채질하여 '이직 전염병'을 낳기도 한다.

2) 개인적 상황

직원의 연령, 과거 경험, 재정 상태 등 개인적인 상황도 이직의 주된 원인이 될 수 있다. 우선 연령이 낮을수록 직장 생활의 어려움을 견디지 못하는 경향이 있고, 새로운 경력을 쌓기 위해 이직을 쉽게 결정해 버리는 사람도 있다.

둘째, 과거 직장을 옮겨 본 적이 있거나, 이직하려고 했던 경험이 있다면 상사는 관심을 가지고 지켜볼 필요가 있다. 미국 기업들은 직원 선발 시에 5년 내 근무한 직장의 수가 지나치게 많은 경우에는 이직할 확률이 높다고 판단하고 사람을 뽑는데 신중을 기한다. 이직 경험이 없는 경우에는 퇴직과 새로운 직장에 적응하는 과정에서 겪는 불안감을 심각하게 생각하지만, 이직이 잦은 경우에는 이직 스트레스에 대한 저항감이 상대적으로 적을 수 있다. 또한 이직을 통해 연봉이 높아지는 경험을 하게 되면, 회사를 옮겨야 더 좋은 대우를 받을 수 있다는 막연한 기대감이 커지기도 한다.

셋째, 짧은 기간 안에 스트레스가 갑자기 높아질 때, 종업원은 이직을 생각하게 된다. 스트레스는 여러 가지 원인으로 발생할 수 있다. 직무 스트레스는 과도한 성과 목표로 인해 발생하기도 하고, 쉽게 처리하기 힘든 민원, 업무 상 소송 등 복잡한 문제로 인해 갑자기 높아질 수도 있다. 한편 금전적인 손실이 생기거나, 이혼 등 개인적인 사유로 인해 정신적인 스트레스를 겪게 될 수도 있다. 직원이 과도한 스트레스를 겪게 되면 이직을 통해 문제를 해결해보겠다고 생각할 수도 있다.

3) 행동적인 이상징후

일단 직장을 그만두겠다는 결심을 하게 되면, 직장생활에서 태도와 행동의 변화가 나타나게 된다. 우선 회사, 부서, 상사, 동료에 대해 이전과 다른 태도를 취하게 된다. 예를 들면, 회사의 전략이나 미래에 대해 논의하거나, 상사에 대해서 얘기할 때 과거와 달리 격한 논쟁을 벌여 주변 사람들을 깜짝 놀라게 하기도 한다. 회사에 대한 충성심이 높던 직원이 어느 날 업무에 대해 상사와 격론을 벌이며 '이런 식으로 운영하니 많은 문제가 발생되어 온 것이다'라는 식의 부정적인 태도를 취하게 된다. 이렇게 태도가 바뀌게 되는 데에는 이미 회사를 떠나겠다는 마음을 어느 정도 굳히고 있기 때문일 수 있다.

둘째, 이직하려는 사람은 부서원 중 누군가에게 사전에 그만두겠다는 의사를 반드시 알린다. 마치 자살하려는 사람이 자신의 억울함을 알리듯이, 이직 의사를 미리 밝혀 나중에라도 자신의 상황을 대변할 수 있도록 '대리인'을 만드는 것이다.

셋째, 주변을 정리하고 외부와의 통화내용을 숨기는 등 어색한 행동을 보인다. 이직자들은 자신이 일해 왔던 업무 관련 지식과 정보를 정리하기 시작하면서 상사나 동료에게 일하는 모습을 숨기는 경우가 많아지고 그로 인해 어색한 관계가 되기 십상이다. 구직을 위해 외부와 연락을 취하거나, 면접을 보기 위해 휴가를 내는 과정에서 구직 활동을 노출하지 않기 위해 적당하게 둘러대는 경우도 생긴다.

2. 효과적인 이직관리

인재전쟁(talent war)으로 불려지는 시대에 인적자원관리의 핵심 이슈는 우수한 인재의 확보와 유지로 요약될 수 있다. 이를 증명하듯, 일부 기업은 최고 경영자의 성과 평가 지표에 핵심 인재 확보율을 반영하는 등 우수 인재 확보를 위한 적극적인 노력을 기울이고 있다. 그러나 기업들의 인재 확보를 위한 노력에 비하면, 인재를 유지하기 위한 관심과 노력은 그다지 크다고 보기는 힘들 것 같다. 우수한 인재가 회사를 떠나지 않고 경쟁력의 원천이 될 수 있도록 보다 적극적인 관리가 필요하다.

1) 이직원인의 분석

이직관리를 위한 전략적 대안을 찾기 위해서는 이직에 대한 분석이 선행되어야 한다. 이직분석은 크게 4W, 즉 이직이유(why), 이직시기(when), 이직하는 사람(who), 이직 후 진로(to where)로 나누어 볼 수 있다. 이직분석을 위해서는 첫째, 구성원들이 회사를 떠나는 진짜 이유를 정확하게 파악해야 한다. 왜냐하면 직원들이 회사를 떠나는 이유는 곧 남아 있는 다른 직원들이 회사에 대해 바라는 요구로 해석될 수 있으므로, 이직 사유를 분석하고 그 문제점을 해결하면, 남아있는 인력의 이직을 예방할 수 있기 때문이다.

둘째, 이직의 시기에 관한 분석이 필요하다. 이직의 시기가 입사 초기의 오리엔테이션 단계인지, 어느 정도 업무에 관한 기초적인 교육과 훈련이 끝나고 기업에 실질적인 공헌을 하기 시작하는 단계인지, 회사에 대한 기여도가 낮아지고 있는 단계인지를 분석해 보아야 할 것이다. 특히 인력에 대한 투자가 집중되는 입사 초기나 숙련도가 향상되어 '자신의 몸값을 하기 시작하는' 시기의 이직에 대해서 더 많은 관심을 가져야 할 것이다.

셋째, 어떤 사람이 이직하는가에 대한 분석이 필요하다. 즉 이직하는 사람의 직급, 직무, 근무지역, 역량수준, 성과수준 등에 대한 분석이 필요하다. 이를 통해 이직관리를 중점적으로 해야 할 대상자를 파악하고, 인력별로 차별화된 유지관리 방안을 마련할 수 있다.

마지막으로 이직 후의 진로에 관한 추적 분석이 필요하다. 특히 핵심적인 인재가 경쟁사로 이직하는 경우에는 회사의 입장에서는 주요한 사업 전략, 노하우, 전문 지식과 정보가 유출되어 큰 타격을 입을 수 있다. 따라서 경쟁사로의 이직이 많을 때에는 경쟁사가 가지고 있는 인력관리의 경쟁우위 요소가 어떤 것인지 철저히 분석하고 이직 방지를 위한 대응책을 수립해야 할 것이다.

2) 이직비용의 계산

이직으로 인해 발생되는 비용은 크게 직접비용, 간접비용, 기회비용으로 구분해 볼 수 있다. 이직의 효과가 단기적이고 금전적으로 계산이 가능한 직접비용에는 결원에 대한 채용비용, 신규인력에 대한 교육훈련비, 채용대행비용, 초과근무수당 등이 포함된다. 또한 이직으로 인한 효과가 단기간 내에 가시적으로 나타나지는 않지만 간접적이고 장기적인 손실을 발생시키는 간접비용에는 성장률 저하, 기업의 지적 역량 감소, 경쟁력 감소, 기업 이미지 실추, 다른 직원의 동요 및 사기 저하 등이 포함된다. 한편 이직으로 인한 업무 공백과 비숙련자의 대체로 인한 생산성 감소, 고객이나 주문의 감소로 인한 이익의 감소, 잠재적인 고객 상실 등의 기회비용도 발생하게 된다. 따라서 이제는 이직이 가져오는 손실규모를 보다 엄밀하게 계산하여, 그 중요성을 인식하고 기업의 재무적 성과관리 관점에서 접근할 필요가 있을 것이다.

3) 이직률의 성과지표에 반영

간혹 이직의 원인을 잘못된 인사관리에서 찾고, 그 책임을 인사 부서에 돌리는 경향도 있다. 특히 일선 관리자들은 이직의 원인을 보상수준, 경력관리, 회사비전 등 회사의 정책적 측면에서만 찾으려 하고, 이직을 예방해야 하는 자신의 역할과 책임에 대해 관심과 노력을 보이지 않는 경향이 있다. 그러나 최근 선진기업에서는 이직의 책임을 인사 부서가 아닌 일선 관리자나 경영자에게 묻기 위하여 이직률을 성과지표에 포함시키고 있다.

4) 이직관리 전담 부서 설치 및 전문인력의 확보

대부분의 기업은 채용을 전담하는 부서를 만들고, 전문인력을 배치하고 있다. 이에 반해 현재의 이직관리는 인사 부서나 라인관리자가 이직자를 대상으로 이직 면담을 하는 수준에 그치고 있다고 볼 수 있다. 그러나 이제는 보다 체계적인 이직관리를 위해서 이직관리를 전담하는 부서를 설치하고 이직관리 전문인력을 확보할 필요가 있다.

이직관리를 전담하는 부서에서는 이직 징후의 사전적 포착, 이직 원인 분석, 이직관리에 대한 회사 내외의 베스트 프랙티스 발굴 및 전파의 역할을 수행해야 할 것이다. 특히 이직 방지를 위해서는 종업원의 의견을 정기적으로 수렴하고 최고 경영자에게 전달하는 커뮤니케이션이 중요한데, 이직관리부서는 경영자와 종업원 간의 커뮤니케이션 통로 역할을 해야 할 것이다. 이를 위해서 조직의 건강도 측정을 위한 정례적 서베이를 실시하거나 의견 수렴을 위한 모니터링을 강화할 필요도 있다.

5) 선행관리의 중요성

아직도 많은 기업들이 인재의 유출이 회사의 경쟁력에 심각한 정도의 타격을 입히기 전까지는 이직관리의 중요성을 인식하지 못하고 있는 것 같다. 더 이상 소 잃고 외양간 고치는 사후처방의 잘못을 되풀이 하지 않기 위해서는 이직을 예방하는 선행 관리 차원에서 보다 적극적인 이직관리를 해야 할 때이다.

참고문헌

1. 국내문헌

권용만 · 신형재(2008), 「인적자원관리론」, 무역경영사.

금재호 · 조준모(2006), 글로벌화 시대의 고용문제와 노사간계, 국가경영전략연구원.

김윤태(2008), 「호텔 · 외식산업 인적자원관리」, 대왕사.

김인범 · 신현관(2009), 「리더가 꼭 알아야 할 실전인사관리」, 중앙경제평론사.

김진혁(2009), 서비스산업 발전을 위한 기업과 정부의 과제, 삼성경제연구소.

김충호 · 원융희(1997), 「호텔조직인사관리」, 대왕사.

노동부(2007), 「직무분석 및 직무평가 가이드북」.

노순규(2001), 한국형 임금구조의 개선방안, 기계산업(4), pp. 48~53.

대한상공회의소(2006), 신입직원에 대한 교육훈련 실태 조사.

박경규(2001), 「신인사관리」, 홍문사.

박귀현(1998), 구성원의 경력개발, 조직활력 높인다, LG주간경제(5.06), pp. 40~47.

박길우(2007), 「쉽게 알자 인사관리」, 더난출판.

박우성(2002), 역량중심의 인적자원관리, 한국노동연구원.

박해룡(2008), Strategic Human Resource Management, 한국생산성본부.

부산경남산업안전본부(2005), 「안전보건교육교재」.

송기영(2005), 채용관리의 중요성과 역량중심의 채용 프로세스 구축방안, 한국경영자총협회, http://www.mercer.co.kr 에서 재인용.

원융희 · 박충희 · 이창욱(2004), 「최신관광인사관리」, 백산출판사.

원종표(2001), 「기업복지관리 실무」, 신용보증기금.

원종표(2001), 「연봉제설계 및 연봉급여규정」, 신용보증기금.

원종표(2001), 「인사고과관리 실무편」, 신용보증기금.

원종표(2001), 「인사이동과 승진관리」, 신용보증기금.

원종표(2001), 「임금관리 및 관련규정」, 신용보증기금.

윤창인(2005), 한 · 중 · 일 FTA : 경제의 서비스화 현황 및 서비스 협상의 시사점, 대외경제정책연구원, pp. 32~44.

이수광 · 이재섭(2003), 「서비스산업의 인적자원관리」, 대왕사.

이유재(2004), 「서비스마케팅」, 학현사.

이주인(2000), 인재 확보 및 유지의 베스트 프랙티스, LG주간경제(6.07), pp. 37~43.

이진규 · 최종인(1998), 미래조직의 경력관리: 다중경력 패러다임, 인사조직연구, 5(3), pp. 167~208.

이학종(2001), 「전략적 인적자원관리」, 세경사.

인사시스템연구회(2008), 「인사관리」, 새로운 제안.

인사혁신포럼(2005), 경력개발제도(CDP)운영 매뉴얼, 한국행정연구원.

조병린(2007), 인사관리 패러다임과 전략적 인력계획, 월간HRD(7), p. 79.

차길수(2006), 「호텔경영학원론」, 현학사.

차길수(2008), 「서비스 인간관계론」, 대왕사.

최병권(2003), 보상제도 이렇게 운영하라, LG주간경제(1.15), pp. 32~36.

태원유(2001), 퇴직관리의 문제점과 개선방안, 삼성경제연구소

하봉찬(2008), 서비스산업의 발전과 경제성장, 산업기술정책동향지(4), pp. 1~9.

한국경영혁신연구회, 포괄적 인사관리, http://www.seri.org/forum/costhalf/

허진(2003), 직무분석 이렇게 하라, LG주간경제(3.19), pp. 26~30.

홍석환(2009), 「이것이 진짜 HR이다」, 마이구루.

조보상 외(2002), 「(현대) 인적자원관리」, 무역경영사.

한국노동연구원(2000), 「21세기형 인적자원관리」, 명경사.

박경문 외(2001), 「신인적자원관리론」, 무역경영사.

홍용기(2002), 「인적자원관리」, 형설출판사.

김동배 외(2004), 고용유연화와 인적자원관리 과제, 한국노동연구원.

삼성경제연구소 http://www.seri.org

LG경제연구원 http://www.lgeri.com

통계청 http://www.nso.go.kr

2. 국외문헌

Anthony, W. P., Kalmer, K. M. & Perrewe, P. L.(2002), *Human Resources Management: A Strategic Approach*, 4th ed., Fort Worth, TX: Dryden.

Ashkenas, Ron., Ulrich, D., Jick, T. & Steve Kerr(1995), *The Boundaryless Organization,* San Francisco: Jossey-Bass Publishers.

Baron, James N. & Davis M. kreps(1999), *Strategic Human Resources: frameworks for General Managers*, New York : John Wiley & Sons.

Beach, Dale S.(1980), *Personnel: The Management of the people at Work*, 5th ed., New York: Macmillan Publishing.

Beatty, Richard W., & Baird, Lloyd S.(1995), *Performance, Measurement, Management, and Appraisal Sourcebook,* Human Resource Development Pr.

Brannick, Michael T., Levine, Edward L. & Morgeson(2007), *Job And Work Analysis : Methods, Research, And Applications for Human Resource Management, S*age Pubns.

Briscoe, Dennis R., Schuler, Randall S. & Claus, Li.(2008), *International Human Resource Management : Policies and Practices for Multinational Enter-*

prises, Taylor & Francis.

Brown, B. T.(1991), *Working Ethics: Strategies for Decision-Marking and Organizational Responsibility*, San Francisco : Jossey-Bass.

Butler, Paul F.(1998), Successful Partnership: Human Resource and Strategic Planning at Eight Top Firms, *Organizational Dynamics(Autumn)*, pp. 27~42.

Byars, Lloyd L. & Leslie W. Rue(1994), *Human Resources and Personnel Management Homewood*, IL: Richard D. Irwin.

Champion, M. & C. Berger(1990), Conceptual Integration and Empirical Test of Job Design and Compensation Relationship, *Personnel Psychology,* Vol. 43, pp. 525~553.

Champion, M. A., L, Cheraskin & M. J. Stevene(1994), Career-Related Antecedents and Outcomes of Job Rotation, *Academy of Management Journal*, Vol. 37, pp. 1518~1542.

Colombini, Daniela., Occhipinti, Enrico & Grieco, An(2002), *Risk Assessment and Management of Repetitive Movements and Exertions of Upper Limbs : Job Analysis, Ocra Risk Indices, Prevention Strategies and Design Principles,* Elsevier Science Ltd.

Delpo, Amy.(2007), *The Performance Appraisal Handbook : Legal & Practical Rules for Managers,* Nolo.

Doelling, Carol Nesslein.(2005), *Social Work Career Development : A Handbook For Job Hunting And Career Planning,* Natl Assn of Social Workers Pr.

Ewing, Jeffrey C.(1989), Gainsharing Plans: Two Key Factors, *Compensation and Benefits Review(January-February)*, pp. 49~53.

Fletcher, Cive & Claire Kerslake(1993), Candidate Anxiety Level and Assessment Center Performance, *Journal of Managerial Psychology*, Vol. 8, pp. 19~23.

Fombrun, Charles, J. Tichy, M. Noel & Mary Anne Devanna(1984), *Strategic*

Human Resource Management, New York: John Wiley & Sons.

Glener, D.(1996), The Promise of Internet~Based Training, *Training and Development(september)*, pp. 57~58.

Glener, Larry E.(1998), Evolution and Revolution as Organization Grow, *Harvard Business review(May~June)*, pp. 55~67.

Goldstein, Irwin l.(1986), *Training in Organizations: Needs Assessment, Development and Evaluations*, 2nd ed., Monterey, CA: Brooks/cole Publishing.

Grote, Dick.(2002), *Performance Appraisal Question and Answer Book : A Survival Guide for Managers,* Amacom.

Hackman, J. Richard, G. Oldham. R. Janson & K. Purdy(1975), A New Strategy for Job Enrichment, *California Management Review*, Vol. 17, No.4, pp. 57~71.

Hackman, J. Richard, G. Oldham1985), Motivation Through the Design of Work: Test of Theory, *Organization Behavior and Human performance*, Vol. 16, pp. 230~279.

Hall, Douglas T.(1996), Proteam Careers of The 21st Century, *Academy of Management Executive*, 11, pp. 8~16.

Heneman, Robert L. & Greenberger, David B.(2002), *Human Resource Management in Virtual Organizations,* Lightning Source Inc.

Hersey, Paul.(2008), *Management of Organizational Behavior: Leading Human Resources,* Prentice~Hall.

Hoover, Robert S.(2008), *Ethical Climate, Organizational Support & Affective Well~Being : A Quantitative Analysis of Perceived Ethical Climate, Perceived Organizational Support and Job~related Affective Well~being,* Lightning Source Inc.

Ivancevich, John M., Michael T. Matteson, Sars M. Freedman & James F. Phillips(1990), Work~Site Stress Management Interventions, *American Psy-*

chologist, Vol. 45, No. 2(February), pp. 252~261.

Jones, David F.(1984), Developing a New Employee Orientation Program, *Personnel Journal(March)*, pp. 85~92.

Knowdell, Richard L.(1996), *Building a Career Development Program : Nine Steps for Effective Implementation,* Natl Book Network.

Levine, Michael.(2006), *Broken Windows, Broken Business : How the Smallest Remedies Reap the Biggest Rewards,* Warner.

Linne, Mark R., Kane, M. Steven & Dell, George.(2000), *A Guide to Appraisal Valuation Modeling,* Appraisal Inst.

Losey, Michael R. & Meisinger, Susan R.(2005), *The Future Of Human Resource Management: : 64 Thought Leaders Explore The Critical HR Issues Of Today And Tomorrow,* John Wiley & Sons Inc.

Mondy, R. Wayne, P. M Noe & S. R. Premeaux(1999), *Human Resource Management*, Upper Saddle River, NJ: Prentice~Hall.

Nadler, David A. & Edward E. Lawler 111(1983), Quality of Work Life: Perspectives and Directions, *Organizational Dynamics(Winter)*, pp. 20~30.

Nieto, Michael L.(2006), *An Introduction to Human Resource Management : An Integrated Approach.* Palgrave Macmillan.

Noe, Raymond A. & A. E Steffy(1998), An Investigation of the Factors Influencing Employee Willingness to Accept Mobility Opportunities, *Personnel Psychology,* Vol. 41, pp. 559~580.

Osborn, Debra S. & Zunker, Vernon G.(2005), *Using Assessment Results For Career Development,* Cengage Learning.

Pascale, Richard T.(1984), Fitting New Employees into the Company Culture, *Fortune(May 28)*, pp. 62~69.

Pfeffer, Jeffrey(1994), *Competitive Advantage Through People*, BOSTON, MA: Harvard Business School Press.

Risher, Howard W.(1989), Job Evaluation: Validity and Reliability, *Compensation Benefits Review(January~February)*, pp. 32~33.

Russ. C. F. Jr.(1982), Manpower Planning System: Part II, *Personnel Journal(February)*, pp. 119~123.

Sanchez, J. I.(1994), From documentation to innovation: Reshaping job analysis to meet emerging business needs, *Human Resource Management Review*, 4, pp. 51~74.

Schiff, L.(1997), Manufacturing's Hidden Asset: Temporary Employees, *Fortune(November* 10*)*, pp. 28~29.

Schippmann, J. S., Ash, R. A., Battista, M., Carr, L., Eyde, L. D., Hesketh, B., Kehoe, J., Pearlman, K., Prien, E. P. & Sanchez, J. I.(2000), Thc practice of competency modeling, *Personnel Psychology*, 53, pp. 703~740.

Schmidt, F. L & J. E. Hunter(1981), Employment Testing: Old Theories and New Research Findings, *American Psychologist(October)*, pp. 1,128~1,137.

Stross, R. E.(1996), Microsoft's Big Advantage~Hiring Only the Supermart, *Fortune(November* 25*)*, pp. 159~162.

Stuart, Peggy(1993), Labor Unions Become Business Partner, *Personnel Journal(August)*, pp. 54~63.

Sullivan, Robert F. & Donald C. Miklas(1985), OJT that Works, *Training and Development Journal(May)*, pp. 116~122.

Tansky, Judith W. & Heneman, Robert L.(2006), *Human Resource Strategies for the High Growth Entrepreneurial Firm,* Lightning Source Inc.

Tomas, Barry W. & Madeline Hess Olson(1988), Gainsharing: The Design Guarantees Success, *Personnel Journal(May)*, pp. 73~79.

Ulrich, David(1997), *Human Resource Champions : The Next Agenda for Adding Value and Delivering Results*, Perseus Distribution Services.

Wright, Patrick M. & G. Mcmahon(1992), Theoretical Perspectives for Strategic Human Resource Management, *Journal of Management*, Vol.18, pp. 295~320.

Yoder, Dale.(1982), Personnel Management and Industrial Relations, 7th ed., Englewood Cliff, NJ: Prentice~Hall.

찾아보기

[J]

[M]

[O]

[ㄱ]

[ㄴ]

[ㄷ]

[ㄹ]

[ㅁ]

[ㅂ]

[ㅅ]

[ㅇ]

[ㅈ]

[ㅊ]

[ㅋ]

[ㅌ]

[ㅍ]

[ㅎ]

■ 저 자 소 개

함봉수(咸鳳壽)

인하공과대학 기계공학과 졸업(공학사)
연세대학교 경영대학원 경영학과 수료(경영학 석사)
경기대학교 대학원 관광경영학과 수료(경영학 박사)
전) • 삼성그룹 모기업인 제일제당(현 CJ)에서 25년간, 기획실·품질관리팀(TQC추진본부)·기획조사팀, 감사팀, 분부산 판매부, 종합연구소 연구관리실, 심사부, 사무개선팀 등 부서장 역임
• 대웅제약(주), (기획·인사·교육)담당 상무이사
• 한국능률협회, 품질경영 전문위원
• 국가품질경영대상, 표준화 심사위원
• 교육과학기술부·전문대학 교육역량 강화사업 대학대표브랜드 평가위원
• 고용노동부·전문대학 취업지원역량 인증구축사업 현장평가위원
• 대통령표창장 수상(국가 산업발전 기여)
• 수원과학대학, 항공관광과 학과장, 사회과학부장
현) 수원과학대학 항공관광과 교수
〈저서 및 논문〉
• 「현장에서 건져 올린 전문대학 자기혁신」(2008), 삼성경제연구소
• 「기업이 탐내는 혁신 인재들」(2009), 경덕출판사
• 「관광학개론」(2011), 백산출판사
• 「항공사 인적자원관리」(2011), 백산출판사
• 연구 인력의 동기부여에 관한 연구(석사학위 논문, 1985)
• 한국 관광호텔의 경영평가에 관한 연구(박사학위 논문, 1992) 외 다수

강상묵(姜尙默)

경기대학교 독어독문학과 졸업(문학사)
경기대학교 대학원 호텔경영학과 수료(관광학 석사)
경기대학교 대학원 호텔경영학과 수료(관광학 박사)
전) • (주)드림스타트 여행사 이사
• 경기중소기업 종합지원센터 컨설팅 전문위원
• 수원과학대학 항공관광과 겸임교수
• (주)동광주택산업 스포츠사업단 팀장
현) • 영진전문대학 국제관광계열 교수
〈저서 및 논문〉
• 「세계와 여행」(2006), 현학사
• 「호텔경영학」(2007), 기문사
• 호텔기업의 지적자본이 경영성과에 미치는 영향(박사학위논문, 2004)
• 호텔레스토랑 고객의 감성이 서비스 회복과 고객 만족의 관계에 미치는 조절효과(관광경영학연구, 2007) 외 다수

서비스기업 인적자원관리

2009년 8월 18일 초 판 1쇄 발행
2015년 1월 20일 수정판 2쇄 발행

지은이 함봉수 · 강상묵
펴낸이 진욱상 · 진성원
펴낸곳 백산출판사
교 정 편집부
본문디자인 강정자
표지디자인 편집부

저자와의 합의하에 인지첩부 생략

등 록 1974년 1월 9일 제1-72호
주 소 서울시 성북구 정릉로 157(백산빌딩 4층)
전 화 02-914-1621/02-917-6240
팩 스 02-912-4438
이메일 editbsp@naver.com
홈페이지 www.ibaeksan.kr

ISBN 978-89-6183-216-8
값 15,000원